Cova 312

A longa jornada de uma repórter para descobrir
o destino de um guerrilheiro, derrubar uma farsa
e mudar um capítulo da História do Brasil

Daniela Arbex

REVISÃO
Eduardo Carneiro
Laís Curvão

PROJETO GRÁFICO E DIAGRAMAÇÃO
Carolina Araújo | Ilustrarte Design

ARTE DE CAPA
Angelo Bottino

CRÉDITOS DAS IMAGENS
Capa e páginas 24, 28, 74 © Fernando Priamo
Páginas 37 e 39 © Arquivo pessoal © Arquivo Público
Página 240 © Imagem cedida pela Comissão Municipal da Verdade de Juiz de Fora/MG
Páginas 45, 47, 48, 52, 53, 66, 327 © Arquivo Público de São Paulo/SP
A editora Intrínseca fez todos os esforços necessários para encontrar os
detentores das imagens usadas no livro.
Demais imagens © Daniela Arbex

CIP-BRASIL. CATALOGAÇÃO NA PUBLICAÇÃO
SINDICATO NACIONAL DOS EDITORES DE LIVROS, RJ

A694c
   Arbex, Daniela, 1973-
   Cova 312 : a longa jornada de uma repórter para descobrir o destino de um
guerrilheiro, derrubar uma farsa e mudar um capítulo da história do Brasil / Daniela
Arbex. - 1. ed. - Rio de Janeiro : Intrínseca, 2019.
   336 p. : 23 cm.

   ISBN 978-85-510-0556-9
   1. Brasil - História - Golpe civil-militar, 1964. 2. Prisioneiros políticos - Brasil.
3. Tortura - Brasil. I. Título.

19-58971
                                          CDD: 981.062
                                          CDU: 94(81).088

Vanessa Mafra Xavier Salgado - Bibliotecária - CRB-7/6644

[2019]
Todos os direitos desta edição reservados à
Editora Intrínseca Ltda.
Rua Marquês de São Vicente, 99, 3º andar
22451-041 Gávea
Rio de Janeiro – RJ
Tel./Fax: (21) 3206-7400
www.intrinseca.com.br

Este livro é dedicado à memória de todos aqueles que tombaram na luta pela construção de uma sociedade livre e democrática, aos que ainda estão desaparecidos e também aos que sobreviveram à ditadura brasileira, o período mais sombrio do país. As cinzas do tempo jamais vão sepultar a verdade.

Ao meu filho, Diego,
por iluminar a minha vida.

Agradecimentos

A minha mãe, Sônia, a guerreira que é minha melhor amiga.

A meu querido pai, José Arbex, meu grande companheiro nesta jornada.

Ao meu padrasto, Francisco, por quem tenho imenso carinho.

Ao Marco, meu marido, por ter me apoiado em meio a tantas tempestades para chegar até aqui.

A dona Isabel Salomão de Campos, minha bússola, por me ensinar que solidariedade é lei da vida.

Ao escritor Laurentino Gomes, por sua valiosa e generosa contribuição para este livro.

Ao jornalista Lúcio Vaz, que me fez acreditar que eu poderia ser uma escritora.

À juíza auditora da 4ª Região Militar, Maria do Socorro Leal, por sua impressionante coragem.

À vovó do Diego, Maura, e às amigas Tânia e Lânia pela ajuda para que eu tivesse mais tempo para escrever esta história.

Ao fotógrafo Fernando Priamo, pelo talento e amizade.

À jornalista Denise Gonçalves, pela parceria imprescindível no longo caminho de realização desta obra.

Sumário

Prefácio
A BOA REPORTAGEM CONTINUA VIVA

Nos últimos anos, poucas atividades humanas tiveram a sua morte anunciada de forma tão enfática e frequente quanto o jornalismo. Novas tecnologias digitais tornariam irrelevantes jornais, revistas, livros-reportagens, programas noticiosos de rádio e televisão, como se fossem relíquias inúteis do passado que a sociedade moderna precisasse descartar o mais rapidamente possível. No ambiente das redes sociais, qualquer pessoa munida de um smartphone passaria a produzir conteúdo, de forma rápida, gratuita, de distribuição global e instantânea. Quem precisaria de repórter e editores profissionais? Uma segunda profecia tenebrosa sobre o futuro do jornalismo diz respeito às mudanças nos hábitos dos consumidores. Nesse novo e admirável mundo movido a entretenimento e mensagens audiovisuais, o velho e bom leitor também estaria desaparecendo. Reza o senso comum que as pessoas de hoje, em especial os jovens, não gostam de ler textos grandes. Preferem informação curta, de consumo rápido e sem sofrimento, que não exija tempo nem muita concentração.

O livro que você tem em mãos, caro leitor, desmente esses e vários outros mitos. Sua autora, a escritora e jornalista Daniela Arbex, mostra que a boa reportagem continua viva, atraente e transformadora como sempre. Um dos mais respeitados e bem-sucedidos talentos da atual geração de repórteres investigativos brasileiros, Daniela comprova também que, embora o formato de distribuição esteja mudando, o jornalismo de qualidade se mantém como uma ferramenta essencial ao bom funcionamento da sociedade. No longo prazo, o papel e os meios convencionais de distribuição talvez estejam com seus dias contados, mas o efeito de uma reportagem bem apurada e relevante do ponto de vista do interesse coletivo jamais perderá o espaço privilegiado que até hoje ocupou.

Repórter do jornal *Tribuna de Minas*, especializada na área de direitos humanos, Daniela Arbex já recebeu inúmeros prêmios por reportagens de grande impacto. Em 2009, recebeu o prêmio de Melhor Investigação Jornalística de um Caso de Corrupção na América Latina e no Caribe, atribuído pela organização Transparência Internacional e pelo Instituto Prensa y Sociedad. Em 2010, foi agraciada com o Knight International Journalism Award, nos Estados Unidos, pelo conjunto de sua obra. Em 2014, conquistou o troféu do Prêmio Jabuti (segundo lugar) na categoria Livro-Reportagem com *Holocausto brasileiro*, uma investigação de casos de maus-tratos em manicômios e instituições responsáveis pelo amparo a pessoas com transtornos mentais. A mesma obra já havia ganhado no ano anterior o prêmio de Melhor Livro-Reportagem da Associação Paulista de Críticos de Arte (APCA).

Desta vez, Daniela se debruça sobre uma história diferente, mas tão ou até mais fascinante que as anteriores. Este livro, *Cova 312*, nasceu de uma série também premiada de reportagens publicada pela *Tribuna de Minas* em 2002. Nela, a jornalista narra a história dos personagens que passaram pela Penitenciária Regional de Juiz de Fora, também conhecida como Penitenciária de Linhares, uma das mais importantes prisões políticas brasileiras durante o regime militar de 1964. Entre eles estão nomes hoje famosos, como o ex-governador de Minas Gerais, Fernando Pimentel, o ex-prefeito de Belo Horizonte, Márcio Lacerda, e o ex-deputado federal Gilney Viana. Estão também pessoas relativamente desconhecidas no noticiário brasileiro recente, que preferiram mergulhar no anonimato e se afastar de qualquer atividade política depois de sofrer torturas e humilhações nos cárceres durante aquele período repressivo.

O caso mais importante e fio condutor da narrativa é o do gaúcho Milton Soares de Castro, combatente da Guerrilha do Caparaó, 26 anos, e cujo destino trágico dá nome ao livro. Coube a Daniela Arbex decifrar durante as investigações para essa série de reportagens um dos mistérios mais bem guardados da ditadura militar: o paradeiro do corpo de Milton, único prisioneiro político encontrado morto nas dependências da Penitenciária de Juiz de Fora, em 1967. Oficialmente, tratou-se de um suicídio. É isso que consta do inquérito policial, da autópsia do corpo e do processo relacionado à morte do guerrilheiro. Como o leitor verá no desfecho deste livro, a história verdadeira é bem diferente. Graças aos esforços investigativos de Daniela, acaba de cair por terra mais uma tentativa frustrada de esconder o passado e seus horrores, como queriam as autoridades da época.

O bom exemplo de Daniela indica que os jovens e promissores jornalistas de hoje deveriam estar mais preocupados em fazer boas reportagens do que com o efeito das transformações das novas tecnologias dentro das redações. O futuro do jornalismo e o futuro do papel (ou da televisão ou do rádio) são coisas diferentes. Os meios de distribuição estão mudando, e rapidamente, mas a importância do bom conteúdo jornalístico se mantém inalterada. Nosso desafio, portanto, não é a mudança nos formatos, mas a qualidade da reportagem.

A mesma revolução tecnológica que está mudando o comportamento e os hábitos do público consumidor também está afetando a rotina dos repórteres. A internet facilita o trabalho de apuração das informações, mas pode também gerar certo empreguiçamento geral nas redações. Muitos jornalistas se tornaram reféns da tela do computador, em vez de ir para a rua, entrevistar pessoas, testemunhar os acontecimentos e tomar contato com a realidade fora dos ambientes corporativos. O resultado é a superficialidade. A informação, em muitos casos, ficou mais leve do que o ar. Perdemos substância.

Vivemos, portanto, um momento decisivo. O futuro do jornalismo vai depender muito do empenho, do talento e da capacidade de inovar de cada profissional envolvido nesse desafio. Nesse mundo em acelerada transformação, repórteres e editores continuam a exercer prerrogativas essenciais, que nenhuma revolução tecnológica será capaz de lhes tirar.

É preciso saber investigar, bater nas portas e consultar as fontes certas, balancear corretamente a informação, exercer o chamado contraditório, que significa confrontar diferentes fontes e versões no esforço de chegar o mais próximo possível da verdade. Boa reportagem exige talento, experiência, tempo, dedicação, senso de responsabilidade social e compromisso honesto e sincero com as necessidades dos leitores.

Essas e outras importantes lições estão presentes neste novo livro de Daniela Arbex. O tema pode parecer pesado e, como trata de episódio ainda mal resolvido da história recente brasileira, difícil de digerir. Seria assim, não fosse a capacidade prodigiosa de Daniela Arbex de transformar histórias trágicas em uma narrativa fluida, atraente, poética e, em alguns momentos, até divertida. Como o leitor verá nas páginas a seguir, graças ao talento de repórteres como Daniela Arbex, o jornalismo está mais vivo do que nunca esteve.

Laurentino Gomes*
Itu-SP, fevereiro de 2015

* Paranaense de Maringá, Laurentino Gomes é seis vezes ganhador do Prêmio Jabuti de Literatura com os livros *1808*, *1822* e *1889*. Formado em jornalismo pela Universidade Federal do Paraná, com pós-graduação em administração pela Universidade de São Paulo, é membro titular do Instituto Histórico e Geográfico de São Paulo e da Academia Paranaense de Letras.

PARTE I
Nascimento e morte de um guerrilheiro

A cela 30

Quando o carro deixou para trás a poeira preta do asfalto, o silêncio tomou conta dos passageiros. O veículo seguiu pela estrada vicinal, único caminho de acesso à área de segurança. Apesar de situado na zona urbana, o terreno continuava isolado do resto da cidade, lugar onde o portão bege de ferro era o ponto final. No instante em que o motor do automóvel foi desligado, um funcionário uniformizado anotou a placa e retornou ao complexo. O barulho do ferrolho contra a portinhola de aço aumentava a tensão. Só dez minutos depois é que veio a ordem para entrar. Lá dentro, uma mulher com metralhadora na mão e cara de poucos amigos mandou descer. Rapidamente, iniciou uma revista minuciosa no carro e em seus três ocupantes. Em seguida, determinou que os documentos pessoais fossem entregues. Verificou as identidades, cruzou informações e confiscou os celulares. Com o serviço concluído, usou o telefone para avisar sobre a chegada do grupo. Ao desligar, indicou o caminho que levaria ao prédio de dois andares. Um homem gordo, de calça jeans e coturnos, aguardava no varandão. Até tentou ensaiar um sorriso, mas o suor brotava em sua testa apesar da temperatura amena daquele dia típico de outono.

— Seu pedido deu um trabalho danado. Tivemos que desocupar parte da galeria, e o pessoal protestou. Tem certeza de que quer entrar lá?

Diante da resposta positiva, o interlocutor recomendou em tom grave:

— Então faça tudo o que for determinado. Se alguma coisa sair errado, obedeça às ordens. Se mandarem deixar o prédio, não questione. Saia logo.

Respondi que sim, embora tivesse dúvida sobre qual seria a minha reação caso fosse obrigada a recuar.

Antes de iniciar o procedimento de entrada, o chefe da unidade chamou outros dois agentes para uma conversa reservada. Apesar de estarem perto de mim, não consegui ouvir o que diziam. Cinco minutos depois, eles retornaram. Num gesto ensaiado, o mais antigo de casa mandou que o seguisse. Tentei não pensar nos riscos de ser a única mulher a entrar em um local onde havia 180 homens confinados em um espaço projetado para atender a metade. No passado recente, as condições desumanas já haviam, inclusive, transformado o local em palco de rebelião, quando mais de quarenta pessoas foram feitas reféns.

No instante em que o primeiro cadeado foi aberto, o nervosismo da equipe ficou explícito. Pelo rádio, o coordenador pediu a posição de cada um dentro do prédio, informando também a nossa localização.

— Estamos passando pelo corredor externo — sussurrava ele com a boca colada ao aparelho. — Vocês estão em qual setor?

Dentro da área reservada, a primeira coisa que vi foi uma muralha protegida por uma cerca elétrica, além de caixas d'água industriais espalhadas pelo terreno de aspecto rural. Ao longe, um homem com a pele castigada pelo sol capinava o mato indiferente a quem passava. Cerca de dois metros de distância nos separavam de outra porta gradeada. Diante de mais um obstáculo, houve nova troca de informações via rádio. De fora, era possível visualizar pelo menos mais duas barreiras. A segunda delas dava acesso a um pátio localizado nos fundos do complexo. Dezenas de basculantes, muitos com roupas dependuradas, podiam ser vistos nessa área. Em frente a eles, havia outro muro, maior do que o primeiro, com altura superior a três metros. O arame farpado reforçava a sensação de confinamento na instituição estrategicamente vigiada. Mesmo com medo, tentei percorrer com os olhos cada canto daquele lugar para guardar tudo que a memória fosse capaz. Tinha certeza: eu não teria outra chance.

Apesar da proximidade com o edifício principal, o interior continuava blindado. Um último portão bloqueava a passagem. Lá dentro, era proibido chegar perto das portas que davam acesso ao corredor principal.

— Não se aproximem das grades. Não quero ver ninguém aqui — gritava um homem cujo rosto eu ainda não podia ver.

No momento em que o cadeado foi destrancado, parei de ouvir o barulho dos radiotransmissores. Alguém falava com as duas pessoas que caminhavam ao meu lado, mas a minha atenção estava totalmente voltada para dentro da construção cinquentenária. A poucos segundos de entrar na emblemática Galeria A, o único som que escutava era o do meu coração descompassado.

Galeria A da Penitenciária de Linhares
onde ficaram os guerrilheiros do Caparaó

Às 9h33, quando meus pés tocaram o piso de ladrilho hidráulico nas cores branca, preta e cinza, comecei a percorrer um capítulo de dor que o país ainda desconhecia.

Apesar da manhã de sol, o ambiente lá dentro era pouco iluminado, e o mofo impregnava minhas narinas, causando forte mal-estar. Senti-me nauseada naquele lugar de odor fétido. Com dificuldade para respirar, tinha a impressão de que não havia oxigênio suficiente. O ar parecia viciado. Era como se iniciássemos a exploração de um porão que havia tempos estava fechado, embora a ala ficasse no mesmo nível do solo. A infiltração destruía os poucos vestígios do antigo bege que cobria as paredes geladas.

Atravessei a galeria sob o olhar desconfiado de dois seguranças, mas tinha a sensação de que centenas de pessoas me observavam por entre as grades de aço que me separavam dos prisioneiros. De um lado estava a jornalista, do outro uma massa humana silenciada. Os confinados sabiam que a ousadia da queixa não seria perdoada. Em meio aos acordos velados, a impossibilidade de comunicação era ensurdecedora. Parecia que uma bomba-relógio estava prestes a explodir. A dúvida era se aquele seria o momento.

Um par de meses havia se passado desde o início da negociação junto ao governo de Minas Gerais para o acesso à construção que saiu do papel, às pressas, em janeiro de 1966, seis meses depois de ter sido projetada. O Estado tinha o objetivo de custodiar naquele espaço presos comuns, mas a finalidade da unidade foi desviada por conta do regime de exceção que se instalou no país a partir de 1964.

Foi assim que, um ano depois de construída, a Penitenciária Regional de Juiz de Fora passou a ter nova destinação: receber os presos políticos que começavam a ser cassados pelo país. Dezesseis guerrilheiros do Movimento Nacionalista Revolucionário (MNR) foram os primeiros levados para lá. Eles haviam sido capturados na serra do Caparaó, localizada entre o Espírito Santo e Minas Gerais. Os terroristas, como o grupo ficou conhecido pela comunidade, colocaram fim aos costumes dos moradores do bairro pouco povoado onde o presídio estava encravado. Só se falava nos "traidores da Pátria" e no risco que eles representavam. Na dúvida, ninguém saía mais de casa, sobretudo na ausência da luz do sol. Parecia que o breu da noite estimulava ainda mais o imaginário popular frente ao "perigo comunista".

Ocupada pelo Exército, a penitenciária se transformou em um dos principais depósitos da ditadura brasileira. Após a edição do AI-5, em 1968, ainda durante a presidência de Arthur da Costa e Silva, os prisioneiros políticos tornaram-se maioria na unidade. Juiz de Fora sediava a auditoria da 4ª Região Militar, sendo cenário dos julgamentos de Minas Gerais. Por isso, mais de três centenas de militantes políticos cumpriram pena ali entre 1967 e 1980. E, apesar de ter sido um dos mais importantes estabelecimentos prisionais sob a custódia do Estado e das Forças Armadas, continua ignorado cinquenta anos após o golpe militar.

Foi lá que o estudante Augusto, codinome do integrante da Corrente Revolucionária de Minas (Corrente), cumpriu a maior parte da condenação de dez anos, uma das mais longas do período. Gustavo, outro prisioneiro, chegou a ser raptado dentro do cárcere, de madrugada, para mais uma viagem às cegas, quando ocorreria nova rodada de interrogatórios nos porões do DOI-Codi em São Paulo. Décadas mais tarde, os dois alcançariam destaque nacional. O primeiro, como assessor da Secretaria de Direitos Humanos da Presidência da República, e o segundo, como ministro dos Direitos Humanos do primeiro governo Lula.

Apelidado de Gringo, Márcio Lacerda era também membro da Corrente. Eleito prefeito de Belo Horizonte

(MG) em 2012, o político manteve reserva sobre o passado durante décadas. Só agora ele quebra o silêncio. Em frente à cela de Gringo ficava a de Oscar, nome usado na clandestinidade por Fernando Pimentel, que venceu as eleições para governador de Minas Gerais no primeiro turno da disputa eleitoral ocorrida em outubro de 2014.

Oficialmente desaparecida da penitenciária desde 2005, a lista de presos políticos de Linhares — como a penitenciária ficou conhecida mais tarde — inclui, ainda, ilustres anônimos, como o acadêmico do curso de física da UFRJ Rogério de Campos Teixeira, militante da Corrente, e o aspirante a astrônomo Antônio Rezende Guedes, criador do Observatório de Linhares.

Outro militante, Nilo Sérgio Menezes Macedo, foi despachado para lá após ser seviciado no Rio de Janeiro, onde foi cobaia de uma aula de tortura na Vila Militar da Guanabara, que tinha como alunos praças e oficiais das Forças Armadas. Por causa do episódio traumático, ele teve uma passagem difícil na penitenciária, que foi palco de greves de fome e de confrontos entre os prisioneiros políticos e seus carcereiros. Nenhum presídio político do país foi tão rigoroso quanto o de Linhares em relação ao cerceamento de visitas feitas por parentes dos presos.

Carmela Pezzuti, uma das mais famosas mães da guerrilha, e seus dois filhos, Ângelo Pezzuti da Silva e Murilo Pinto da Silva, também foram levados para lá. Seus nomes integraram as listas dos prisioneiros políticos que seriam trocados, em 1970, pelo embaixador alemão, Ehrenfried von Holleben, e pelo cônsul suíço Giovanni Enrico Bucher, ambos sequestrados no Rio de Janeiro.

Nas celas de Linhares nasceu um vigoroso movimento de resistência contra as atrocidades do regime. O convívio dos estudantes, mantidos juntos nas alas destinadas aos subversivos, levou a uma indesejada troca de informações. Cada novo preso político trazia notícias detalhadas sobre a tortura sofrida em dependências policiais e militares do país. Começava ali uma incômoda dor de cabeça para o Exército após a redação do Documento de Linhares. Escrito dentro da unidade, em 1969, ele foi o primeiro que denunciou detalhadamente a violência no período em que a força disseminou o medo. Os carcereiros e o próprio regime militar nunca entenderam como o material burlou a censura e a segurança para tornar conhecidos internacionalmente os abusos cometidos nos porões da ditadura.

Um dos pátios da cadeia que hoje mantém presos comuns

Cenário de um dos mais bem guardados segredos do Exército, Linhares foi ainda o cárcere do guerrilheiro do Caparaó Milton Soares de Castro, 26 anos. Natural de Santa Maria, Rio Grande do Sul, Milton foi o único prisioneiro encontrado morto dentro do complexo em 1967. Após a sua morte — ocasionada por suicídio segundo a versão oficial —, a Galeria A tornou-se parte de um importante quebra-cabeça cujas peças estavam espalhadas pelo país.

Enterrados por décadas, os documentos capazes de apontar os últimos passos do militante gaúcho precisavam não só ser localizados, mas também decifrados, já que os papéis guardavam ciladas que só puderam ser esclarecidas após o confronto de versões.

A localização da sepultura de Milton, descoberta e revelada na série de matérias que escrevi para o jornal *Tribuna de Minas*, em 2002, jogou luz sobre o episódio, mas não esclareceu os motivos que levaram o Exército a esconder de uma mãe o corpo de seu filho por 35 anos. Foi isso que me fez marcar um novo encontro, dessa vez com o futuro.

Em tempos de democracia, as tentativas de obstrução da nova investigação jornalística que empreendi por cinco estados brasileiros a partir de 2013 apenas confirmam que o passado teima em ser esquecido. Mas os segredos podem ser descobertos quando se julgam sepultados sob as cinzas da memória.

Quase cinquenta anos se passaram para que a verdade pudesse ser reconstituída no caso de Milton, um trabalho de pesquisa cercado de reviravoltas, como em 29 de maio de 2014. Nessa data, quando, finalmente, entrei na Cela 30 de Linhares, na companhia do fotógrafo Fernando Priamo e do perito criminal Domingos Lopes Daibert, descobri que a última parte da jornada era apenas o começo da história.

Notícias pelo rádio

Há seis meses sem se olhar no espelho, Edelson Palmeira de Castro assustou-se com o que viu. O cabelo preto liso chegava à altura do ombro, o rosto estava barbado, a pele, descarnada pelo súbito emagrecimento — seu peso havia baixado dez quilos — e os olhos fundos pareciam estranhamente perdidos para um jovem de vinte anos. Pela primeira vez em todo o período de confinamento, ele percebia as ideias se esvaírem. O pensamento vagava confuso por todas as escolhas que o levaram até aquele lugar. De um momento para outro, era como se tudo em que ele acreditava tivesse ruído. Tinha tantas perguntas para fazer, embora soubesse que não obteria respostas. Seu peito estava sufocado, tamanha era a vontade de chorar, mas jamais permitiria que as lágrimas transbordassem em terreno que ele considerava inimigo.

Horas antes, o dia parecia igual a todos os outros que passou no Corpo da Guarda do 6º Batalhão de Engenharia de Porto Alegre. Desde que Edelson foi preso, em 11 de outubro de 1966, a unidade da 3ª Região Militar foi o endereço do militante da Frente Armada Revolucionária Popular (Farp), mais tarde ligada ao Movimento Revolucionário 26 de Março (MR-26) — coluna guerrilheira do Rio Grande do Sul que tentou deflagrar uma luta armada nacional contra a ditadura recém-instalada no país.

Antes de ser levado para o quartel do bairro Partenon, Edelson esteve na Polícia do Exército. Na primeira vez que pisou na unidade, então localizada na praça do Portão, no Centro, o suspeito de subversão estava de olhos vendados. Circulou assim pelo pátio durante vinte minutos e, dessa forma, acabou sendo reconhecido por um membro da Farp. Era Luiz Carlos Carboni, militante detido após uma trapalhada que chamou a atenção da polícia. Vizinhos da pensão Farroupilha, onde ele estava hospedado, viram-no em cima do telhado do prédio no primeiro dia de setembro de 1966. Carboni havia voltado de um bar, quando foi preso no quarto 22 da prisão localizada na rua Chaves Barcelos, em Porto Alegre. A polícia encontrou em seus pertences fórmulas de explosivos e bilhetes dirigidos a membros da organização no Rio de Janeiro. Edelson diz ter sido ele quem o identificou como um dos homens que estiveram no Uruguai para o cumprimento de missões de cunho político, entre elas, receber armamento contrabandeado.

A descoberta rendeu ao agora acusado quase dois meses de incomunicabilidade numa cela de altura inferior a 1,72 metro, na qual Edelson não conseguia ficar de pé. Sem luz, a única forma de saber as horas era dando uma espiada no relógio que ficava logo acima de um portão de ferro, por onde Edelson passou mais de uma vez por semana durante os primeiros tempos de interrogatório.

Pressionado, tentou fugir durante o plantão do tenente que atirou três vezes sem sucesso contra um "cachorro sarnento". O plano de fuga de Edelson fracassou, e ele viu as regras do quartel ficarem ainda mais rígidas naquele dezembro de 1966. Um dia depois da malsucedida ação, foi acordado por três soldados que o jogaram da cama em que dormia. Em seguida, perdeu o colchão, depois a manta, restando-lhe somente o chão. Como fingiu continuar dormindo, os militares inundaram a cela com uma mangueira. O prisioneiro, então, sentou-se sobre a patente turca, uma espécie de privada rente ao chão. Foram 75 dias de confinamento, até que ouviu de fora da cela a voz da mãe. Era véspera de Natal.

— Mãe, aqui! Estou aqui dentro — gritou várias vezes, sem se importar com a punição que viesse a sofrer.

Com sangue de índio correndo pelas veias, Universina Soares de Castro avançou porta adentro preparada para uma guerra. Ignorou todas as ordens de parar dadas pelo Terceiro-sargento Braz Elemar, que fraquejou diante da valentia daquela mulher miúda. Ela estava acompanhada da filha Edi, grávida de oito meses, que empurrava o rapaz com a barriga.

— Menino, eu sou uma velha que sofre do coração. Além disso, ninguém vai impedir uma mãe de abraçar seu filho.

O praça emudeceu.

Quando mãe e filho puderam se tocar, houve um silêncio abafado. Uma lágrima rolou pela face da matriarca, dilacerada pelo estado deplorável do jovem. Contendo a raiva e a dor que sentiu diante daquela situação abusiva, dona Universina abriu as mãos do prisioneiro, entregando a ele um pedaço de bolo e doces caseiros. Depois, acariciou a face macilenta de Edelson.

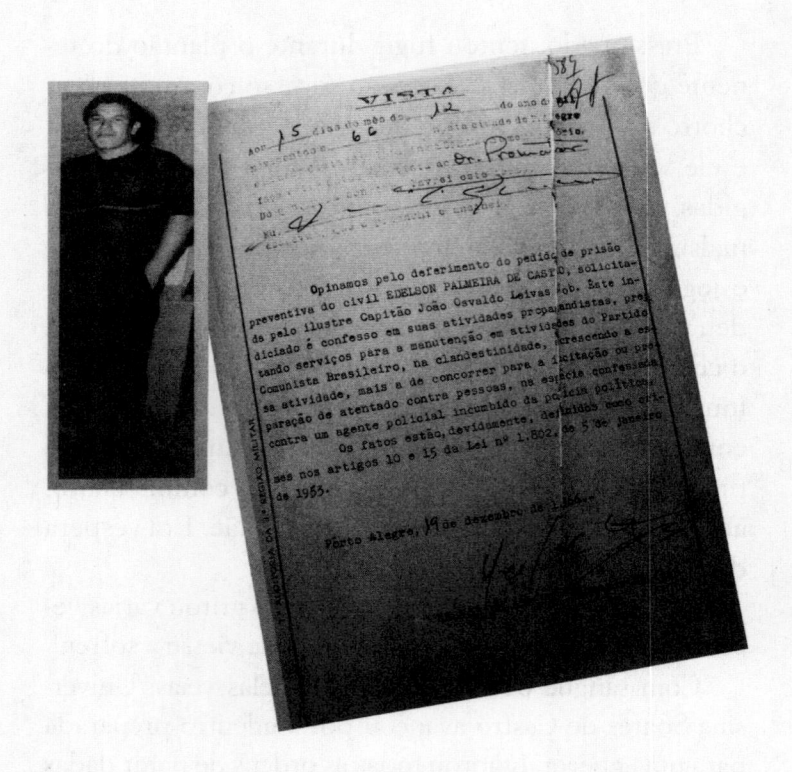

Promotor militar dá parecer favorável à prisão preventiva de Edelson Palmeira de Castro

— Aguente firme, meu filho. Seu pai também passou por momentos difíceis e aguentou. Não tenha ódio, pois Cristo também sofreu. A justiça não tardará.

O militante não conseguiu falar nada, por medo de a emoção o trair. Beijou as mãos calejadas da mulher cuja coragem tanto admirava, mirando o seu olhar. O encontro que renovou as forças de Edelson rendeu ao sargento uma abertura de inquérito.

Uma semana antes de completar duzentos dias de prisão, Edelson já estava familiarizado com a rotina do cárcere. Acompanhava da cela a troca de turno, quando a sentinela deixava o posto para descansar. Quem assumia o plantão recebia o relatório da noite anterior e repassava as tarefas do dia — que não permitia sequer o banho de sol para os presos políticos. Como o militante conhecia até os passos de quem chegava, qualquer barulho diferente chamava sua atenção. Demorou um pouco até o preso entender que os ruídos que escutava naquele dia 28 de abril de 1967 vinham de um aparelho de rádio trazido de casa pelo sargento de plantão para matar o tempo.

Edelson percebeu que o militar tinha dificuldade para sintonizar a estação desejada. O praça era fã do radialista Glênio Reis, que, na época, já fazia sucesso com o estilo irreverente de apresentar seus programas: "Aqui quem está falando é Glênio Reis, filho único de Carolina Camargo Tanger dos Reis, de Bagé, e de João dos Reis, de Cacimbinhas."

Como era sexta-feira, porém, e Reis comandava a programação musical de sábado, o militar teria que encontrar outra estação, tarefa nada fácil em função da baixa frequência da rádio AM. Quando o sargento conseguiu localizar a Gaúcha, era hora do jornal.

"E atenção. Um comunista preso na serra do Caparaó foi encontrado morto nesta manhã, na Penitenciária Regional de Linhares. Ele estava preso havia pouco mais de vinte dias, quando um bando de subversivos foi capturado pela polícia no monte e encaminhado para Juiz de Fora, em Minas Gerais... A hipótese é de suicídio..."

Edelson sentiu um arrepio pelo corpo, mas tratou de se acalmar, pois o homem que conhecia, integrante do Movimento Nacional Revolucionário (MNR) jamais atentaria contra a própria vida, afinal ambos estavam acostumados a lidar com adversidades desde a infância. Como o locutor não havia citado nomes, o militante do MR-26 tentava imaginar quem entre os dezesseis guerrilheiros havia morrido.

Lembrou-se então de que, na semana em que caiu — jargão conhecido entre os presos políticos —, se preparava para viajar a Caparaó. O combinado era esperar o bilhete do irmão, Milton Soares de Castro, 25 anos, que havia partido para lá, em setembro de 1966, com a missão de fazer o reconhecimento da área inóspita.

Uma hora havia se passado após a divulgação da notícia pelo rádio. Era fim de tarde quando o oficial de dia veio buscar Edelson na cela.

— O comandante quer falar com você.

— Sobre o quê? Você sabe?

O sargento limitou-se a acenar negativamente com a cabeça.

O gabinete do comando ficava relativamente distante do Corpo da Guarda. Para chegar ao prédio principal, era preciso atravessar o pátio do quartel cercado por árvores. Edelson ainda não sabia, mas iria experimentar uma dor até então desconhecida. Nada que se assemelhasse aos golpes de pau que o surpreenderam durante o interrogatório a que foi submetido na área militar, pressionado a entregar o paradeiro de Milton e o caminho das armas trazidas clandestinamente para o Brasil de Cuba, do Uruguai e da Argentina. O que ele estava prestes a sofrer era infinitamente mais forte que as perfurações feitas em seu corpo pelo prego estrategicamente colocado na ponta do bastão de madeira usado contra o militante. Dessa vez, até a alma se curvaria.

Após ser anunciado no saguão da sala do comando, Edelson teve a entrada autorizada. Quando a porta se abriu, viu sua irmã Gessi Palmeira Vieira no gabinete amplo e imponente, decorado com mobiliários talhados em madeira maciça. O olhar úmido de Gessi deixou Edelson paralisado.

Gessi Palmeira Vieira, jovem

— Infelizmente, a informação que trago não é boa. Seu irmão, Milton, se matou hoje de manhã em Juiz de Fora. Meus pêsames. Mas vamos fazer de tudo...

O pintor interrompeu o comandante:

— Isso não foi suicídio, senhor. Assassinaram o meu irmão — gritou o preso.

— Rapaz, você não sabe do que está falando — cortou o oficial.

Gessi tentou abraçar Edelson para evitar uma discussão cujo perdedor já estava previamente definido.

Em função do estado da irmã, que não escondia mais o choro, o militante cedeu.

— Como eu ia dizendo, nós vamos fazer de tudo para trazer o corpo do seu irmão para Porto Alegre. Já estamos em contato com a 4ª Região Militar para viabilizar isso.

— Quando? — questionou Edelson, tentando manter a lucidez.

— Breve.

O preso político deixou o gabinete desnorteado. Não conseguiu enxergar mais o caminho de volta para a cela. Suas memórias o levaram para Santa Maria, o coração do Rio Grande do Sul, onde ele e os irmãos cresceram ao lado da mãe benzedeira. Descendente de índios, a matriarca nascida em São Francisco de Assis colocava toda a sua fé nas ervas. Sem recursos para o básico, dona Universina apelava para as rezas que ajudavam não só a curar mau jeito, mas umbigo saltado, pé rachado e outras esquisitices da gente pobre da comunidade do bairro Camobi.

Como dinheiro era raridade, os filhos da benzedeira começaram a trabalhar na meninice para conseguir uns trocados. Edelson abria buracos na terra vermelha até desaparecer lá dentro. Milton, mais velho, com dez anos, já pintava escolas para outras crianças estudarem. Alto demais, ele recebeu dos colegas o apelido de Monstrão, no tempo em que *bullying* não seria nada além de um palavrão estrangeiro.

Apesar das dificuldades, o período de escassez da família só começou em 1946, depois da morte do marido de dona Universina, o brigadiano Marcírio Palmeira de Castro. Policial militar de Santa Maria, o homem, que fazia caixão de cortesia para o enterro de amigos, morreu de tifo em 21 de maio, quando Edelson tinha apenas quatro dias de vida. Servidor da pátria que tanto amava, foi sepultado sem glórias, deixando mulher e dez filhos.

O brigadiano Marcírio, que morreu de tifo,
e Universina, pais de Edelson, Milton e mais oito irmãos

A casa verde-escura onde eles moravam foi construída pelas mãos do militar, nos tempos em que lhe sobra-
va saúde e compadres. Erguida em terreno rural com
quintal, poço e pomar, o imóvel amplo tinha três quartos, além de um imenso porão. Para entrar na moradia,
Marcírio projetou duas escadas compridas. Na cozinha,
o fogão de barro funcionava o dia todo. Era preciso muita lenha para alimentar o fogo e a prole da mulher. Para cada filho que saía da barriga dela, outro entrava. E
haja polenta feita em panela de ferro para matar a fome
dos piás. Depois de pronto, o angu era espalhado na tá-
bua para esfriar. Só então se cortavam os pedaços com

linha, como a mãe de Milton, Edelson e dos outros oito gostava de fazer. A polenta era servida com pão, café e combinações improváveis. Carne de boi nas refeições, só se fosse dianteiro, porque o traseiro, considerado mais nobre, não aparecia em mesa de pobre.

A mesma colher que mexia a receita feita com água e fubá era usada para castigar menino bagunceiro. A benzedeira acreditava que só assim conseguiria colocar ordem numa casa com tanta boca para comer. Com a educação rígida que recebeu do pai mascate, a matriarca criou os filhos com afeto de sobra, mas pouca demonstração. De vez em quando, sentia vontade de beijar os seus, porém mantinha o afastamento.

Recrutada cedo para o trabalho na roça, ela não pôde ninar boneca, talvez por isso tenha parido tanto. E mesmo ruim das letras, a mulher tinha sabedoria de sobra para entender que, sem infância, se vira gente grande triste. Os filhos dela não seriam assim.

Da prole de dez, Milton e Gessi foram os que mais aproveitaram a vida boa do campo. Nos fins de semana, eles passavam o dia jogando cinco-marias, brincadeira feita apenas com pedra, ligeireza e muita imaginação. Também havia os ossos de boi, que faziam vencedor aquele que os atirasse mais longe. O bumbá, que usa a casca de laranja, exigia mais sorte do que habilidade. E a bulita, bola de gude, fazia a meninada correr.

O tifo levou o pai dos guris e deixou a família do morto à privação, já que para manter o marido em tratamento, dona Universina começou a vender as coisas. A doença do brigadiano levou as duas vacas que davam leite, o gado, o poço, a casa. Edelson, Milton, Gessi e os irmãos se mudaram com a mãe para São Borja e depois Porto Alegre.

O novo casamento da mãe, um ano depois da viuvez, não tirou o luto da família. O outro brigadiano com quem dona Universina se casou fez cinco filhos nela. Mas, ao contrário do primeiro marido, o policial militar levou para dentro de casa a violência e a sanha de abusar sexualmente das enteadas. Quando a benzedeira se viu livre do traste que espalhou os filhos do seu primeiro casamento em casas cujos donos ela pouco conhecia é que a viúva de marido vivo juntou a família de novo. Não se importava em comer o pão que o diabo amassou, desde que estivesse junto dos quinze que saíram dela.

Enquanto a mãe fazia fornadas de pão para vender, Edelson, com cerca de oito anos, levava comida para Milton, que continuava a pintar escolas. Nessa época, o pão com banha de porco era usado para matar a fome dos irmãos. E, mesmo sobrando pobreza, dona Universina pegou um guri abandonado para criar, o décimo sexto filho. Milton, que já estava na adolescência, não perdia a chance de fazer piada.

— Mais um escravo branco nesta casa — brincava, embora já começasse a ficar incomodado com a desigualdade social que o rodeava.

Apesar de o momento ser de choro, a lembrança da frase de Milton fez o Edelson barbado rir. Ao se olhar no espelho que recebeu na cela do 6º Batalhão de Porto Alegre, o preso político entendeu que era hora de enfrentar a realidade. Liberado para deixar o cárcere, a fim de cuidar da mãe de um filho suicida, o militante precisava ficar apresentável para estar com a família abatida pela tragédia. Rapou o rosto, tirando os pelos que o escondiam, ganhou um corte no cabelo desgrenhado e uma muda de roupas limpas. Ao mirar-se novamente no espelho, percebeu que a imagem refletida não lembrava em nada o irmão de Milton. Aliás, sem Milton, todos seriam diferentes dali para a frente.

A captura no Caparaó

A vida corria devagar para a gente simples da recém-criada Vila Jardim, em Porto Alegre. Com infraestrutura precária, o bairro ainda pouco povoado era destino dos que chegavam à capital em busca de oportunidades. Mas em um Rio Grande do Sul chacoalhado pela deposição do filho ilustre de São Borja, a incerteza quanto ao futuro era ainda maior. Ligado aos gaúchos, João Goulart deixou o estado dividido após o golpe de 1964. O esperado apoio popular contra a tomada do poder constituído, porém, não veio. Pelo menos nos primeiros meses do golpe.

Levou um tempo para que o estado com tradição em resistência se envolvesse no clima de levante que tomou o Brasil. Um dos núcleos de oposição contra o militarismo cresceu exatamente na Vila Jardim, onde Milton, filho de dona Universina, morava. Todos os dias, o operário de 23 anos trocava o macacão sujo de tinta, após mais de dez horas de jornada, para se vestir de inconformismo. Deixava o número 1.352 da rua Souza Lobo para participar das reuniões coordenadas por Gregório Mendonça na Associação Operária e Cultural da Vila Jardim, criada para a mobilização e a conscientização dos trabalhadores. O ano era 1965. Ativista sindical, Gregório foi eleito o companheiro de ideal pelo então membro da Frente Armada Revolucionária Popular (Farp). Coincidentemente, o sindicalista, um dos amigos em quem Milton mais confiava, presenciaria seus últimos instantes de vida.

Milton foi quem convenceu o irmão Edelson a abraçar a causa contra o regime. Apesar da pouca instrução formal — havia estudado apenas o primário —, ele sempre se interessou por política. E foi através da militância no PCdoB que se aproximou de Gregório. A percepção de um país com poucas oportunidades para as camadas populares sempre incomodou o operário. Por isso, quando as primeiras notícias sobre o golpe chegaram ao Rio Grande do Sul, o filho de Santa Maria já discutia a transformação das relações de propriedade na busca pela igualdade social. Apresentado em uma reunião clandestina às ideias de Karl Marx e Friedrich Engels, começou a formar as suas em relação à luta de classes. Após o contato com a esquerda de Porto Alegre, deixou de ser um observador da realidade para assumir a militância contra as forças da repressão.

E foi num desses encontros com Gregório Mendonça que Milton conheceu o ex-sargento do Exército Amadeu Felipe da Luz Ferreira. Amadeu foi quem fez a ponte entre o estreante no movimento político e outro militar, Araken Vaz Galvão, 29 anos. A aproximação com o grupo de ex-sargentos selaria o destino do operário idealista que, mais tarde, se tornaria um dos únicos civis a participar da aventura quixotesca do Caparaó.

Araken Vaz Galvão, o menino da Bahia que se tornou homem-feito no Rio de Janeiro, era ligado ao Movimento

Nacionalista Revolucionário (MRN), considerado por ele próprio uma ampla organização sem padrão ideológico muito definido, justamente para abrigar o maior número de opositores à ditadura. O dissidente das Forças Armadas encabeçava o desejo de se criar um movimento armado contra a intransigência fardada. Embora a maioria das tentativas tenha fracassado, acreditava que só uma reação dessa natureza conseguiria livrar o Brasil da insígnia do medo.

No início de 1966, Milton foi levado para Montevidéu, onde passou a manter contato com militantes ligados a Leonel Brizola. Naquela altura, Brizola já vivia exilado no país vizinho, comandando as ações de oposição ao regime com o apoio dos ex-sargentos que Milton conheceu.

45

Milton, que está segurando uma mochila, e outros guerrilheiros após serem capturados pela polícia na serra do Caparaó

A relação dos militares expurgados das Forças Armadas por participação em ações a favor da retomada da legalidade no Brasil com uma das maiores lideranças de esquerda do país começou bem antes de 1966. Os sargentos tiveram papel fundamental na garantia do nome de João Goulart para a Presidência. Com a renúncia de Jânio Quadros em 25 de agosto de 1961, o vice João Goulart seria o sucessor natural. Mas os três ministros militares — Odílio Denys, da Guerra, Sílvio Heck, da Marinha, e Gabriel Grün Moss, da Aeronáutica — defendiam o rompimento da ordem jurídica. Tramavam contra a posse de Goulart, então em viagem à China. Era um ensaio para o golpe que se concretizaria três anos depois.

Foi Leonel Brizola, então governador do Rio Grande do Sul e cunhado de Jango, quem protagonizou o movimento de resistência contra as articulações militares. O país acompanhou os acontecimentos através da Cadeia da Legalidade, formada a partir da requisição da rádio Guaíba pelo governador gaúcho. Dos porões do Palácio Piratini, sede do governo, Brizola clamava à resistência. Nas Forças Armadas, militares de baixa patente foram os primeiros a aderir ao chamamento.

Na Base Aérea de Canoas, na Grande Porto Alegre, sargentos se rebelaram e rechaçaram a ordem do Ministério da Guerra para bombardear o Piratini, sede do governo gaúcho. Brizola conclamou o povo ao palácio, e a praça da Matriz foi tomada por milhares de pessoas. Além disso, voluntários de todo o Rio Grande do Sul se apresentaram para a resistência. Houve, depois, a adesão do comandante do III Exército, José Machado Lopes, à Cadeia da Legalidade. O golpe contra Goulart acabou abortado e o vice foi empossado em setembro de 1961. O presidente, porém, assumiu um governo sem poderes, convertido ao parlamentarismo.

Exército montou verdadeira operação de guerra
para cercar os guerrilheiros do Caparaó e obrigá-los a se renderem

Detalhes da operação e do contingente

Quando a ditadura foi, finalmente, implantada, os sargentos que se rebelaram perderam suas patentes, mas continuaram seguindo Brizola e acreditando nos propósitos do Movimento Nacionalista Revolucionário (MNR). Por isso, quando Milton se aproximou deles, passou também a reconhecer a mesma liderança e a participar das missões do MNR, que tinham por finalidade a desarticulação do governo militar.

No Uruguai, o operário de Porto Alegre conheceu a república batizada de Vietcong pelos jovens conspiradores. Localizado na praia de Pocitos, o casarão velho, mas confortável, abrigava os brasileiros e seus sonhos de um contragolpe. Lá, na Copacabana uruguaia, eles se sentiam em casa. Passavam o dia estudando, trabalhando, discutindo política e, claro, futebol, já que o Peñarol — time da casa com a melhor geração de craques da sua história — começava a campanha que desembocaria no título mundial de 1966. Os filmes políticos ganhavam os cinemas e as mesas dos cafés onde, mesmo com pouco dinheiro, podia se passar a tarde bebericando uma xícara. Quem tinha um pouco mais desfrutava um tinto, queijo e violão na adega Altamar.

Também foi no país vizinho que Milton, considerado o menos intelectualizado do grupo, se descobriu apaixonado. Beatriz, a rapariga uruguaia que mereceu seu amor platônico, era estudante da Escola Nacional de Belas Artes e se relacionava com o ex-marinheiro Amaranto Jorge Rodrigues — que chegou a datilografar vários textos de Darcy Ribeiro, no tempo em que o antropólogo ficou exilado no Uruguai. O país, aliás, foi destino de centenas de brasileiros logo após o golpe de 1964.

Apesar de Amaranto e Milton serem companheiros de ideal, o civil não conseguiu esconder o que sentia. O operário passava os dias cantarolando o recém-lançado *hit* de Roberto Carlos, fazendo troça da própria situação. "Estou amando loucamente/ a namoradinha de um amigo meu", repetia, arrancando risada dos companheiros de movimento.

Amaranto também sorria, mas a verdade é que se via obrigado a tolerar a situação, já que a uruguaia não disfarçava o prazer da conquista dos dois brasileiros.

Com Beatriz nos pensamentos, Milton retornou ao Brasil, passando a receber missões de militantes da organização. Uma das mais ousadas foi dada por Araken, ainda no primeiro semestre de 1966, quando o operário foi incumbido de levar material subversivo de Porto Alegre até o Rio de Janeiro. A única informação sobre a ação, da qual Edelson também participaria, é que nela seria transportado o jornal *Panfleto*, periódico produzido por brasileiros exilados no Uruguai, que publicava informações contra o regime. O primeiro contato para a viagem aconteceu em um bar da capital gaúcha localizado na avenida Cristóvão Colombo, próximo à igreja de São Pedro.

Alguns dias após o encontro, Milton e seu irmão receberam as passagens de ônibus para a Cidade Maravilhosa, onde deveriam desembarcar em Parada de Lucas, na zona norte. Naquela região, havia sido alugada uma espécie de depósito para guardar mais de duas toneladas de materiais e armamentos.

Milton cumpriu o itinerário combinado, mas com duas pesadas malas no bagageiro do ônibus, ele e o irmão não conseguiram convencer o motorista de autorizar o desembarque no meio do caminho. Uma terceira pessoa do grupo, cujo nome até hoje é desconhecido por Edelson, mandou os dois seguirem viagem até a rodoviária e depois retornarem de táxi ao destino. Araken garante que Milton nunca soube que, em vez do *Panfleto*, estava na verdade transportando armamento utilizado em Santa Catarina, estado em que houve uma fracassada tentativa de se instalar um foco de guerrilha rural, na região de Criciúma. Edelson contesta a informação e garante que tanto ele quanto o irmão sabiam exatamente o que estavam carregando.

Parte do armamento levado para Santa Catarina foi financiado com o apoio de Brizola. Foram algumas dessas armas, usadas também na primeira tentativa de levante em Porto Alegre, que o operário fez chegar ao Rio de Janeiro com a ajuda do irmão. Milton estava cada vez mais próximo do Caparaó.

Desbravar a serra exigia coragem. Em setembro de 1966, Milton deixou Porto Alegre na companhia de Amadeu Felipe da Luz Ferreira, trinta anos, eleito mais tarde o comandante do grupo, para iniciar a ousada operação da guerrilha. O deslocamento levou quatro dias.

Com o ex-sargento, ele voltou ao Rio de Janeiro, onde se hospedou numa pensão no centro. O calor, as baratas e as precárias condições de higiene do quartinho fétido exigiam autocontrole. Muitos viajantes da área mal frequentada recorriam à bebida e às prostitutas para ajudar o tempo a passar. Mas Milton, que não bebia, não tinha clima para passatempos. Sua atenção estava totalmente voltada para a causa revolucionária. Acreditava, sinceramente, que o seu esforço de integrar a guerrilha, deixando para trás a mãe benzedeira e a numerosa família, salvaria o Brasil dos canhões.

Dessa vez, a missão do militante não seria transportar materiais, mas fazer o reconhecimento do terreno onde os combatentes acampariam. O grupo era formado na sua maioria por ex-militares. Eram ao todo sete sargentos, dois subtenentes e dois marinheiros. Milton, que nunca vestiu farda, era o segundo civil do grupo. Os treze homens ainda não sabiam, mas permaneceriam por quase sete meses em um dos lugares mais inóspitos do país, que tem no pico da Bandeira, a quase 3 mil metros de altitude, o ponto mais alto.

Sem terem trocado nenhum tiro com a polícia, militantes se entregaram no Caparaó.
Milton, na página ao lado, é o primeiro da direita para a esquerda

No detalhe, Milton Soares de Castro e o comandante da guerrilha,
Amadeu Felipe da Luz Fereira, após a rendição

O décimo quarto homem da guerrilha, o sargento Manoel Raimundo Soares, não chegou a desbravar a serra. Uma das grandes lideranças dos praças, talvez a maior, Manoel morreu antes, afogado nas águas do rio Jacuí, em Porto Alegre. Prisioneiro da Ilha do Presídio, o corpo dele foi encontrado em 24 de agosto de 1966, com os pés e as mãos amarrados para trás. Dias antes, havia sido entregue pela Polícia do Exército ao Dops para novo interrogatório.

Em relatório publicado em dezembro de 2014, a Comissão Nacional da Verdade aponta documentos como o da CPI da Assembleia Legislativa do Rio Grande do Sul, que concluiu que a morte do sargento tem como responsáveis o major de Infantaria Luiz Carlos Menna Barreto, além dos delegados José Morsch e Itamar Fernandes de Souza, apontados como coautores. Estes e outros nomes que aparecem relacionados à tortura e ao assassinato de Manoel Raimundo jamais responderam pelo crime que, na época, provocou comoção popular.

Até o dia em que foi preso em frente ao Auditório Araújo Viana distribuindo panfletos com os dizeres "Abaixo Castelo, viva Brizola" durante a visita do marechal Castelo Branco ao estado, o sargento Manoel participava ativamente da organização da guerrilha. Sem a liderança dele, seria difícil consolidar o projeto Caparaó. O grupo, porém, resolveu seguir adiante.

Milton foi um dos primeiros a pisar o chão úmido da serra. Sua estada no Rio de Janeiro beirava o insuportável quando ele recebeu o sinal para partir ainda em setembro de 1966. Percorreu em um jipe azul os mais de 300 quilômetros que separam a capital do estado da Guanabara da mineira Manhumirim, localizada no pé da serra do Caparaó. Foi recebido na casa do pai do paraquedista Anivanir de Souza Leite, mas nem esquentou lugar. De lá seguiu na direção de São João do Príncipe, no Espírito Santo, localidade distante 180 quilômetros de Vitória. No passado, a região era coberta pela Mata Atlântica e habitada pelos índios Puris.

Foi lá, na antiga Freguesia de São Pedro de Alcântara do Rio Pardo, mais tarde batizada de Iúna — águas pardas na língua tupi —, que Milton fez parada por quase trinta dias no sítio que pertencia à família de Anivanir. Nesse tempo, ficou conhecido pela gente do povoado como Januário, o Janu, um despretensioso criador de cabras, embora só entendesse de galinhas. Nesse sítio, fartou-se tanto de jabuticaba que pegou birra da suculenta novidade.

Dois meses depois, Milton subiu o monte em direção ao pico da Bandeira, onde iria se juntar ao grupo formado pelos marinheiros Avelino Capitani, Amaranto Jorge Rodrigues e Edival Mello, militares que haviam passado por treinamento de guerrilha em Cuba. A realidade da incursão na mata fechada do Caparaó, porém, marcava o início de um calvário.

Para enfrentar as adversidades na serra, Milton recebeu de Amadeu um fuzil, um cinto com cartucheira, cinquenta cartuchos, uma mochila de lona, uma rede de náilon, um macacão verde-oliva, uma calça e uma japona, além de uma barraca cinza-escuro e um cobertor de lã preto. O entusiasmo juvenil, entretanto, foi sendo minado aos poucos pelo frio intenso na região com as menores temperaturas dos estados capixaba e mineiro. A cinco graus negativos, e às vezes menos, não havia fogueira ou abrigo capaz de blindar as geadas e as chuvas que castigavam a saúde da tropa em constante movimento pela mata fechada. A escassez de mantimentos levava os guerrilheiros a se arriscarem em frequentes idas aos povoados do entorno. Mesmo com um armazém montado em Guaçuí pela organização que apoiou a ação, a andança dessa gente estranha e cabeluda não passou despercebida. A compra de farinha em quantidade e outros suprimentos começou a chamar a atenção para aqueles camponeses estrangeiros, uma vez que o povo mineiro tem a desconfiança em seu DNA e o capixaba sempre foi bom observador.

Além disso, as estratégias montadas no Caparaó apresentavam várias falhas. O primeiro a perceber isso foi Hermes Machado Neto, gaúcho que abandonou o emprego na Caixa Econômica Federal, em Porto Alegre, para combater a ditadura. Mandado pelo comando urbano da guerrilha até a serra, em janeiro de 1967, Hermes recebeu como missão verificar as condições do acampamento. Quando desceu do Caparaó um mês depois e se encontrou, no Rio, com Amadeu Rocha, esculhambou a ação.

— Olha, estou pessimista. Acho que aquilo lá já foi descoberto. Eles se deslocam de dia a céu aberto. A vigilância noturna é frouxa. A situação é muito ruim, e aquilo parece um piquenique. Eles não estão levando a sério a segurança militar. Salvo engano, a guerrilha já caiu.

Hermes percebeu que os guerrilheiros estavam subestimando a capacidade da repressão de acessar o topo da serra. Os combatentes acreditavam que os soldados morreriam de pneumonia antes de chegar lá em cima.

O mau presságio do bancário que se tornou guerrilheiro tinha fundamento. Lá na serra, um questionamento inconfessável roubava o ânimo da "tropa". Era impossível não questionar como aqueles homens famintos e suas poucas armas derrubariam o regime militar. Ninguém ousava falar abertamente nisso, mas a ideia da derrota torturava a cabeça de alguns. Quando a peste bubônica alcançou o marinheiro Avelino Bioen Capitani, a morte já rondava os militantes. Por isso, no momento em que a Polícia Militar de Minas Gerais prendeu, em 23 de março de 1967, Jelcy Rodrigues e Josué Cerejo, dois desertores da guerrilha que aguardavam em Espera Feliz o ônibus que os levaria para casa, não havia com o que reagir. Aliás, a derrota já estava desenhada com as primeiras desistências ocorridas no Natal de 1966. O jornalista José Caldas, autor do livro *Caparaó: a primeira guerrilha contra a ditadura*, usa o termo "crise existencial da guerrilha" para referir-se às baixas que se seguiram nesse período.

Em atenção aos têrmos do ofício nº 1958, de 18.12.68, ontem recebido, dessa Auditoria, informo que da relação de nomes nêle constante, apenas regista neste Juízo o seguinte:-

JORGE JOSE DA SILVA, condenado em 19.3.68, à pena de 6 ms. de prisão, como incurso no art. 157, § 1º, do C.P.M., cuja sentença transitou em julgado, tendo o réu cumprido a pena;

JELCY RODRIGUES CORREA, condenado em 16.5.67, à pena de 1a e 6 ms. de prisão, como incurso no art. 33, ns. I e IV, do Dec.Lei nº 314/67, cuja sentença foi confirmada pelo S.T.M. em data de 11.10.67, tendo o Acórdão transitado em julgado;

ARAKEN VAZ GALVÃO, condenado à pena de 1 ano e 6 ms., em 16 de maio de 1967, como incurso no art. 33, ns. I e IV, do Dec.Lei nº 314/67, cuja sentença foi confirmada pelo S.T.M. em Acórdão de 11.10.67, que transitou em julgado.

Relação das penas aplicadas aos participantes da primeira guerrilha da ditadura

O ex-sargento
Araken Vaz Galvão

Milton, o primeiro a chegar ao Caparaó, considerado o menos preparado na visão dos combatentes, foi um dos poucos que permaneceram entocados na área rural. Não desistiu nem quando as forças lhe faltaram ou mesmo quando as câimbras contraíam seus músculos congelados por um frio que ele jamais sentira, apesar de gaúcho ser entendido no assunto. Único civil do grupo em decomposição — dos treze restaram somente sete na serra —, o homem descrito por Araken como frágil estava inteiro naquele fatídico 1º de abril de 1967, quando os combatentes, cercados pela Polícia Militar, assistiram passivos ao último suspiro da guerrilha. O ideal de libertar o Brasil por meio da força havia sido sepultado. Pelo menos naquele momento.

Passados 47 anos da prisão dos militantes, Araken, um dos participantes da guerrilha, rebate as críticas contra o grupo sobre a pacífica rendição, já que nem um tiro foi trocado: "O gesto mais revolucionário era sobreviver e não deixar os caras nos matarem."

Embora não tenha sido provada, ainda paira a suspeita de que membros da guerrilha teriam negociado, à revelia dos companheiros, uma rendição.

Sobreviventes do Caparaó, os combatentes presos foram encaminhados para o quartel do 11º Batalhão da Polícia Militar em Manhuaçu, em Minas Gerais. De lá seguiram para Juiz de Fora, onde acabaram transferidos para a Penitenciária de Linhares. Na manhã do dia 3 de abril de 1967, desembarcaram no complexo penitenciário sob forte esquema de segurança. Jairo Vasconcelos, vice-diretor da unidade, estava lá quando Milton e seus companheiros chegaram. Foi ele quem os recebeu sem conseguir disfarçar a surpresa diante do aparato montado para trazê-los. Tratados como estrangeiros em seu próprio país, os prisioneiros da guerrilha eram exibidos pelo Exército como um troféu.

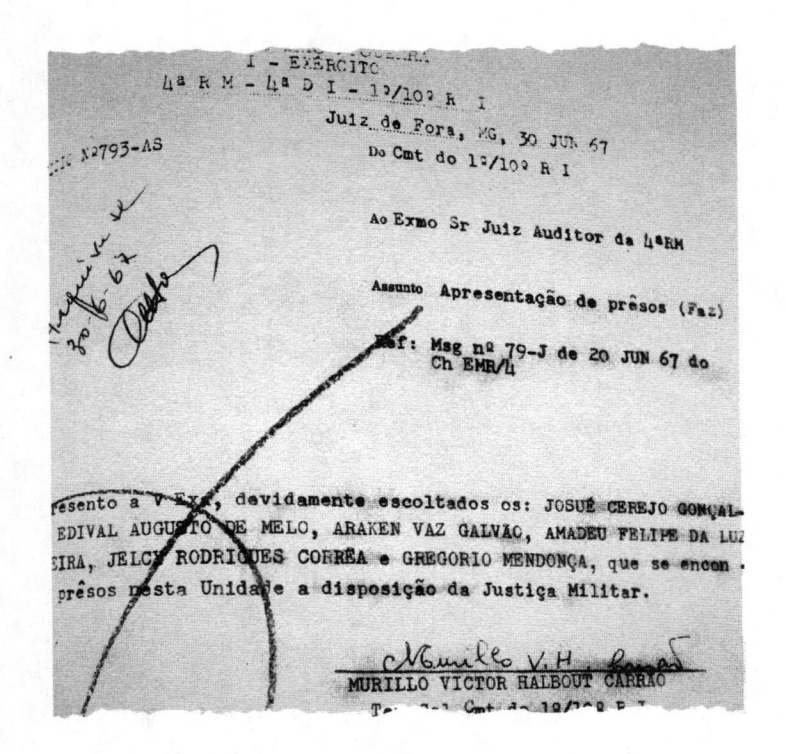

I - EXÉRCITO
4ª R M - 4ª D I - 1º/10º R I

Juiz de Fora, MG, 30 JUN 67
Do Cmt do 1º/10º R I

N2793-AS

Ao Exmo Sr Juiz Auditor da 4ªRM

Assunto Apresentação de prêsos (Faz)

Ref: Msg nº 79-J de 20 JUN 67 do
Ch EMR/4

...esento a V Exª, devidamente escoltados os: JOSUÉ CEREJO GONÇAL...
...EDIVAL AUGUSTO DE MELO, ARAKEN VAZ GALVÃO, AMADEU FELIPE DA LUZ...
...IRA, JELCI RODRIGUES CORRÊA e GREGORIO MENDONÇA, que se encon...
...prêsos nesta Unidade a disposição da Justiça Militar.

MURILLO VICTOR HALBOUT CARRÃO

Guerrilheiros do Caparaó foram os primeiros presos políticos da Penitenciária de Linhares.
Documento da 4ª Região Militar coloca os presos à disposição da Justiça Militar

Ao chegar a Linhares, o grupo tinha aspecto físico deplorável. Famintos, os homens da guerrilha se arrastavam. Os ossos despontavam nos corpos alquebrados. Algemados no caminhão militar que os trouxe, eles também estavam amarrados uns aos outros. Mantidos sob a mira de metralhadoras, seguiram escoltados até o interior do prédio. Ao vice-diretor, foram entregues dezesseis fichas marcadas com tinta preta. O nome de cada prisioneiro era acompanhado do termo "PERIGOSO".

Cocô de galinha e rapadura

O dia nem bem havia amanhecido, mas Milton já estava de olhos abertos desde a madrugada. Deitado na cama dragoflex do Exército, o ocupante da cela 30 observava um camundongo de pelagem acastanhada, pata cor-de-rosa e cauda nua ziguezagueando pelo espaço inferior a seis metros quadrados. O intruso era a primeira visita que o guerrilheiro do Caparaó recebia desde o confinamento na Penitenciária de Linhares havia dezessete dias, período em que foi mantido incomunicável, assim como os demais. O cubículo contrastava com a paisagem exuberante da serra onde viveu por cerca de sete meses. É verdade que quase morrera de fome e de frio, mas desfrutava liberdade na região das plantas de folhas largas e montanhas a perder de vista. Entediado, perdeu a conta do tempo em que ficou ali observando o roedor à procura de comida naquele lugar onde mal cabia um homem, ainda mais um do seu tamanho. Media mais de 1,80m.

Foi despertado pelo barulho dos carcereiros que, pouco depois das sete horas, entraram na Galeria A para deixar a primeira refeição do dia: café e pão com manteiga.

Milton dividiu com o pequeno visitante os farelos do pão dormido que recebeu e ficou olhando o bicho comer. Sonhava com um gole de mate servido na cuia do chimarrão, acompanhado de pedaços de rapadura, do jeito que sua irmã Gessi fazia.

Gessi foi a última pessoa com quem Milton esteve antes de partir para o Caparaó. A mulher de olhos verdes que já havia sido miss também era bonita por dentro. Oferecia sempre uma palavra boa e, de quebra, era ótima quituteira, como a mãe. Também seguiu a sina da benzedeira. Infeliz no casamento, ela foi pai e mãe, criando sozinha dois filhos com a ajuda de uma máquina de costura. Para sustentar suas crias, trabalhava noite e dia ouvindo a agulha furar os tecidos para passar a linha nos vestidos que confeccionava.

Milton ouviu de Gessi os mesmos conselhos dados por dona Universina.

— Mano, pare com essas ideias de igualdade. A mãe já te disse: "tu vai ser esmagado como um verme".

Milton sempre contemporizava, e Gessi prosseguia:

— Queria tanto que tu tivesses uma namorada, uma família. Se tivesses alguém, tu não botarias tudo para o brejo. O grande sempre pisa no pequeno, e contra a força não há resistência.

Uma noite, enquanto Gessi cortava um molde, o operário bateu em sua porta. Já era tarde. Assustada, a costureira abriu primeiro o batente de madeira.

— Oi, mano. Entra. Aconteceu alguma coisa?

— Não. Só vim te dar um abraço.

— Bah, tu vais viajar?

— Não posso dizer, mas se tu precisares de mim, aqui tem informações que podem te ajudar a manter algum contato.

Milton entregou a Gessi um papelzinho enrolado e uma foto pequena, pouco maior do que uma 3x4. Logo em seguida, beijou os sobrinhos. Atônita com o papel deixado por Milton em suas mãos, ela ainda tentou disfarçar a preocupação.

— Nós já jantamos. E tu? Estás com fome?

— Não, preciso ir.

Gessi viu o irmão de 25 anos sair pela porta. Apertou o papel contra o peito e pensou em dona Universina.

— Meu Deus, será que a mãe tem razão? Será que ele nunca mais vai voltar?

A ideia de estar vendo Milton pela última vez fez Gessi ter vontade de chorar. Sem que os filhos percebessem, colocou o papel deixado pelo irmão dentro de uma florzinha amarela de plástico que mantinha sobre a mesa da cozinha. Nunca teve coragem de abrir e hoje lamenta não saber o que nele estava escrito.

* * *

A cela de Araken Vaz Galvão ficava do lado oposto à de Milton. As duas eram separadas pelo corredor da Galeria A. Não estavam exatamente de frente, mas desencontradas na diagonal. Como o ex-sargento era treinado para enfrentar situações-limite, a permanência dele em Linhares foi menos penosa do que a do operário de Porto Alegre. Aos 31 anos, o sertanejo nascido em Jequié, na Bahia, já fora preso antes por sua atuação na esquerda. Mais experiente, demonstrava autocontrole no confinamento.

Incomunicável no cárcere, Araken percebeu que precisaria manter a mente ocupada para vencer o isolamento em que todos os guerrilheiros do Caparaó mergulharam. Com a ajuda de alguns advogados do grupo, os livros começaram a brotar na aridez da prisão destinada também à permanência de prisioneiros comuns, que ficavam dois andares acima da Galeria A. Assim chegaram ao complexo os recém-lançados *Quarup*, romance de Antônio Callado, e *Pessach: a travessia*, de Carlos Heitor Cony.

Embora os presos políticos não mantivessem contato com os chamados presos comuns, a leitura passou a ser um elo entre universos tão distintos. Foi assim que consagrados autores brasileiros passaram a ser lidos entre ladrões, acusados de agressão, homicídios e outros crimes, já que os livros eram socializados e acabaram rodando a cadeia.

Numa tarde, o silêncio da cela foi interrompido por uma discussão. Araken ficou preocupado e notou que o desentendimento vinha do andar de cima. Chegou perto da grade do basculante na tentativa de descobrir o que estava acontecendo. A conversa seguia acalorada.

— A culpa foi daquela vagabunda!

— Não, ele tinha tudo para ser corno. Era um fraco, desconfiado, ciumento.

— Também, com uma dona daquelas!

O ex-sargento ficou curioso, pois entendia bem de confusão regada a mulher e ciúme. Em 1965, quando se preparava para combater o regime militar em Porto Alegre — em uma ação que teve o apoio de Leonel Brizola e a articulação do futuro comandante da guerrilha do Caparaó, Amadeu Felipe da Luz Ferreira —, Araken se escondeu em um aparelho da capital do Rio Grande do Sul, mas levou com ele sua companheira do Rio de Janeiro, atitude incomum entre os militantes. Fazendo jus à fama de conquistador, resolveu pular a cerca. De madrugada, levou um tiro desonroso. A bala que perfurou sua barriga e quase lhe roubou a vida não partiu do revólver da Polícia do Exército durante um enfrentamento em campo, e sim das mãos da mulher traída, que resolveu se vingar passando fogo no cabra que ousou passá-la para trás. Araken sobreviveu ao crime passional e, mesmo ferido, foi levado para a prisão da ilha das Pedras Brancas. Coincidentemente, o levante em Porto Alegre fracassou dias depois, recaindo nas costas de Araken a culpa pelo insucesso da operação. A acusação, considerada merecida para alguns e injusta para outros, divide o grupo até hoje.

Lá em Linhares, o bate-boca prosseguia.

— Onde já se viu ter filho com o melhor amigo do marido? Aquela tal de Capitu merecia "mermo" era um tiro na cara.

— Mas não há provas da traição dela, Deus do céu! Só porque o moleque se parece com o amigo. Esse Bentinho não sabe segurar mulher. Se fosse assim, muita dona ficaria enrolada por aí.

Araken percebeu, então, que a "briga" havia sido causada pelo romance de Machado de Assis, autor de *Dom Casmurro*. O ex-sargento mal conseguiu conter a satisfação de ouvir da boca daqueles homens com pouca instrução o debate sobre um clássico da literatura. "Para mim, foi a consagração de Machado de Assis, tantos anos depois de sua morte. Os caras, usando um linguajar chulo, grosseiro, vulgar, para defender o enigma da Capitu", relembra, às gargalhadas, o ex-guerrilheiro.

A cela de Hermes Machado, 26, ficava umas cinco depois da de Araken. Filho de um ferroviário grevista que odiava milico, mas desejava que o filho vestisse farda "para aprender a ser homem", o gaúcho de São Borja entrou para o Exército como o pai queria, mas não fez carreira. Seguiu os passos do velho sindicalista e militante filiado ao Partidão de Prestes ao aderir à luta armada para combater o arbítrio. Assim, em 1966, pediu férias na Caixa Econômica Federal e nunca mais voltou. Disposto a fazer parte da resistência, abandonou o emprego e partiu para o Uruguai, onde já tinha contatos por conta do amigo Diógenes José de Carvalho, com quem dividia apartamento na rua Riachuelo, centro de Porto Alegre. Carvalho apoiava brasileiros na clandestinidade no Uruguai.

Brizola comandou a Cadeia da Legalidade

Por isso, Hermes não teve dificuldade para chegar à república Vietcong, em Montevidéu, onde conheceu o marinheiro Amaranto Jorge Rodrigues. Mais tarde, se aproximou de Leonel Brizola. Primeiro foi levado ao líder da resistência no apartamento em que ele morava, no balneário de Atlântida, à beira do rio da Prata. O ex-governador residia no imóvel localizado no segundo andar.

Quando entrou, Hermes percebeu que o apartamento estava quase sem móveis. Após ser apresentado a Brizola, o líder o levou para a cozinha apertada, onde lhe ofereceu café.

— Carlinhos, o que tu estás pretendendo aqui? Como podes ajudar na luta contra o governo? — perguntou Brizola a Hermes, tratando-o pelo codinome.

— Olha, comandante, eu acredito na legalidade. Achas que podes me ajudar a fazer um treinamento de guerrilha?

— Para onde tu queres ir? Temos contatos na Argélia, China e Cuba.

— A língua que eu domino é o espanhol, porque nasci e me criei na fronteira com a Argentina. Acho que eu me daria bem em Cuba.

— Então é para lá que tu irás.

A temporada na ilha de Fidel durou três meses. Lá, Hermes passou por treinamento de guerrilha rural na serra de Pinar del Rio e teve aulas para confecção de explosivos na Escola de Química dirigida pelo francês Pierre, localizada num subúrbio de Havana. Quando retornou ao Uruguai, o ex-bancário foi morar em Pando, onde ficava o sítio de Brizola. A propriedade era enorme e produzia tomates, além de outros produtos agrícolas vendidos na feira da cidade localizada no departamento de Canelones, a 32 quilômetros de Montevidéu.

Com alguns alojamentos, o sítio tornou-se refúgio de militares brasileiros expulsos das Forças Armadas, principalmente sargentos da Aeronáutica envolvidos no levante de Brasília, ocorrido em 1963. Os que ficavam lá contavam com teto e comida e, em troca, ajudavam trabalhando na granja. Mesmo sem salário, cada um recebia um envelope de Brizola com um pouco de dinheiro no final de cada semana. A ajuda de custo era estimada em torno de sessenta pesos uruguaios à época.

Como no sítio se criava frango em larga escala, Hermes ajudou a virar muita massa de cimento para fazer as lajotas usadas na construção dos galinheiros. Num sábado pela manhã, em dezembro de 1966, Brizola apareceu em Pando com chapéu de palha, calça cinza e camisa azul. Vestia camiseta branca por baixo da blusa. Chegou ao sítio e observou Hermes de longe.

O ex-bancário limpava o galinheiro, recolhendo o esterco para espalhar na plantação de tomates. Estava enchendo um carrinho de mão com cocô de galinha, quando Brizola se aproximou dele, tirando a camisa para apresentar-se na lida. Fazia muito calor, e havia poeira levantada na estrada de terra que circundava o terreno.

O ex-governador pegou uma pá e começou a colocar o esterco no carrinho. Eles seguiram juntos pelo pontilhão de madeira que dava acesso à área de cultivo de tomates.

Caminharam por cerca de 200 metros, quando Brizola quis descansar. Os dois suavam. Debruçaram-se sobre a ponte de madeira para apreciar o riacho que cortava o sítio.

Parados sobre o pontilhão, eles puderam ver a própria imagem refletida na água. Brizola bateu a mão no ombro de Hermes.

— Companheiro, se aqueles militares que estão no poder no Brasil nos vissem hoje, nesse estado de miséria em que estamos, o que nos diriam?

Hermes ficou mudo, esperando o comandante dar a resposta.

— Sofre pra deixar de ser burro — completou Brizola.

Hermes quis rir, mas não sabia se deveria. Resolveu manter a seriedade.

Logo após despejar o esterco na plantação, o ex-governador finalmente disse a que veio. Tinha uma nova e arriscada missão para Hermes: ministrar um curso de explosivos não convencionais no Rio. Antes de embarcar para o Brasil, recebeu uma pasta de couro que deveria ser entregue para a organização. Embora ainda não soubesse, ela continha dinheiro.

Foi no Rio que Hermes acabou por se envolver com o comando urbano da guerrilha do Caparaó. Ele não estava na serra no momento em que a Polícia Militar cercou o grupo, mas partiu para lá ao receber a notícia das primeiras prisões, em 23 de março de 1967, quando Jelcy Rodrigues e Josué Cerejo foram capturados em Espera Feliz, após terem desertado. Depois caiu Amaranto Jorge, que desceu as montanhas para tentar comprar remédio e salvar o amigo Avelino Capitani, com peste bubônica. Mais tarde, o comando da guerrilha e os outros seis que ficaram no Alto Caparaó foram pegos. Hermes não sabia disso quando partiu em direção à serra na companhia de Amadeu Rocha, Gregório Mendonça, Deodato Fabrício, Itamar Maximiano e o capitão Juarez Alberto de Souza Moreira. Esse último grupo sofreu uma emboscada, e dois saíram dela feridos. O paraquedista Juarez levou um tiro na barriga, e outra bala quase atingiu Gregório na cabeça, mas acabou passando de raspão. Eles acabaram como os outros, presos em Linhares.

A chegada dos guerrilheiros do Caparaó a Juiz de Fora mobilizou o advogado Marcello Alencar, suplente do senador Mário de Sousa Martins. Atuante advogado de presos políticos, ele estava preocupadíssimo com o destino dos combatentes e as possíveis torturas que eles pudessem vir a sofrer. Por isso, desembarcou em Linhares e conseguiu o privilégio de acessar a Galeria A, onde o grupo estava incomunicável, estratégia para impedir que as versões fossem combinadas antes dos depoimentos.

O político, que viria a se tornar prefeito e governador do Rio de Janeiro nas décadas de 1980 e 1990, passou pelas celas observando um a um. No meio do percurso, parou em frente à de Hermes, colocando a mão sob o queixo. "Garoto, vocês não sabem o tamanho da merda que fizeram. Agora esses militares vão levar mais vinte anos para entregar a rapadura."

OFÍCIO Nº 750   JUIZ DE FORA — MG
Em _____ 01 de junho de 19

EXCELENTÍSSIMO SENHOR GENERAL COMANDANTE DA 4ª REGIÃO MILITAR

Remeto a Vossa Excelência os inclusos MANDADOS DE PRISÃO, expedidos contra os acusados — LEONEL DE MOURA BRIZOLA, JUAREZ ALBERTO DE SOUZA MOREIRA (Cap R/1) e outros, solicitando a devolução/

Para instruir processos que tramitam nesta Auditoria, venho solicitar a V. Exa. mandar fornecer a / êste Juízo Militar as seguintes informações:
a) — Se o ex-deputado LEONEL DE MOURA BRIZOLA se encontra denunciado perante essa Auditoria como/ incurso nas penas do art. 24 da Lei 1802 de 5.1.53, c/c art. 23, II, do C.P.M.

O juiz auditor Antônio de Arruda Marques encaminha ao comando da 4ª Região Militar mandado de prisão expedido contra Brizola e recebe ofício do juiz auditor da 3ª Região Militar, no Rio Grande do Sul, questionando se o ex-deputado já tinha sido formalmente denunciado em Minas, a fim de instruir processo contra ele

Um segredo de 35 anos

Aquele dia 27 de abril de 1967 seria igual a todos os outros no cárcere não fosse pela chegada inesperada, em Linhares, de um militar de Porto Alegre. O capitão João Oswaldo Leivas Job, encarregado do inquérito que apurava a participação de Milton no transporte de material subversivo, chegou à cadeia exausto da longa viagem que empreendeu do Rio Grande do Sul até Minas Gerais. Na pequena maleta que carregava, havia uma muda de roupa, já que ficaria apenas um dia em Juiz de Fora. O oficial chegou ao complexo com muitas perguntas e escassas notícias sobre a família do operário. Desde a prisão de Milton, dona Universina reportava-se quase que diariamente aos militares do III Exército, na capital, em busca de informações do filho. Tinha ouvido falar que ele havia sido levado para uma cidadezinha do Brasil cujo nome não sabia pronunciar.

Além do transporte de armas para o Rio de Janeiro e do tal jornal *Panfleto*, pesava sobre Milton e membros da Frente Armada Revolucionária Popular a "suspeita" de participação na morte do sargento Manoel Raimundo Soares, cujo corpo foi encontrado com os pés e as mãos amarrados no rio Jacuí, em Porto Alegre, em agosto de 1966. Na época, todas as evidências do assassinato de Manoel já apontavam para as forças da repressão. Numa tentativa de contra-ataque, porém, o Dops sugeriu ao comando do III Exército a instauração de um Inquérito Policial-Militar para apurar a relação existente entre a carta encontrada com o militante da Farp, Luiz Carlos Carboni e o caso do sargento. O tal bilhete teria sido localizado entre os pertences do militante. Na versão da Secretaria de Segurança Pública, o documento faria menção à morte do sargento antes de o corpo ter sido localizado. Na mesma comunicação, Araken Vaz Galvão é apontado como o principal "suspeito" do crime.

Caro amigo, conforme telegrafei, está confirmada a tragédia. O lado jurídico da questão está entregue ao Cândido Norberto. Ele está num hotel sem problemas financeiros até o momento e (borrão) reagiu bem à desgraça. Infelizmente a *Folha da Tarde* publicou o meu retrato — aquele antigo —, o que dificulta o meu trabalho aqui. Está havendo um bom trabalho de cobertura na imprensa e uma forte "caça aos feiticeiros" como consequência. É provável que saia uma CPI. Estamos forçando. As despesas dela está (*sic*) correndo por conta da "festiva". O nosso pessoal está com dificuldade de arranjar dinheiro.

João

(Carta encontrada com Luiz Carlos Carboni em 1º de setembro de 1966 que faria "alusão" à morte do sargento Manoel Raimundo Soares.)

O curioso é que no ofício de 13 de setembro de 1966 o Dops atribui ao ex-sargento Araken os caracteres gráficos da suposta carta confessional, embora a perícia técnica realizada pela seção de documentoscopia forense só tenha saído 23 dias depois.

A trama não para aí. Para transformar Araken — um dos melhores amigos de Manoel — em suspeito do seu assassinato, as forças da repressão utilizaram "depoimento" de Edelson, irmão de Milton, sobre um contato mantido entre eles e Araken em frente ao mesmo auditório onde Manoel havia sido preso. Nesse encontro, Araken teria feito menção à morte do sargento dias antes de o corpo ter sido encontrado. Tanto Araken quanto Edelson negam que essa conversa tenha ocorrido de fato. Após fracassadas tentativas de incriminar Araken no assassinato de Manoel, o nome do ex-sargento desapareceu dos autos.

Como Milton não poderia saber absolutamente nada sobre um encontro que nunca aconteceu, pouco contribuiu para o inquérito do Rio Grande do Sul. Formado na turma de 1948 da Escola Preparatória de Porto Alegre, o capitão Job, mais tarde secretário de Segurança do Rio Grande do Sul, voltou para casa sem ter acrescentado nada de substancial à investigação da qual estava encarregado.

A presença do militar em Linhares havia mexido com Milton. Há tanto tempo longe de casa, o operário reconheceu naquele incômodo homem os traços de um longínquo Rio Grande do Sul. Em terra "estrangeira", um sotaque ou qualquer outro sinal que remeta ao ninho aguça a saudade.

Milton voltou cabisbaixo para a cela. Além do depoimento inesperado, soube que seria levado naquele mesmo dia para um interrogatório no quartel-general da 4ª Região Militar de Juiz de Fora. Foi tomado por uma angústia, pois seria confrontado em um depoimento para o qual ele não se sentia preparado.

Galeria A na Penitenciária de Linhares
onde ficaram os guerrilheiros do Caparaó.

Como acontecia durante todos os dias, desde que chegaram a Linhares, os presos políticos não podiam conversar entre si. No entanto, eles jamais respeitaram a ordem. Assim, fizeram da música uma forma de se expressarem, transformando as canções em armas de resistência. Com uma voz potente e afinada, o ex-marinheiro Amaranto usava o canto para levantar o moral do grupo. Fã do cantor e compositor Sílvio Caldas, o grande seresteiro, ele interpretava "Maringá" com fre-

quência — a saga da cabocla que abandonou a terra
natal por causa da seca.

> Foi numa leva
> Que a cabocla Maringá
> Ficou sendo a retirante
> Que mais dava o que falar
> E junto dela
> Veio alguém que suplicou
> Pra que nunca se esquecesse
> De um caboclo que ficou

O timbre grave invadia o vazio da galeria gelada,
aquecendo o coração dos marmanjos. Do fundo da cela,
Amadeu Felipe gritava: "Mais alto!"

> Maringá, Maringá
> Depois que tu partiste
> Tudo aqui ficou tão triste
> Que eu garrei a imaginar

De repente, o canto solitário era reforçado pelas vozes dos outros guerrilheiros. Então, o cenário sombrio
de Linhares ganhava alguma cor, e cada um experimen-
tava o seu minuto de liberdade apesar das grades.

Em meio à cantoria, Milton fechou os olhos e pensou em Beatriz, a uruguaia por quem se apaixonara. Dedicou a canção à sua Maringá. Também se lembrou da
mãe, dos irmãos e do falecido pai brigadiano.

> Maringá, Maringá
> Volta aqui pro meu sertão
> Pra de novo o coração
> De um caboclo assossegar

Mesmo tímido, Milton engrossava o coro. Invadido pela solidão da cela, ele tentava se transportar para outras paragens e esquecer onde se encontrava. Sentia-se mais encorajado.

Já passava das 22 horas quando o silêncio da noite em Linhares foi perturbado por um barulho. Não eram os tradicionais tiros para o alto disparados de madrugada durante o plantão de soldados que sentiam prazer em amedrontar os presos na cadeia com a ajuda de bombas e de cachorros treinados. O som vinha de dentro da Galeria A. De repente, a trava da cela foi aberta. À porta, estava a Polícia do Exército.

— Levanta. Vamos levá-lo.

Milton, que havia dormido acreditando no adiamento do seu segundo interrogatório, acordou sobressaltado. Foi obrigado a se levantar às pressas, sem tempo de organizar as ideias. Na saída, levou seus amores no pensamento e ouviu de dentro do cárcere a voz de um amigo que ele não conseguiu identificar. "Vai, companheiro, coragem!"

A voz era de Amadeu Felipe da Luz. O vizinho de cela do operário viu quando o amigo foi retirado de Linhares.

Com o coração descompassado, Milton entrou na viatura que o levaria a um encontro decisivo, embora ainda não soubesse disso. Naquele horário, a cidade já dormia. Ele tentou prestar atenção no trajeto, mas a ansiedade o dominava.

Quando o militante chegou à 4ª Divisão de Infantaria, estavam presentes no auditório o procurador militar da 4ª Região Militar, o promotor Joaquim Simeão de Faria Filho, o segundo-tenente que servia de escrivão, João Apolinário de Abreu, e o major encarregado do inquérito, Ralph Grunewald Filho. Era 27 de abril.

— E então, guerrilheiro? Mostra a sua coragem agora! O que vocês pretendiam? Matar os militares? — ironizou Ralph, que fez fama entre os presos políticos por sua rispidez.

Milton não comprou a provocação. Ficou mudo.

— E as armas, combatente de araque? Onde vocês conseguiram?

O militante continuou em silêncio.

— De novo isso... Começa a falar, seu merda.

— Não sei nada sobre isso, senhor — respondeu Milton, após alguns segundos.

— Da primeira vez, eu tolerei essa historiazinha. Estou com pouca paciência hoje. Vai começar a falar, gaúcho, ou vou precisar ajudar — continuava Ralph, ameaçador. — Traga aqui o outro — ordenou.

Escoltado por dois soldados, Gregório Mendonça foi levado à presença do major.

— Reconhece este homem?

Gregório fez que sim com a cabeça.

— É o comunista que atuava com você em Porto Alegre?

— Éramos companheiros no PCdoB. Nos reuníamos com outros companheiros para discutir política.

— Você confirma que eram vizinhos?

— Sim — disse Gregório, de cabeça baixa, visivelmente constrangido.

— Suma com ele daqui — determinou Ralph.

Em seguida, Gregório foi recolhido novamente à cela do quartel-general.

Milton estava sentado em uma cadeira e, atrás dele, havia uns cinco soldados da Polícia do Exército.

— Rapaz, nós não temos a noite toda — intercedeu o promotor. — É melhor você nos contar o que sabe.

Apesar da argumentação, os dois inquisidores começavam a dar sinais de que não sairiam dali sem ouvir dele o que esperavam.

Com uma nova rodada de perguntas e respostas vagas, Ralph quebrou o silêncio.

— Não se lembra? Então nós vamos ajudar sua memória. Temos métodos perfeitos — ironizou o major.

De repente, Milton ficou "cego". Uma forte luz foi acesa na direção de seu rosto. O refletor se acendia e se apagava, continuamente, deixando o guerrilheiro ainda mais nervoso.

— E então, lembrou, seu merda? — perguntou Ralph, quase uma hora depois.

— Eu criava cabras. O que o senhor acha que eu tenho a dizer?

— Ah, criava cabras? E por que não estava com elas quando foi preso? — ridicularizou o major mais uma vez. — Está achando que eu sou burro, gaúcho? Isso aqui não é recreio — esculachou.

O prisioneiro continuou afirmando não saber de nada, mas já dava sinais de cansaço. Seu estômago começou a embrulhar. Passava das duas horas da manhã, quando Milton ouviu o major dizer que eles iam precisar de "reforço". Ralph não escondia o desprezo que sentia pelos "traidores da Pátria".

Por volta das três horas, o preso político Josué Cerejo Gonçalves foi retirado de Linhares e levado até o auditório em que Milton estava. Percebeu a exaustão do operário, a cabeça baixa pendia sobre o ombro. Tinha as mãos na testa. O encontro foi rápido. Sob determinação do major, Cerejo pediu ao companheiro que falasse o que sabia. Milton sinalizou negativamente com a cabeça. O companheiro do Caparaó deixou a sala com uma sensação estranha, como se algo estivesse para acontecer.

Milton ficou na presença do militar por pelo menos mais uma hora.

Dali em diante, duas páginas de depoimento com nomes e datas relacionadas ao Caparaó foram datilografadas. Todas as informações foram atribuídas a Milton que, em tese, assina o segundo termo de perguntas ao indiciado. Já era madrugada de 28 de abril.

Aos vinte e sete dias do mês de abril de mil novecentos e sessenta e sete, nesta cidade de Juiz de Fora, Estado de Minas Gerais (...) compareceu Milton Soares de Castro, a fim de ser interrogado pela segunda vez sobre os fatos que deram origem ao presente Inquérito, em sendo interrogado pela autoridade encarregada do inquérito respondeu: que saiu da sua residência com destino à região da serra do Caparaó, aproximadamente, em fins do mês de setembro do ano de 1966, em companhia do ex-sargento Amadeu Felipe da Luz Ferreira, que convidou o depoente para tomar parte no movimento armado da região da serra do Caparaó, viajando de ônibus desde a cidade de Porto Alegre até a cidade do Rio de Janeiro, Guanabara; que na cidade do Rio de Janeiro ficou hospedado em um hotel, no Centro da cidade, mas que o depoente não se recorda o nome ou endereço, que permaneceu nesse hotel por dois ou três dias aguardando o momento oportuno para subir para a serra do Caparaó; que viajou da cidade do Rio, GB, até a cidade de Manhumirim, MG, num jeep de cor azul, na companhia do senhor PEDRO SILVA; que com o depoente e o senhor Pedro Silva viajavam mais dois ou três elementos (indivíduos) que o depoente não se recorda e nem sabe o nome dos mesmos; que viajaram diretamente até Manhuaçu, MG, retificando, Manhumirim, MG, nos primeiros dias do mês de outubro do ano de 1966, não sabendo o depoente precisar o dia e a duração da viagem; que chegaram em Manhumirim (...) dirigiram-se para a residência do pai do senhor ANIVALDO DE SOUZA LEITE, onde permaneceram durante um dia, isto é, de manhã até a tarde do mesmo dia em que chegaram, daí saindo a pé para a localidade do PRÍNCIPE, onde o depoente e o senhor Pedro Silva permaneceram até aproximadamente novembro de 1966, (...) que o depoente ali cuidava da criação de cabritos, de porcos e galinhas daquele senhor; (...) que em meado de novembro de 1966 (...) seguiu para o acampamento instalado mais ou menos na região do Pico da Bandeira, onde encontravam seus companheiros (do depoente) do grupo de guerrilheiros: AMADEU FELIPE DA LUZ FERREIRA (ALEXANDRE), AMARANTHO JORGE RODRIGUES MOREIRA (ROBERTO), JOSUÉ CEREJO GONÇALVES (JOÃO), ARAKEN VAZ GALVÃO (ALENCAR) e mais alguns que o depoente não se recorda o nome, nem o codinome (...) que a atividade do grupo na região da serra era mais de reconhecimento do terreno, pois andavam sempre de um lado para o outro, mudando constantemente de acampamento (...) que confirma e confessa sob as penas da lei que houve, numa época que o depoente não se recorda, um concurso de tiro entre todos os componentes do grupo, saindo vencedor o indivíduo de codinome NEMÉSIO e que o depoente não sabe o nome verdadeiro; que se achava presente à reunião realizada pelo grupo de guerrilheiros, em 26 de novembro de 1967, quando foi eleito o comandante do grupo o ex-sargento AMADEU FELIPE DA LUZ FERREIRA, afirmando e confessando sobre as penas da lei ter votado em Amadeu (...) Perguntado se tem fatos a alegar ou provas que justifiquem a sua inocência, respondeu que não tem. E como nada mais disse nem lhe foi perguntado, deu o encarregado do inquérito por findo o presente depoimento, mandando lavrar este termo, que depois de lido e achado conforme, assina / com o indiciado, e comigo JOÃO APOLINÁRIO DE ABREU, segundo-tenente servindo de escrivão, que o escrevi.

Já havia amanhecido. Naquele 28 de abril, os soldados iniciaram a troca da guarda na Penitenciária de Linhares. Era sexta-feira. Às 8h05, o oficial de dia, tenente Fernando Antônio Carneiro Barboza, determinou que um soldado percorresse as celas e avisasse que as camas deveriam estar arrumadas para a passagem do serviço. Vinte e cinco minutos depois, Barboza e o primeiro-tenente que chegara para assumir o serviço, o jovem José Mauro Moreira Cupertino, começaram a revista de praxe das celas.

TERMO DE RECONHECIMENTO

Aos vinte e sete dias do mês de abril do ano de mil novecentos e
sessenta e sete, nesta Cidade de Juiz de Fora, Estado de Minas Gerais
no Quartel General Regional da Quarta Região Militar e Quarta Divisão
de Infantaria, presente RALPH GRUNEWALD FILHO, Major Encarregado do
Inquérito, Doutor JOAQUIM SIMEÃO DE FARIA FILHO, Primeiro Substituto
de Procurador Militar da 4ª RM, comigo JOÃO APOLINÁRIO DE ABREU, Segun
do Tenente, Servindo de Escrivão, compareceu GREGÓRIO MENDONÇA, que já
depôs neste Inquérito e sendo-lhe perguntado pelo Encarregado do Inqué
rito se reconhecia na pessoa de MILTON SOARES DE CASTRO, aqui presente
aquele que era vizinho dele GREGÓRIO, em Porto Alegre, RGS, e que por
várias vezes compareceu com êle GREGÓRIO em reuniões do Partido Comunis
ta do Brasil (PC DO B) em Porto Alegre, RGS, respondeu que sim, que re
conhece na pessoa de MILTON SOARES DE CASTRO, o companheiro do PC DO B
(Partido Comunista do Brasil) ...

RALPH GRUNEWALD FILHO   GREGÓRIO MENDONÇA
Major Encarregado do Inquérito   Indiciado

MILTON SOARES DE CASTRO   JOAQUIM SIMEÃO DE FARIA FILHO
Indiciado   1º Substituto Procur Mil 4ª RM

Documento datilografado depois de Milton ter sido interrogado
na 4ª Divisão de Infantaria, em abril de 1967

SEGUNDO TERMO DE PERGUNTAS AO INDICIADO

Aos vinte e sete dias do mês de abril do ano de mil novecentos e
sessenta e sete, nesta Cidade de Juiz de Fora, Estado de Minas Gerais
no Quartel General da Quarta Região Militar e Quarta Divisão de In
fantaria, presente RALPH GRUNEWALD FILHO, Major Encarregado do Inqué
rito, Doutor JOAQUIM SIMEÃO DE FARIA FILHO, Primeiro Substituto de
Procurador Militar da 4ª RM, comigo JOÃO APOLINÁRIO DE ABREU, Segun
do Tenente, servindo de Escrivão, compareceu MILTON SOARES DE CASTRO,
a fim de ser interrogado pela segunda vez sobre os fatos que deram o
rigem ao presente Inquérito, ex sendo interrogado pela autoridade en
carregada do inquérito respondeu: que saiu de sua residência com des
tino à região da Serra do Caparaó, aproximadamente em fins do mês de
setembro do ano de 1966, em companhia do ex-sargento AMADEU FELIPE /

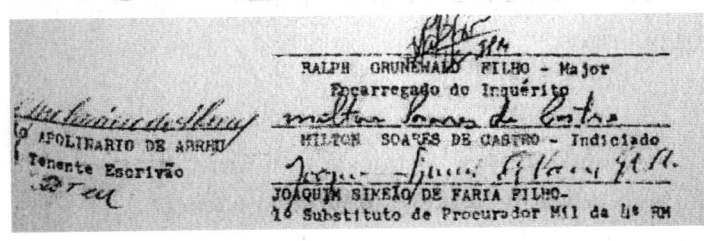

RALPH GRUNEWALD FILHO - Major
Encarregado do Inquérito

APOLINÁRIO DE ABREU   MILTON SOARES DE CASTRO - Indiciado
Tenente Escrivão
                          JOAQUIM SIMEÃO DE FARIA FILHO-
                          1º Substituto de Procurador Mil da 4ª RM

Reprodução do segundo termo de perguntas supostamente assinado por Milton

Os militares pararam em frente à de número 30. Não viram ninguém.

— Milton, favor se apresentar.

Não houve resposta.

— Milton, apresente-se — insistiram. Mais uma vez, não houve resposta.

A porta de ferro foi aberta. A cama do militante estava desarrumada. E no chão de tacos havia apenas um par de sapatos. Uma parede de cimento separava o cômodo com menos de seis metros quadrados da privada turca.

De repente, gritaria.

— Pega uma gilete.

— Corta aqui.

— Rápido.

— Todos os presos políticos fiquem de costas. Não se aproximem das grades! — A ordem estava entrecortada por uma movimentação estranha. Havia muita correria e certo desespero.

O operário saiu carregado pelo tórax e pelo tornozelo.

Quarenta e cinco minutos depois, o primeiro tenente voltou para a galeria, onde anexou um papel na porta da cela 30.

"LACRADA EM 28 DE ABRIL DE 1967, ÀS 9H15"
ASS.: BARBOZA

Já estava de saída, quando foi interpelado pelos presos políticos.

— Cadê o Milton?

— Está morto.

— Morto, como? — questionou Amadeu

— Suicídio. Ele se enforcou com o lençol.

Nasce uma investigação jornalística

Eu acordava para mais um dia de trabalho na *Tribuna de Minas* naquela manhã de março de 2002. Ainda debutava na profissão que havia escolhido aos catorze anos, época em que fui despertada pela vontade de contar histórias de pessoas. Havia migrado da Faculdade de Comunicação da UFJF para o impresso no mesmo ano da minha formatura, ocorrida no final de 1995. Deixei a escola com a esperança de transformar a realidade social por meio do meu trabalho. Dos focas, eu era a mais otimista. Com quatro anos de jornal, ganhei o meu primeiro Prêmio Esso pela série "Dossiê Santa Casa" e passei a acreditar que sabia fazer jornalismo, aquela arrogância típica dos que nada sabem. Uma coisa, entretanto, me salvava dos meus achismos: a paixão pela profissão que havia abraçado. Estava aberta para aprender, o que me fez descobrir, com o tempo, que precisava comer muito arroz com feijão para crescer.

Longe dos grandes centros — a *Tribuna de Minas* tem sede em Juiz de Fora —, eu havia feito uma escolha: queria trabalhar na minha cidade. Ninguém parecia acreditar que havia vida profissional fora do eixo Rio-São Paulo. Ficar no interior do país era coisa para perdedores, e esse preconceito talvez tenha sido o pior obstáculo na minha carreira. Estava decidida a fazer a diferença.

Embora meu turno de trabalho só começasse à tarde, cheguei ao número 95 da rua Espírito Santo antes do almoço. Sempre ia mais cedo para ler o jornal, conversar com os meus chefes, sondar fontes e garimpar assuntos que poderiam virar manchete. Foi quando uma notícia publicada na editoria de Política chamou minha atenção:

> A Comissão Estadual de Indenização às Vítimas de Tortura, que determina o pagamento de indenização às vítimas de tortura praticadas pelos agentes do Estado no período da ditadura, está analisando os requerimentos mineiros (...)

Fiquei hipnotizada por aquela notícia. Desde o meu primeiro dia no jornal, eu cobria assuntos ligados aos direitos humanos, minha área prioritária de interesse. Além disso, alimentava o desejo quase secreto de fazer algo relacionado a esse período da história, já que eu nasci nove anos após o golpe militar e só acompanhei o que se passou no Brasil pelos livros. Queria dar minha contribuição como jornalista, mas não sabia de que maneira.

Embora trabalhasse na editoria de Geral, não tive dúvidas: telefonei para o 23º andar da rua dos Guajajaras, em Belo Horizonte, onde a comissão estadual de indenização às vítimas de tortura estava funcionando. Pedi para falar com o coordenador, o cientista social Robson Sávio Reis Souza.

— Alô, é Robson.

— Olá, Robson. Sou Daniela Arbex, repórter da *Tribuna de Minas*. Estou telefonando porque queria mais informações a respeito dos trabalhos da comissão. Quantos requerimentos foram enviados até agora? Há algum juiz-forano nessa lista?

— Olha, Daniela, 613 pedidos foram protocolados no Conselho Estadual de Defesa dos Direitos Humanos em 2001. A comissão começou, em abril do ano passado, a fazer a análise dos processos, e isso inclui algumas etapas, como a coleta de depoimentos, pesquisa de documentos, entrevistas, pedidos de informações a órgãos públicos e organizações não governamentais, além de visitas a comissões de outros estados.

— Eu gostaria muito de saber quantos pedidos partiram de Juiz de Fora. Acha que pode me ajudar?

— Isso eu não sei de cabeça. Vou pedir que façam um levantamento e dou retorno.

Mesmo sem resposta imediata de Robson, eu estava com a ansiedade em alta. Bati no vidro da sala do editor-geral da *Tribuna*, Paulo César Magella.

— PC, posso falar contigo?

— Entra — disse ele, indicando a cadeira para que eu me sentasse.

— Então, PC, é o seguinte: a gente publicou hoje uma notícia sobre a Comissão Especial de Indenização aos Torturados em dependências do Estado. Eu sei que essa pauta é de Política, mas eu sempre quis escrever uma matéria sobre a ditadura. Estou tentando saber se há pessoas da cidade que enviaram requerimentos a BH. Já liguei até pra lá com essa demanda.

— Dani, não vejo nenhum problema que você faça uma matéria a esse respeito. Mas essa é uma história que já foi contada. Pode fazer, desde que consiga algo diferente.

— Algo diferente? Está bem.

Levantei-me da cadeira e passei a tarde toda com aquela frase do PC na cabeça. Algo diferente, algo diferente... Ora, conseguir os nomes das pessoas da cidade que estavam pleiteando a indenização e contar a história delas já não seria algo diferente? Mas ao me provocar o PC sabia que poderia me fazer ir além do óbvio.

Naquele mesmo dia, Robson telefonou.

— Daniela, localizamos mais de vinte requerimentos da sua cidade.

— É? E você pode me repassar os nomes? Gostaria de ouvir essas pessoas.

— Vamos telefonar para elas primeiro e consultá-las. Aí ligo de novo.

— Ok.

Passei a noite em casa pesquisando sobre o assunto que já considerava meu. Estava muito empolgada. Seria incrível se conseguíssemos ouvir cada um dos depoentes. No dia seguinte, resolvi telefonar para o presidente da Comissão de Direitos Humanos da Câmara Federal, o deputado Nilmário Miranda, em Brasília. Já nos conhecíamos desde a década de 1990, em função de reportagens que havia feito.

— Nilmário? Oi, é Daniela, de Juiz de Fora.

— Oi, Daniela, tudo bem por aí?

— Sim. Estou ligando porque nós estamos pensando em fazer uma matéria sobre a ditadura, e me lembrei de que você ficou preso na Penitenciária de Linhares. Queria conversar um pouco contigo sobre isso. Você está em sessão aí em Brasília? Pode falar agora?

— O que você quer saber?

— Um pouco da rotina de Linhares.

Conversamos por uma hora, até que perguntei sobre as mortes na cadeia.

— A única pessoa que eu sei que foi encontrada morta na penitenciária foi o Milton, da guerrilha do Caparaó. O Exército divulgou o caso como suicídio.

— Quando foi isso?

— Na década de 1960. No entanto, o corpo dele nunca foi encontrado.

— Uai, um corpo não pode sumir.

— Tudo isso é um grande mistério. Falo sobre o Milton no meu livro *Dos filhos deste solo*. Dei um pra você quando veio ao Congresso, lembra?

— Claro!

Conversamos mais um pouco, porém eu tinha certeza de ter encontrado a tal história que o PC havia falado: iria achar o corpo do Milton. Hoje ainda me surpreendo com o tamanho da minha ousadia. Só alguém muito sem noção assumiria para si a tarefa de achar uma agulha no meio do palheiro. Desliguei o telefone e fui ao meu armário, onde guardava documentos de matérias, todos os milhares de blocos de anotações, desde o primeiro, e os livros. Foi fácil encontrar o do Nilmário. Fui direto ao índice da primeira edição, que é de 1999. Há uma segunda edição revisada e ampliada de 2008, que relata mais de quatrocentos casos de desaparecimento e morte de presos políticos no país.

Foi ali que soube que Milton Soares de Castro nascera no Rio Grande do Sul e que foi tido como suicida em 1967. A publicação de Nilmário lançava dúvidas sobre a versão do Exército, assim como outras duas, o livro *Brasil: Nunca Mais*, da Arquidiocese de São Paulo, e o *Dossiê dos Mortos e Desaparecidos Políticos a partir de 1964*, do governo de Pernambuco. As três publicações destacavam o fato de o corpo do guerrilheiro nunca ter sido encontrado.

Já havia anoitecido quando fui novamente à sala do PC.

— PC, conversei à tarde com o Nilmário, e ele me disse que um homem morreu em Linhares durante a ditadura. Li no livro dele e em outros dois que o corpo nunca foi encontrado. Quero procurar esse corpo.

O editor-geral da *Tribuna* soltou uma risada nervosa e coçou a cabeça, o que sempre faz quando eu apresento ideias malucas como essa.

— Uai, e como você vai fazer isso?

— Não sei.

— Faça — disse, rindo de novo.

A aprovação do PC era importante para mim. Não só pelo fato óbvio de ele ser o meu chefe, mas por apoiar minhas ideias, embora ele diga aos quatro cantos que eu sou a responsável pelos seus cabelos brancos. E isso me envaidece, porque sei que ele pensa que minhas matérias valem a pena, apesar de toda dor de cabeça que denúncias contundentes provocam.

Um dia encontrei pessoas morando dentro do vão de pontes. Como se não bastasse estarem em situação de rua, no subterrâneo da cidade, viviam entocadas na terra como ratos. Fiquei chocada e resolvi escrever sobre isso. Ficou decidido, então, que a matéria seria a manchete de domingo. Quando finalizei o texto, PC puxou uma cadeira e, silencioso, sentou ao meu lado. Resolvemos que leríamos juntos desde o começo. Nenhum dos dois conseguiu terminar. Nós chorávamos um choro envergonhado. Não só pela situação daquelas pessoas, mas por termos sido traídos por nossa emoção.

Episódios assim sempre me fizeram admirar o PC e a forma como ele olha para o meu trabalho, embora ele tenha de profissão o que tenho de idade: quarenta anos. Começou sua carreira no rádio, como locutor, e desde que trabalho no jornal — e lá se vão quase vinte anos — ele já era o editor-geral, embora nunca tenha largado a ronda policial na AM. Aliás, não conheço nenhum outro editor-chefe de jornal que seja negro.

Filho único de uma dona de casa e de um ferroviário analfabetos, PC começou a trabalhar na Rádio Cultura de Santos Dumont. Mudou-se para Juiz de Fora em 1974, depois de ser selecionado entre cem candidatos que disputavam a vaga de locutor na extinta Super B3, hoje CBN Juiz de Fora. Dividiu quarto com dois desconhecidos na pensão da dona Zezé, localizada em cima do Redentor, um famoso bar boêmio na avenida Rio Branco.

Em 1976, dois anos depois de sair de casa, perdeu a mãe no dia de Natal. Restaram ele e Seu Negrinho, como o pai, Geraldo Magella, era conhecido. Os dois tiveram que se adaptar ao mundo sem Ondina. Embora o ferroviário tivesse fama de mulherengo, muito por conta da sua popularidade como técnico de futebol do time amador Estrela e do cargo de diretor de escola de samba, Seu Negrinho amava a mulher. Perdeu o brilho e o rumo quando se viu sozinho.

Os anos se passaram e, no início de janeiro de 1981, o ferroviário, já aposentado, assumiu um compromisso importante: visitar o filho na "cidade grande". Morador de Santos Dumont, ele saiu de casa com o inseparável chapéu-panamá e o terno branco, que só usava em ocasiões especiais, como naquele dia 11. PC estava no ar com o *Bolsa do Disco*, programa musical com as paradas de sucesso, e convidou o pai para se sentar ao lado dele no estúdio. Anunciou as canções que obtiveram o segundo e o terceiro lugares da semana na preferência dos ouvintes. Havia chegado a hora do tão esperado primeiro lugar: "Journey to the Center of the Earth", composição do tecladista britânico Rick Wakeman. Quando a música instrumental invadiu o estúdio, Seu Negrinho estava de olhos fechados. O radialista percebeu que havia algo errado com o pai. A cabeça dele pendeu sobre o corpo, e ele só não caiu no chão porque foi segurado. Desde então, PC carrega a dor de o velho ferroviário não ter tido tempo de ver a sua ascensão profissional. Não sabe, porém, que o pai morto em seus braços, após sofrer um infarto no estúdio, tinha o coração transbordando de orgulho pelo filho.

Disposta a contar um capítulo inédito da ditadura, iniciei ainda naquele março de 2002 o trabalho de investigação que tinha duas frentes: levantar o que se passou com o único civil da guerrilha do Caparaó até o momento de sua morte e localizar os militantes da cidade que haviam pleiteado reparação junto à Comissão Estadual de Indenização às Vítimas de Tortura. Ambas foram tarefas difíceis. A primeira porque era permeada por silêncio. A outra, em função de muitas vítimas do período terem receio de se expor publicamente em uma matéria de jornal. Foi preciso conquistar a confiança de cada uma delas.

Comecei pela localização dos amigos de Milton Soares de Castro que foram trazidos para Juiz de Fora com ele. Antes, porém, teria de encontrar, por telefone, seus parentes, já que o jornal não dispunha de recursos para uma viagem a Porto Alegre. Demorei a conseguir os contatos de Edelson Palmeira de Castro, irmão do militante. Quando, finalmente, obtive o número da casa dele, não sabia nem o que dizer, afinal, como explicar a vontade de procurar a ossada de Milton quase 35 anos depois de ele ter desaparecido?

— Mas por que você está levantando essa história? — perguntou Edelson, meio incrédulo, do outro lado da linha.

Nem eu sabia. No entanto, não podia ser sincera a esse ponto.

— Porque esse é um grande segredo da ditadura. Além disso, um corpo não pode sumir — respondi da forma mais convicta que consegui.

Caderno de apuração da repórter em 2002

— Esse é um assunto muito difícil para todos nós. Minha mãe morreu sem saber onde estava o filho. Meus irmãos também sofreram muito.

— Eu entendo. Imagino quanto foi difícil.

O fato é que Edelson não me deu muita bola naquele primeiro contato. Insisti. Em um novo telefonema, fui quebrando o gelo.

— O que você se lembra sobre o dia da morte de Milton?

— Ouvi a notícia de que um guerrilheiro do Caparaó havia morrido em Juiz de Fora através do radinho de um militar. Eu estava preso no Corpo da Guarda em Porto Alegre.

Naquele dia, nós conversamos bastante. Acabei ouvindo sobre a militância de Edelson e ouvi, pela primeira vez, sobre a existência da irmã deles, a Gessi Palmeira Vieira.

— Eu gostaria muito de falar com ela. Você pode me passar o telefone?

— Vou perguntar a ela primeiro. Gessi não gosta de tocar nesse assunto.

— Tudo bem, eu aguardo.

Nas conversas com Edelson, eu havia confirmado que Gregório Mendonça ficara preso na Penitenciária de Linhares no mesmo período de Milton. Edelson, porém, não tinha mais o contato dele. Acreditava que Gregório ainda estivesse na Carris. Era motorista da empresa de ônibus de Porto Alegre desde 1990. Liguei, então, para lá.

— Olá, eu gostaria de falar com a administração.

— Administração, pois não.

— Meu nome é Daniela Arbex, sou jornalista da *Tribuna*...

— Tribuna de onde?

Eu odiava quando isso acontecia. O descaso que jornalistas que trabalham em veículos do interior sofrem, às vezes, é irritante.

— Jornal *Tribuna de Minas*, um dos maiores jornais do estado — respondi. Ninguém ia tirar farofa comigo ou com o meu jornal.

— Pois não — respondeu a mulher do outro lado da linha.

— Então, eu preciso muito localizar um funcionário de vocês, o Gregório Mendonça.

— Olha, eu vou transferir para o RH, mas nós não temos autorização para passar telefone de funcionários ou de ex-funcionários.

— Eu entendo, mas é uma situação especial. Estamos realizando uma reportagem importante, e ele é uma das testemunhas principais. Por favor, preciso que me ajude.

Levei uns cinco dias para convencer a Carris a me passar o contato de Gregório. Atormentei todos os setores da empresa. Quando finalmente consegui o número, eu estava ansiosa. Fiz aquelas apresentações de praxe até chegar ao ponto que eu considerava importante: o dia em que Milton foi encontrado morto em Linhares.

— Nós ficamos sabendo que teria havido um confronto entre ele e um major da 4ª Região Militar. Milton teria reagido aos ataques morais do oficial — alegou Gregório.

Na segunda vez em que conversamos pelo telefone, Gregório fez outra afirmação:

— Milton foi retirado da cela dentro de um lençol, como um embrulho. O que ninguém sabe é se ele morreu na cela ou se foi colocado dentro dela morto. Ele estava sendo pressionado pelo Exército para entregar outros companheiros — afirmou, sem me contar, porém, que tinha sido um dos últimos a ver Milton vivo, o que só fui descobrir mais de uma década depois.

A entrevista de Gregório, no entanto, dava peso à reportagem, pois ele também tinha uma história de resistência ao regime. Nascido em São Borja, no Rio Grande do Sul, havia sido preso pela primeira vez em 1963 ao participar de manifestações sindicais, quando trabalhava na então Companhia Nacional de Seguro Agrícola, vinculada ao Ministério da Agricultura. Com o golpe de 1964, foi viver clandestinamente no Uruguai e se associou ao Movimento Nacionalista Revolucionário (MNR). Voltou ao Brasil em 1967 para integrar o projeto Caparaó. Depois de preso, ficou dois anos e meio na Penitenciária de Linhares. Após ganhar a liberdade, no final de 1969, voltou para o Rio Grande do Sul e para o movimento armado. Até que, em 4 de abril de 1970, Fumaça, como era conhecido, participou da tentativa de sequestro do cônsul norte-americano Curtis Carly Cutter, em Porto Alegre.

Além de Gregório, estavam na ação membros da Vanguarda Popular Revolucionária (VPR): Fernando Damata Pimentel, eleito governador de Minas Gerais em 2014, Félix Silveira Rosa Neto e Irgeu João Menegon, que dirigia o Fusca usado para seguir o carro do cônsul, um modelo Plymouth. Certa do sucesso da ação, a organização chegou a alugar uma casa na avenida Alegrete, no bairro Petrópolis, para servir como cativeiro do sequestrado.

Os quatro iniciaram o plano que deveria ser efetuado no fim de semana, ocasião em que o cônsul dispensava o carro da segurança e seus dois agentes. A oportunidade para render o norte-americano aconteceu na noite de sábado, quando ele saiu de casa com a esposa para visitar um amigo. Estacionou sua caminhonete nas proximidades do Teatro Leopoldina. Quando retornou para buscar o veículo, passava das dez da noite. De lá, o casal foi seguido até a rua Ramiro Barcelos, onde ocorreu uma batida entre os dois automóveis. Gregório, no banco de trás, foi o segundo a saltar. Félix já estava do lado de fora apontando a arma para o cônsul. Cutter, porém, acelerou o veículo. Gregório pensou em atirar nos pneus, mas não deu tempo. O cônsul atingiu o Fusca, atropelando Pimentel e passando com a roda dianteira em cima do pé dele. Félix atirou contra Cutter, que, mesmo ferido no ombro, conseguiu escapar. O atirador foi preso logo depois. Tinha no bolso a relação de presos políticos que deveriam ser soltos em troca do americano. Depois disso, todos caíram. Gregório cumpriu oito anos de prisão em São Paulo. Pimentel ficou até 1971, em Porto Alegre, sendo transferido depois para a Penitenciária de Linhares, em Juiz de Fora, onde teve como vizinho de cela Márcio Lacerda — prefeito de Belo Horizonte eleito em 2012. Todos os que participaram da tentativa de sequestro foram torturados.

Outro contato importante para a minha matéria foi o de Gessi Palmeira Vieira, irmã de Edelson. Ela resistiu à ideia de me dar uma entrevista, mas resolveu falar comigo movida pela curiosidade. Queria saber quem eu era e o motivo do meu interesse por toda aquela história. Foi uma conversa difícil. Gessi não se mostrou acessível às perguntas. Naquele momento, eu não compreendia o tamanho da dor que tudo aquilo causava. Remexer o passado era como cutucar feridas que não haviam cicatrizado. A distância impedia uma conversa olho no olho. Portanto, em meu prejulgamento, achei que ela havia sido seca. Mais tarde, fui perceber que estava errada.

Enquanto mantinha os contatos telefônicos, passei a visitar a auditoria militar de Juiz de Fora na intenção de reunir tudo que fosse possível do período. Com o apoio de Robson Sávio, o cientista social de Belo Horizonte que coordenava a Comissão Estadual de Indenização, eu já havia começado a localizar os militantes da cidade que entraram com pedido de reparação. Alguns deles me descartaram no primeiro contato.

— Vamos fazer assim. Pense melhor e me dê a chance de te conhecer. Se, depois disso, você não quiser falar, não insistirei.

Acabei deixando os antigos militantes em uma saia justa. Afinal, seria uma "grosseria" não me receberem. Assim, cheguei ao professor do Departamento de Geografia da UFJF Antônio Rezende Guedes. Fui recebida por ele na casa onde morava, no bairro Santos Dumont. Ele vivia com dois gansos e um rádio velho que só funcionava nas mãos do dono. No imóvel havia muitos livros. A primeira conversa foi de apresentação. Ouvi um monte de coisas sobre astronomia, a paixão dele, e sobre ocultismo. Saí de lá sem tocar no período da militância e acertando uma volta para a semana seguinte.

Quando retornei, Antônio estava muito mais receptivo. Contou detalhes sobre sua participação política. Naquele dia, comecei a entender melhor a dimensão de tudo aquilo e a resistência inicial que muitos tiveram em me receber. Em um domingo, meu telefone tocou bem na hora do almoço.

— Alô… alô…

Ninguém respondia do outro lado da linha.

Quando finalmente ouvi uma voz, percebi que era de Antônio.

Ele disparou:

— Eu vi os soldados da ordem estuprarem minha namorada. Esse regime de abuso e autoridade desgraçou uma geração inteira. Muitos de nossos companheiros enlouqueceram. Tive a vida estraçalhada e sinto que sou marginalizado até hoje — disse, chorando.

Aquela revelação me emudeceu. Eu não conseguia dizer nada, porém, não podia ficar calada.

— Calma, Antônio. Amanhã vou à sua casa. Vamos conversar.

Foi o que fiz. O homem discreto que conheci no primeiro encontro, brincalhão no segundo e meio maluco no terceiro, estava sério. Sofrido, queria falar. Conversei com alguns amigos de Antônio daquele período de militância, mas nenhum confirmou que a história do estupro pudesse ser verdadeira. Para eles, era um delírio do companheiro que ficou muito afetado por tudo que aconteceu. Ele, porém, parecia muito convicto. Quando chegou do interrogatório de Belo Horizonte, na época da sua prisão, em 1969, o militante da Corrente estava com o tímpano perfurado e com um dente quebrado, o que foi confirmado pelos companheiros.

Àquela altura da apuração da reportagem, eu já havia conquistado a confiança do antigo grupo da Corrente que havia apresentado requerimento em Belo Horizonte. Um dia, na redação do jornal, fui surpreendida por um verdadeiro presente do colega da editoria de Política, o repórter Michael Guedes. Ele havia conseguido as fotos dos militantes que eu estava entrevistando tiradas no momento da prisão de cada um.

— Michael, não acredito! — disse, abraçando-o. — Como chegou a isso?

— Pesquisando na auditoria — respondeu.

— Mas isso é um tesouro!

Ao olhar para as fotos de Antônio Guedes, Colatino Soares Lopes Filho e José Salvati Filho, não tive dúvidas:

— Michael, vou propor a eles repetir essa foto hoje. Será que eles topam?

— Acho que sim — respondeu, encorajando-me.

Foi o que fiz. Assim nasceu a segunda matéria da série, publicada no dia 1º de maio de 2002, cuja capa foi exatamente o que eu havia idealizado ao ver as imagens pela primeira vez. Aliás, aquela capa, para mim, é uma das mais emocionantes do jornal.

Capa do jornal *Tribuna de Minas*, que trouxe as fotos dos presos políticos no momento da prisão durante a ditadura e em 2002

Voltei à casa de Antônio no dia 3 de abril de 2002 com o editor de fotografia da *Tribuna*, Roberto Fulgêncio. Antônio sentou-se num banco redondo, alto, no quintal do imóvel do bairro Santos Dumont. Postou-se de frente, exatamente como no dia do interrogatório na auditoria militar 34 anos antes. Eu estava muito emocionada com aquela cena. Roberto também.

Quando chegamos a outro ex-preso político, Rogério Avelino Brandão, tivemos uma surpresa. A casa dele ficava numa área de grande vulnerabilidade social no bairro Santa Rita. A história de Rogério era diferente da dos militantes com quem havia conversado até o momento. Era a primeira vez que eu falaria com o homem que trabalhava nos Correios quando foi, equivocadamente, confundido com um subversivo. Por causa do processo a que respondeu, ele perdeu o emprego e o contato com a família. Passou cinco anos internado em hospitais psiquiátricos para fugir do cárcere, embora tivesse vivido horrores piores do que os da cadeia.

— Olá, sou Daniela.

Rogério me cumprimentou visivelmente abalado. Seus cabelos estavam desarrumados e a camisa, furada. Na casa, de apenas dois cômodos, não havia lugar para sentar. Conversamos por mais de uma hora até que eu disse:

— Rogério, gostaríamos de fazer uma foto sua.

— Pode fazer.

Fiquei preocupada que ele fosse fotografado daquele jeito.

— Não posso deixar você sair no jornal nesse estado.

Ele não respondeu, apenas apontou para uma cômoda marrom. Então me vi obrigada a abrir a gaveta e escolher uma camisa. Quando peguei uma peça de malha e cheguei perto dele, o ex-funcionário dos Correios levantou os braços. Fiquei impressionada com o seu estado de fragilidade. Olhei para Roberto e não tive dúvida: vesti a camisa em Rogério. Roberto fez a imagem.

Aliás, a nossa parceria profissional deu vida a capas inesquecíveis como aquelas que estávamos construindo, juntos, para a série sobre a ditadura. Suas fotos sempre promoveram meu trabalho. Com Roberto, aprendi a valorizar a imagem dentro do texto. Lembro-me do dia em que fomos ao teatro restaurado do Colégio Academia para contarmos a história da rua Halfeld, até hoje o coração da cidade. Eu estava anotando tudo quando ele me chamou:

— Dani, corre aqui.

— Onde cê tá, Roberto?

— Aqui.

Quando percebi, meu colega estava deitado no chão do corredor, fotografando o teto do teatro.

— Olha pra cima.

— Nossa, é lindo mesmo — falei.

— Não adianta olhar daí. Você precisa ver do ângulo que estou vendo. É maravilhoso!

Deitei-me no chão com a cabeça em cima da bolsa onde ele guardava os equipamentos fotográficos. Ficamos os dois ali, admirando os detalhes da pintura.

Ainda nos anos 1990, tivemos a oportunidade de fazer uma reportagem especial na aldeia dos índios Maxacalis, única tribo do estado que não falava português. Planejamos tudo durante trinta dias, mas fomos surpreendidos pela aventura que foi chegar à divisa de Minas Gerais com a Bahia, região duramente afetada por uma enchente que arrancou pontes e deixou a área ilhada. A viagem, que duraria um dia, levou três. O carro do jornal teve de ser puxado por um trator, e chegamos a ser escoltados pelo delegado de Polícia Civil Rodrigo Rolli, que, naquela ocasião, trabalhava no município de Águas Formosas. Quando conseguimos entrar na aldeia, fomos recebidos com festa pelas crianças nuas que brincavam de se esconder no mato.

Passamos oito dias entre eles, tendo os nossos rostos pintados. Todos os meus brincos foram parar nas orelhas das índias, encantadas com as "bijus" da gente branca. Fomos orientados pela Funai a respeitar as proibições da presença de mulheres em determinados rituais, como o da religião.

— Não insista, porque já houve casos de estupro nesses eventos — avisou um dos representantes da entidade, embora eu não tivesse certeza de que ele estava falando a verdade.

Confesso que fiquei bem assustada, mas não desisti da ideia de saber o que se passava nesse ritual.

— Roberto, você vai lá e será os meus olhos. Quando voltar, me passa todos os detalhes e eu escrevo.

Meio a contragosto, Roberto aceitou. No dia acertado, o pajé veio buscar o fotógrafo na entrada da casa que a Funai mantinha na aldeia. No caminho, o índio avisou:

— Se contar para a repórter, espírito pune. — Na dúvida, Roberto preferiu não ir.

* * *

Mais de um mês se passara desde que eu havia proposto escrever para a *Tribuna de Minas* uma matéria sobre o desaparecimento de Milton Soares de Castro, que acabaria virando série naquele ano de 2002. Já havia avançado muito na localização de vários militantes políticos de Porto Alegre, onde meu personagem residia antes de partir para sua última missão no Caparaó, e também havia terminado as entrevistas locais. Mas faltava o principal: o lugar onde Milton Soares de Castro foi enterrado. Confesso que a ideia de desistir passou pela minha cabeça.

"Por que fui inventar isso, meu Deus?"

PARTE II
Anatomia de um dos maiores presídios da ditadura

Nobel, sirenes e estrelas

A notícia do suicídio de Milton Soares de Castro havia corrido o país naquele 1967. Mas ao contrário da mobilização provocada pelo assassinato do ex-sargento Manoel Raimundo Soares, em Porto Alegre, a morte do militante gaúcho não teve repercussões políticas. Passada a confusão dos primeiros dias, tudo foi cuidadosamente silenciado, inclusive para a família do operário, que estava no Rio Grande do Sul, muito distante do epicentro dos fatos.

O trágico episódio envolvendo o único civil da guerrilha do Caparaó não interrompeu os planos do Exército de fazer da Penitenciária de Linhares um órgão da repressão. Para muitos prisioneiros do regime, o cumprimento de sentença naquela cadeia passou a ser sinônimo de medo. A ideia de que novas vítimas pudessem surgir não se confirmou durante os mais de dez anos em que o complexo foi usado pela ditadura, mas a rotina duríssima do cárcere mineiro impregnou a memória de quem sentiu na pele o isolamento e os efeitos da opressão. Naquele terreno minado, grandes amizades foram seladas, mas também sérios rompimentos provocados por inesperados confrontos ideológicos. Os presos do Caparaó foram os primeiros a descobrir isso.

Eram quinze horas quando o caminhão do Exército com lona verde cobrindo a carroceria parou em frente ao portão de ferro de Linhares. Rogério de Campos Teixeira e outros seis militantes se encontravam algemados no veículo. O estudante de física da UFRJ era o mais novo do grupo transferido para a cadeia. Mais magro e com a cabeça rapada, o universitário estava irreconhecível até para o pai, o comerciante Manoel de Freitas Teixeira, que empreendeu verdadeira saga para tentar localizar o filho preso. Rogério ainda mantinha os óculos *à la* Godard, mas parecia precocemente envelhecido para um jovem que mal havia chegado aos vinte anos. Muito debilitado após ser submetido a violentos interrogatórios no 12º Regimento de Infantaria em Belo Horizonte, ele não tinha a menor ideia do que iria encontrar em Linhares no começo daquela primavera de 1969. Mesmo já tendo passado pela experiência do cárcere em Ribeirão das Neves, estava diante do presídio onde, dois anos antes, ocorrera a misteriosa morte do guerrilheiro do Caparaó.

Levado para o pátio interno da penitenciária, Rogério tentava manter a cabeça erguida. Naquela altura dos acontecimentos, ele já compreendia que os livros lidos na Galileu Galilei, a pequena biblioteca montada em sua casa, o ajudaram a sonhar com um país livre, mas não o prepararam para o cárcere. A perda da própria liberdade era o preço a pagar por manter livres as ideias. O acadêmico de Física só não sabia se conseguiria arcar com o custo da realidade de uma instituição que lhe roubaria o precioso tempo de juventude.

O universitário Rogério de Campos foi levado para a Penitenciária de Linhares
dois anos após a morte do militante Milton Soares de Castro

107

Uma típica cela de Linhares

Conduzido para o terceiro andar do prédio de Linhares, mal teve tempo de observar a Galeria C, onde foi instalado. Seus olhos miravam as grades à procura do amigo que havia sido preso antes dele. Quando a porta da cela foi fechada, restara uma cama, uma mesinha improvisada sobre um caixote de madeira esquecido no cubículo e o pesado casaco xadrez costurado pelo tio alfaiate. Rogério estava lá. Seus pensamentos não.

A Rádio Industrial de Juiz de Fora transmite direto do ginásio do Sport a apuração das eleições. Aqui é Francisco Caputo, na boca da urna, com Gelco na boca e a Facit calculando.

Patrocinada pelos biscoitos Gelco e pela fabricante nacional de máquinas de escrever, a famosa vinheta daquela emissora anunciava mais um boletim eleitoral. Era fim de 1966. A população estava de ouvido colada ao aparelho para acompanhar a disputa entre o candidato do MDB, Itamar Franco, e Wandenkolk Moreira, da Arena, que concorriam ao cargo de prefeito de Juiz de Fora.

Dois estudantes se valiam da distração provocada pelo evento para pichar muros na zona sul. O protesto era contra o partido criado para dar sustentação política ao governo militar.

"Pau na Arena", "Pau na Arena": pichavam de preto em apoio a Itamar Franco, que sagrou-se vencedor, começando em 1967 a carreira política que o levaria 25 anos mais tarde à Presidência da República.

Os jovens pichadores Rogério de Campos Teixeira, então com 19 anos, e Antônio Rezende Guedes, um ano mais velho, se interessaram por política quando ainda jogavam bola na rua durante as disputas pelos times Nacional e Juventus. Percorreram trajetórias diferentes até seus caminhos se encontrarem na militância estudantil. Com o golpe militar, o que era apenas ideologia ganhou novos contornos. Era preciso partir para o enfrentamento.

A casa de Antônio ficava nos fundos da loja de tecidos montada por seu pai na rua São Mateus. Na "sala Ernesto", nome que deu ao seu quarto em homenagem a Che Guevara, os rapazes tramavam suas ações. Ali cozinhavam uma mistura de sebo e graxa de sapateiro para novas pichações.

Boanerges Guedes, o pai de Antônio, achava a atitude dos garotos suspeita e ficava rondando pelo corredor. Não conseguia ouvir nada do que se passava atrás da porta, apenas o som vindo da pequena vitrola Philco que o estudante mantinha no quarto, onde tocava o segundo elepê de Caetano Veloso. No lado B, na música "Eles", a frase final trazia a expressão "Me laaaaaarga!".

Era nesse momento que Antônio aumentava o volume do aparelho.

Boanerges balançava a cabeça e entendia o recado. "Isso é coisa de menino", repetia para si mesmo, afastando-se.

Só Arquimedes, o gato com nome do inventor grego, tinha acesso liberado à sala Ernesto. Lá dentro, os dois amigos buscavam maneiras de esconder a mistura que colocaram na caixa da pasta de dentes. Denominado bastão mágico, o produto era camuflado na *Revista do Livro*, publicação da Biblioteca Nacional, cujo miolo havia sido retirado, restando a capa e a contracapa. Assim, eles podiam circular pelas ruas sem despertar suspeita.

Os dois amigos começaram, então, uma série de pichações pela cidade. Rogério sempre escrevia "Abaixo a ditadura", porém Antônio queria mais. Talentoso no desenho, ele pintava imagens nos muros, tornando ainda mais arriscada a aventura. Um dia, desenhou um tanque de guerra passando por cima da mão de uma pessoa na rua Constantino Paleta, no centro.

Desesperado, Rogério chamava: "Antônio, anda logo com isso. Vambora!" Não adiantava.

Em uma noite na rua Antônio Carlos, ele cismou de desenhar a mão de alguém segurando um fuzil. A pichação foi parar nas páginas do *Diário Mercantil*.

"Em um gesto ousado, pichadores desenham uma mão empunhando uma corneta", dizia a legenda que explicava a foto.

— Corneta é a puta que pariu! — gritou Antônio com o jornal nas mãos, ofendido com a interpretação equivocada de sua obra-prima.

— Nós precisamos dar uma lição nesses Diários Associados! — falou em seguida o então estudante, referindo-se ao grupo de comunicação ao qual o jornal pertencia.

No dia seguinte, o letreiro de neon do *Diário Mercantil*, localizado na avenida Rio Branco, bem em frente ao Cine Excelsior, amanheceu danificado.

Em paralelo às ações políticas, os dois amigos tinham planos ousados para o futuro. Apaixonados por astronomia, eles desejavam se tornar cientistas famosos e um dia, quem sabe, ganhar um Nobel. Por isso, sonhavam em ir para a Universidade de Amizade entre os Povos Patrice Lumumba, localizada no sul de Moscou. Criada em plena Guerra Fria, a instituição soviética tinha como arma a propaganda da educação de qualidade acessível a jovens do Terceiro Mundo, embora a doutrinação política estivesse por trás da fachada do ensino. João Prestes, filho de Luís Carlos Prestes, estaria entre os ex-alunos da Lumumba.

Os dois juiz-foranos chegaram a ganhar uma bolsa da universidade, mas não tiveram meios de bancar os custos da viagem. Sem poder embarcar para a República Socialista, eles continuaram a aprender russo no Brasil mesmo. Tiveram aulas particulares com a senhora Nádia Nevelskoy, no bairro Bom Pastor, em Juiz de Fora, na casa que ela dividia com a matemática Catarina Sreznewska-Zelenzeff, onde tomavam chá com bolinhos servidos na porcelana do período imperial em São Petersburgo, quando ambas integravam a nobreza russa dizimada pela Revolução de 1917. As lições sobre o idioma eram baseadas no *Breve manual de língua russa*, de Nina Potapova. A professora falava em russo com os dois alunos, mas era Maliú, o gato dela, quem melhor entendia as frases.

Desde então, Antônio e Rogério passaram a acreditar que falavam bem o russo, conversando entre eles na língua estrangeiríssima todas as vezes que se encontravam, só para impressionar as garotas:

— OEPOE YTPO.
— 3àpa6Cm6yiíme.
— Kak àena?
— Xopo zuo,cnacu6o.

Rogério ria:
— Olá, bom dia pra você também. Estou bem, amigo.

Em 1968, quando as ações de combate ao militarismo se intensificaram no país, o estudante de física da UFRJ recebeu de um contato de Antônio em Belo Horizonte a tarefa de escrever o conteúdo do jornal *A Luta*, que seria entregue aos operários nas comemorações do 1º de Maio. Como a União Juiz-Forana de Estudantes Secundaristas (Ujes) contava com dois mimeógrafos a óleo, do tipo industrial, eles se aproximaram dos diretores visando ao acesso ao que chamavam de "gráfica", passando a contar com a adesão da entidade na veiculação de mensagens de combate ao governo militar. Nos anos 1950, a Ujes ganhou prestígio entre os secundaristas em protestos contra os abusivos aumentos da passagem de bonde. Alguns integrantes chegaram a se deitar nos trilhos para impedir o veículo de tração elétrica de circular pelas ruas.

Os equipamentos da Ujes cooptados para a impressão do jornal foram escondidos em um aparelho do bairro Borboleta. Rogério escreveu o primeiro número do jornal na máquina de escrever que tinha no apartamento 202 da rua Antônio Passarela, onde morava com os pais. Na hora de entregar o material, porém, resolveu inventar moda e colocar no cabeçalho da primeira edição de *A Luta* o "número 2", o que daria a entender que um primeiro número já havia circulado com sucesso.

Durante a distribuição dos jornais, lançado de madrugada na porta da Industrial Mineira, um dos militantes que participaram da ação deixou cair sua carteira, com o documento de identidade. Rapidamente, todo o grupo foi localizado e preso. Assim, Rogério passou o aniversário de vinte anos detido na cela do quartel-general da 4ª Região Militar. Os militares queriam saber a qualquer custo onde estava o primeiro número do jornal, já que haviam apreendido apenas a segunda edição. Tornou-se difícil para Rogério explicar que o "número 1" jamais existiu. Ninguém acreditava. Na fase de julgamento, porém, uma brecha na Lei de Segurança Nacional foi usada pela defesa do universitário. Até aquele momento, a lei considerava crime a distribuição de material subversivo, mas não a confecção. A manobra do advogado Nilo Batista acabou resultando na absolvição de Rogério.

O país ainda estava sob o comando do presidente Arthur da Costa e Silva quando Antônio e Rogério se aproximaram da Corrente Revolucionária de Minas Gerais, dissidência mineira do PCB, que tinha entre suas lideranças Mário Roberto Galhardo Zanconato, militante de Belo Horizonte. Apelidado de Xuxu, Zanconato já havia viajado a Juiz de Fora quando o jornal *A Luta* foi rodado.

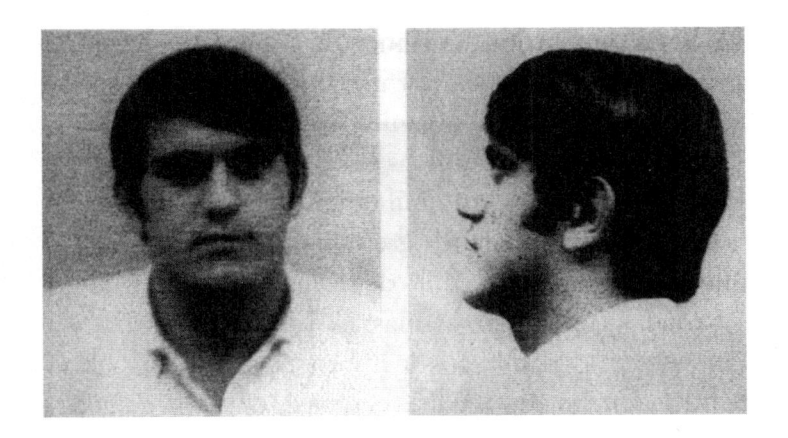

Foto do estudante universitário Antônio Rezende Guedes após ser preso

Xuxu e Antônio mantiveram contato até que, ainda em 1968, o juiz-forano recebeu do militante a missão de obter plantas dos quartéis de Juiz de Fora, por onde boa parte dos militantes presos no estado passaria antes de chegar à Penitenciária de Linhares. A tarefa foi facilmente cumprida pelo universitário que conhecia Pedro Paulo de Andrade Cruzeiro, datilógrafo do quartel-general da 4ª Região Militar. O militante disse a ele que precisava dos documentos para um estudo da universidade, embora naquela ocasião já tivesse trancado a Faculdade de Engenharia do Triângulo Mineiro.

As plantas baixas dos quartéis, inclusive a da Escola de Sargentos das Armas, foram entregues a Antônio e repassadas a Xuxu. Ganhou, então, a confiança do líder da Corrente, que, em troca, enviou a Juiz de Fora panfletos e documentos internos da organização, como a "Orientação Básica para Atuação: 20 pontos".

Criada em 1967, após dissidência do PCB, a Corrente Revolucionária realizou, nos dois anos seguintes, ações expropriatórias em bancos, comércio e lojas de armamentos. Composta por universitários, funcionários públicos e operários, a organização teve participação ativa na greve dos metalúrgicos em Contagem, em abril de 1968, quando mais de 15 mil trabalhadores cruzaram os braços. A primeira grande greve após o golpe militar resultou na obtenção de 10% de reajuste nacional.

Além de paralisar as massas, as ações armadas da Corrente colocaram seus membros na mira da polícia política. Um ano após a greve, teve início a queda generalizada dos militantes da organização.

"Olha, garoto, eu estou tentando aliviar a sua barra, mas não sei se vou conseguir impedir a sua transferência para Belo Horizonte. Lá a coisa tá meio pesada", avisou o policial federal após a prisão de Rogério.

Em abril de 1969, o aluno de física da UFRJ estava passando uns dias em Juiz de Fora, depois que o campus da Ilha do Fundão, onde estudava no Rio, foi invadido pela tropa de choque da PM. Na cidade mineira, ele frequentava a Fazenda do Boi, um boteco pé-sujo localizado na rua Mister Moore, próximo à sua casa. Saiu de lá de madrugada. Passava das cinco horas da manhã, quando foi acordado pelo pai avisando que um rapaz de nome Mário chamava à porta. Rogério percebeu tratar-se de uma emboscada, mas não teve tempo de correr. O apartamento da avenida Getúlio Vargas foi invadido por quatro homens armados com pistolas. Rogério foi algemado e levado dentro de um jipe. O carro seguiu destino ignorado, para desespero dos pais do universitário.

Detido na sede da Polícia Federal, na avenida Rio Branco, onde foi mantido incomunicável por toda a manhã, Rogério estava apreensivo. Na hora do almoço, soube que seria levado para a capital mineira. Já havia anoitecido quando desembarcou no 12º Regimento de

Infantaria, em Belo Horizonte, onde foi chamado para prestar depoimento no inquérito presidido pelo tenente-coronel Manoel Alfredo Camarão de Albuquerque.

Rogério não conhecia aquele local. Na entrada do regimento, foi recebido por um homem magro e alto com patente de capitão. Mais tarde veio saber tratar-se de Hilton Paulo Cunha Portela, conhecido pelo codinome Doutor Joaquim.

"Você é o Rogério?"

O universitário acenou positivamente com a cabeça, mas não teve tempo de dizer nada. Foi surpreendido com um tapa no rosto que quase o derrubou. Sua perna bambeou, embora tentasse não demonstrar que o pânico o invadia.

Já dentro do quartel, ele recebeu a ordem para se despir.

Atacado, não conseguia identificar todos os seus algozes. Tentava apenas proteger o rosto, numa atitude involuntária de autodefesa. Depois de tapas na cara, levou socos e chutes pelo corpo. Nunca havia experimentado humilhação como aquela. Por nunca ter sido de briga, ele só conhecia as causadas por rixas de moleque na rua. A descida naquele submundo marcou o início de sua vida adulta.

"Seu filho da puta, segura esse fio."

Rogério sentiu a musculatura se contrair. O corpo tremeu por dentro com a corrente elétrica. Primeiro tomou choque no rosto, nas mãos, depois nas pernas. Aquilo queimava. Os militares debochavam.

Não conseguia manter as mãos segurando o fio. Continuou apanhando até perder a noção do tempo. Ao final da sessão, foi levado para uma cela, de onde só foi retirado horas depois. Recuperou suas roupas, mas sua dignidade havia sido atingida. Ainda viu passar, pelo corredor do regimento, um homem nu todo ensanguentado. Era

José Adão Pinto, militante da Corrente, que havia sido empalado por um cabo de vassoura.

Ainda perturbado por toda a violência que viu e sentiu, Rogério foi colocado em um camburão. O carro rodou por horas. Ele urinou lá dentro. O porta-malas só foi aberto dentro da Colônia Penal Magalhães Pinto, em Ribeirão das Neves. Rogério só percebeu que ainda estava em Minas Gerais pela farda do soldado que os recebeu. Na entrada do complexo, um sargento da PM tomou os óculos do universitário. A carteira de identidade, o relógio, o cordão, o cinto e os sapatos foram apreendidos.

Sofreu novo impacto ao acessar o interior do prédio. Parecia estar dentro de um filme de ação. Dezenas de celas distribuídas por extensos corredores. Havia muitas escadas, e inúmeros rostos desconhecidos o observavam do buraco da porta de ferro maciço. Pela primeira vez, o militante pensou que todo o episódio podia não ser verdade, que nada daquilo estivesse acontecendo com ele.

Subiu as escadas como um robô. Sem vontade própria, ele estava sendo dirigido. Havia um burburinho de vozes abafadas. Homens armados vigiavam a ala. Há um dia sem comer, quase nada havia restado em seu estômago.

De repente, a porta de ferro foi aberta.

Tum!

E trancada.

Tum!

Viu-se completamente só no cubículo úmido.

"Está vendo essa abertura? Só vai chegar à janelinha quando for chamado. Não olhe nunca para cá", avisou um dos carcereiros.

O prisioneiro continuou mudo. Mal conseguia coordenar os pensamentos. Sem colchão dentro da cela, sentou-se no chão observando o ambiente pouco iluminado pela lâmpada de 45 watts. Sentiu-se sufocar. A alma doía mais do que o corpo espancado. Ficou imóvel por tempo demais. Tomado pela exaustão, ele se deitou sobre o assoalho de tacos. O frio intenso não deixava o sono chegar. Encolheu-se e abraçou as pernas. Adormeceu na posição fetal.

* * *

— Ele está aqui?

Rogério levou um susto. Parecia ter ouvido uma voz familiar. Seria mesmo? Há mais de quarenta dias preso, só havia sido retirado da cela para novos interrogatórios sobre as tais plantas dos quartéis entregues a Xuxu por Antônio — que havia se matriculado na mesma faculdade em que Rogério estudava física, embora a polícia ainda não soubesse disso.

117

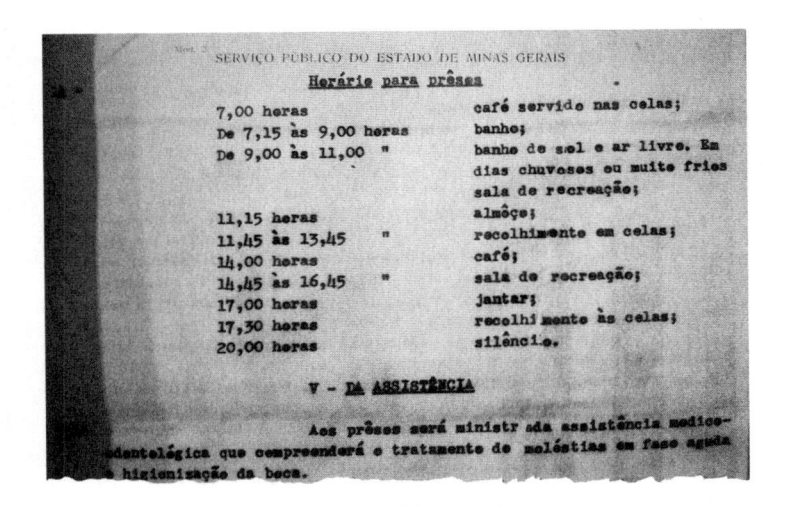

Documento discrimina rotina e os horários que tinham de ser cumpridos
pelos presos políticos na Penitenciária de Linhares

O sol entrava tímido no cárcere pela pequena janela pintada de azul. Dentro da cadeia, era preciso adivinhar as horas. Sem escova de dentes e apenas com a roupa do corpo que tirava de vez em quando para lavar, o estudante estava um trapo humano.

— Pai? — surpreendeu-se o preso. Rogério pensou que estivesse delirando.

À porta da cela, Manoel Teixeira perguntou, contido.

— Estão te maltratando aí?

— Não — respondeu, rápido, ao perceber que um soldado do Exército acompanhava o encontro.

Manoel entregou ao filho o casaco xadrez reformado pelo tio alfaiate. Timidamente, o pai colocou a mão dentro da grade para tocar o filho. Embora não pudesse dizer nada, transbordava ternura em seu olhar.

Mais tarde, Rogério recebeu o pacote deixado pela inesquecível visita. Nele havia camisas, cuecas e uma escova de dentes. As peças estavam embrulhadas em um papel pardo que continha uma mensagem do comerciante.

Rogério de Campos Teixeira. Roupas de uso.
Um abraço do papai e lembranças de todos.

Ao ler, o jovem sentiu um nó na garganta.

Teve uma vontade imensa de beijar Manoel. Pela primeira vez, percebeu como o pai era importante em sua vida. Notou que o afastamento provocado pela prisão os havia aproximado. Em casa, as divergências de opinião e o conflito de gerações permeavam de desentendimentos a relação de pai e filho. O dono do Restaurante 39 nunca conseguiu compreender por que o caçula da família de seis irmãos queria ser físico.

— Afinal de contas, física serve para quê? — provocava Manoel. Um dia, Rogério perdeu a cabeça.

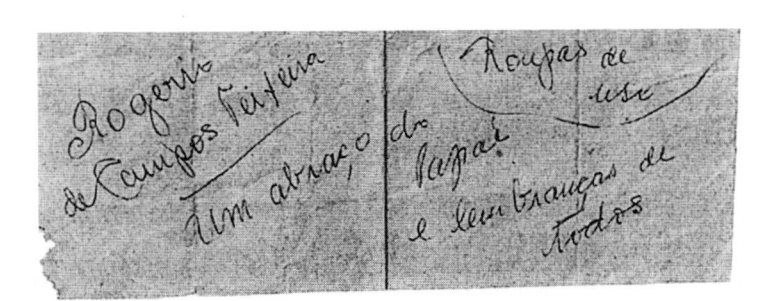

Bilhete deixado por Manoel durante visita ao filho Rogério,
que estava preso na Colônia Penal Magalhães Pinto havia quarenta dias;
abaixo, material de campanha da candidatura de Manoel a vereador

— Pra fazer bomba atômica, pai!

O comerciante ficou horrorizado e não tocou mais no assunto.

Mas quando o seu menino começou a ser perseguido em função das ideias políticas, superou as diferenças entre eles para zelar pela integridade de Rogério. Estendeu o apoio aos familiares dos militantes políticos que se tornaram prisioneiros do regime. Colocou seu restaurante à disposição dos parentes que desembarcavam na rodoviária de Juiz de Fora para visitar os entes queridos.

— Oh, seu Manoel, assim o senhor vai falir o 39 — avisava o funcionário do restaurante batizado com aquele nome porque 39 passos separavam o começo da avenida Getúlio Vargas da entrada do estabelecimento comercial.

— Ora. Por quê?

— O senhor não cobra dessa gente.

— Mas são todos meus amigos. Você acha que vou cobrar dos meus amigos?

— Além de não cobrar, o senhor não reaproveita nada — dizia o cozinheiro abusado que havia sido "importado" do Rio de Janeiro por Manoel.

O encontro na prisão fez Rogério sentir muito orgulho do pai. Sabia que o velho descendente de portugueses havia não só feito longa viagem de Juiz de Fora até Ribeirão das Neves, como também enfrentado o rigor da direção da cadeia para descobrir se o filho estava bem.

Sobreviver àquele meio hostil era um desafio diário para o estudante. O acadêmico de física ganhou a simpatia de Grande, apelido do preso comum que servia o café em canecas de alumínio nas celas de Neves. O pão era retirado de um saco. Puro, sem nada.

— Doutorzinho, pode tirar dois — sussurrava o homem branco e magro feito varapau, que tinha nas costas diversas condenações por homicídio, embora "matasse só quem merecia".

Rogério surpreendeu-se com a atitude solidária do preso. Eram coisas assim que aliviavam as privações da cadeia. Ainda estava em Neves quando, em julho de 1969, recebeu de um soldado da PM que fazia a segurança das celas uma surpreendente notícia:

— Você já soube? — perguntou o policial, discretamente.

— Soube o quê?

— Os americanos chegaram à Lua — respondeu, empolgado, referindo-se ao histórico 20 de julho, dia em que Neil Armstrong, comandante da missão *Apollo 11*, tornou-se o primeiro homem a pisar naquele satélite.

Rogério sentiu-se extremamente frustrado. Havia anos colecionava revistas com informações sobre a corrida espacial iniciada em 1957 com o lançamento do satélite artificial soviético *Sputnik* 1. Não conseguia acreditar que havia perdido justamente esse grande momento.

Prestes a ser transferido para Juiz de Fora, onde seria interrogado mais uma vez, Rogério foi levado para a barbearia do complexo penitenciário. Sentou-se na cadeira e foi abordado pelo preso comum que raparia a sua cabeça, embora ainda não soubesse disso.

— Não entendo o que estão fazendo aqui. No meio de vocês só tem padre, engenheiro, advogado, doutor, estudante. O que vocês arrumaram, afinal? — questionava o homem enquanto cumpria a tarefa.

— A gente está aqui por causa do governo — respondeu Rogério, sem querer esticar o assunto.

— Mas há quanto tempo você está aqui? — continuava a arguir o preso comum, interessado no bate-papo.

— Nossa, um tempão. Acho que estou aqui há dois meses — disse Rogério. — E você? — emendou.

— Há uns doze anos.

O universitário levantou a sobrancelha.

— E falta muito pra sair?

— Não, agora só faltam oito.

* * *

O barulho da sirene assustou Rogério. Em seu primeiro dia em Linhares, ele não sabia que o alarme tocava todas as noites. Ainda estava sentado na cama na mesma posição desde a tarde, quando foi levado para a cela 131 da penitenciária após passar pelo quartel-general da 4ª Região Militar. Havia deixado Belo Horizonte e, de certa forma, estava em casa, pelo menos mais perto dela. Mergulhado nas lembranças que surgiam desordenadas em sua mente, ele não havia percebido que anoitecera. Dentro do presídio de Juiz de Fora, porém, as luzes dos corredores permaneciam acesas.

Imerso no silêncio, ele ouviu:

"E atenção para mais um boletim do Observatório de Linhares..."

"Não acredito", pensou Rogério, rindo. "Aquele safado está aqui!"

O militante havia reconhecido a voz do amigo. Antônio estava ali a poucas celas da sua. Com o tímpano perfurado durante a fase de interrogatório, o aspirante a astrônomo resistia ao embrutecimento do cárcere com os sonhos e delírios que marcavam a sua personalidade.

Hoje, dia 30 de setembro de 1969, a lua está crescente. No céu de Linhares estão visíveis o planeta Marte e a constelação de Órion. Um belo espetáculo nesta noite azul-celeste.

O fuzilamento

A poucos minutos de fugir, Marco Antônio Azevedo Meyer não sabia se conseguiria vencer o percurso do túnel que tinha a metade da sua altura. Da cela onde estava, em Linhares, até o matagal que daria acesso à estrada de terra do bairro seria necessário rastejar por quase vinte metros debaixo da terra. Para conseguir cavar toda essa extensão, uma operação de guerra foi montada dentro do complexo. À noite, quando as bombas de efeito moral se seguiam ao toque de recolher na cadeia, os presos políticos conseguiam abrir o buraco sem despertar suspeitas. A distância até o limite da área de segurança havia sido milimetricamente calculada. Nada podia sair errado naquela madrugada de 1969. Se o plano falhasse, ele seria pego no pátio do presídio. Se alcançasse a liberdade, porém, estaria bem longe daquele inferno quando o Natal chegasse.

No instante em que a movimentação para a fuga começou, Linhares ainda estava mergulhada em silêncio e escuridão. Marco Antônio entrou no túnel com a roupa do corpo. O pouco que tinha ficou em seu "mocó", nome dado pelos prisioneiros ao cubículo onde eram mantidos. A tensão e o pouco oxigênio fizeram a respiração do militante do Comando de Libertação Nacional (Colina) acelerar. Agora não havia mais tempo para medos nem arrependimentos. Impossível retornar. A terra preta do subsolo cavado com a ajuda de pás de jardim estava entranhada nas unhas do fugitivo. De joelhos, Marco Antônio tentava andar rápido, mas a passagem era extremamente estreita, aumentando a sensação de asfixia. Parecia que estava dentro do túnel havia horas, mas nem dez minutos tinham se passado desde que ele iniciou a jornada de vida ou morte.

De repente, o preso sentiu que o ar começava a entrar, sinal de que a saída estava próxima. Desejava como nunca experimentar a liberdade outra vez. Enjaulado como fera, ele sonhava resgatar a humanidade subtraída desde que ele e o militante Fausto Machado Freire caíram nas mãos da Polícia Militar, no final de maio de 1969. Armados com um revólver .38, puxaram um Aero Willys na rua Barão da Torre, em Ipanema, no Rio, para usá-lo em uma ação política. O assalto, que terminou em perseguição policial e tentativa de fuga a pé pela rua São Francisco Xavier, estava entre as arriscadas operações do Colina, dissidência mineira da Política Operária (Polop), com atuação também em São Paulo e no Rio de Janeiro.

Na ação de expropriação, Fausto Freire foi atingido por dois tiros. Mesmo sem ferimentos, Marco Antônio, 25 anos, iniciou ali o seu calvário. Levado primeiro para a Delegacia de Ordem Política e Social (Dops), na rua da Relação, centro do Rio, ele permaneceria mais de um ano preso em diferentes unidades dos estados da Guanabara e de Minas, onde sofreu violações que jamais supôs que pudesse aguentar. Fugir daquilo tudo se tornou ideia fixa.

Ao tocar a grama do terreno que fazia divisa com Linhares, Marco Antônio teve a certeza de que finalmente chegara do lado de fora da penitenciária. Estava tão ansioso que acabou dando um impulso forte no corpo, saindo do túnel de uma só vez. Desequilibrou-se e, quando conseguiu se aprumar, avistou um par de coturnos. Gelou.

Ao levantar o rosto, percebeu que seu plano havia sido descoberto. Estava cercado por dez militares com metralhadoras nas mãos. Não houve tempo de esboçar reação. As balas vararam seu corpo. O sangue escorreu pela camisa e se misturou com a terra ainda úmida pelo sereno. Sentiu-se crucificado sobre o solo, da mesma forma que o gato da sua infância, quando o felino sem *pedigree* foi abatido por um tiro de fuzil ao ser flagrado comendo o canário-belga favorito do seu pai, o comerciante Guilherme.

— Não! — gritou o militante posicionando as mãos como um escudo.

Banhado de suor, Marco Antônio apalpou o peito, arregalou os olhos e deu um suspiro. Estava vivo. Despertara de mais um daqueles terríveis pesadelos de fuzilamento que rotineiramente perturbavam o seu sono desde que chegou à Penitenciária de Linhares, traumatizado por tudo que passou nos subterrâneos de um país onde havia quase um ano vigorava o famigerado AI-5, ato institucional que impôs a mordaça, suspendeu garantias constitucionais, cassou direitos políticos e arrastou o Brasil para um tempo sombrio.

Quando Marco Antônio deixou o Dops, trinta dias após ser capturado durante o assalto no Rio, seguiu para o presídio da Ilha Grande. Entretanto, foi no quartel da Vila Militar, em Realengo — instituição que se tornaria

125

famosa pelas atrocidades cometidas contra os militantes políticos — que ele testemunhou momentos duríssimos, como no dia em que Ângelo Pezzuti, Nilo Sérgio, Murilo Pinto da Silva e Maurício Paiva foram tirados da cela para serem usados como cobaias em uma aula prática de tortura para oficiais e cadetes da Aeronáutica. Esse episódio daria origem à redação do Documento de Linhares, a primeira denúncia internacional da violência ignorada sistematicamente pelo comando da ditadura.

O próprio Marco Antônio experimentou o seu quinhão de dor ao ser colocado no pau-de-arara, como se fosse um galeto, no Campo de Instrução de Gericinó. Não para que confessasse detalhes da primeira fracassada tentativa de roubo do cofre de Adhemar de Barros — governador de São Paulo e membro de abastada família de cafeicultores de São Manoel, Adhemar mantinha com a amante Ana Gimol Benchimol Capriglione, no Rio, um dos oito cofres que dizia ter. Foi o sobrinho dela, Gustavo Benchimol, quem acabou contando para os guerrilheiros sobre a existência da caixa-forte que guardava mais de 2 milhões de dólares. Em 18 de julho de 1969 — quando o Colina já se fundira à Vanguarda Popular Revolucionária (VPR), de Carlos Lamarca, para fundar a Vanguarda Armada Revolucionária — Palmares (VAR-Palmares) —, treze militantes conseguiram invadir a mansão do irmão de Ana, em Santa Teresa, onde estava um dos cofres do ex-governador. Marco Antônio não participou da nova ação, pois já estava preso.

Também não foi parar no pau-de-arara em função da sua participação no movimento estudantil em Belo Horizonte, de onde fugiu no ônibus da Viação Cometa para a residência de uma tia alemã, no Rio. Tirada de dentro da moradia de três andares, no bairro Santa Teresa, Érica Meyer foi capturada pela polícia política no lugar do sobrinho mineiro que havia abrigado um mês antes. Sem encontrá-lo, a polícia levou a tia, que beirava quase sessenta anos, para um interrogatório. Ela acabou presa por 35 dias acusada de ser cúmplice do estudante.

Por ser filha de alemães, ainda foi considerada suspeita de espionagem. Lacerdista de carteirinha, a empresária nunca compreendeu como representantes da ordem pudessem subverter os princípios básicos do direito individual para ameaçar pessoas, ainda mais alguém que não havia participado de nenhuma ação contra o governo. Érica jamais superou os momentos de humilhação que passou detida no Dops, quando foi obrigada a ficar nua na presença de vários estranhos. Sentiu-se maculada. Tinha sido moralmente violentada.

Marco Antônio foi preso antes de participar da segunda ação de expropriação de um dos cofres do governador Adhemar de Barros. A operação contou com a participação da Vanguarda Popular Revolucionária, de Carlos Lamarca (à direita)

O motivo que levou Marco Antônio a sofrer uma das piores formas de tortura na ditadura era ainda mais torpe do que a tentativa de fazê-lo entregar endereços de aparelhos ou denunciar nomes de militantes. Em setembro de 1969, teve os braços e as pernas amarrados em uma barra de ferro por simples vingança. Inconformada com o estado físico do jovem, a mãe dele, Maria Luiza Azevedo Meyer, procurou a esposa do comandante que presidia o inquérito para pedir clemência. Penalizada diante da viúva que criou praticamente sozinha os dez filhos, a mulher do oficial tentou interceder junto ao marido, mas o efeito foi contrário. O estudante foi duramente perseguido.

De cabeça para baixo e a trinta centímetros do chão, o universitário sentiu o sangue pressionar o crânio. Naquela posição, ainda conseguiu ouvir a música que havia acabado de estourar nas paradas de sucesso e que tocava a todo volume em uma festa perto dali.

Alô, alô, Realengo
Aquele abraço!
Alô, torcida do Flamengo
Aquele abraço

Sob o som da canção composta por Gilberto Gil — que foi perseguido e também ficou preso em Realengo —, Marco Antônio recebeu choque nas solas dos pés, na boca e nas mãos.

— Tá gostando? Vou botar a puta da sua mãe no pau-de-arara — ameaçou um capitão.

— Minha mãe não é puta coisa nenhuma — gritou Marco Antônio, quase sem forças.

— Ah, não? Ela está dizendo aos quatro ventos que você apanha aqui e que o major Lacerda bebe. Você é o filho da puta, sim — provocava o militar.

Desesperado e com queimaduras principalmente nos dedos da mão, Marco Antônio implorou:

— Oh, moço, pelo amor de Deus, não faz isso comigo.

— Moço, o caralho! Doutor! Você tem que me chamar de doutor.

Foi a última coisa que ouviu. Desfalecido, foi levado para a solitária onde passou 42 dias. Pensou em cortar os pulsos. Não tinha a intenção de se matar, mas, quem sabe, com sangue pelo corpo, ele pudesse ser poupado da rotina de maus-tratos? Essa, aliás, era uma das estratégias usadas pelos militantes quando a tortura se tornava insuportável.

Depois de seis meses de abusos, Marco Antônio soube que seria transferido. Sentiu-se aliviado após deixar a Vila Militar dentro de uma radiopatrulha. Ele e Antônio Pereira Mattos, trocador de ônibus que aderiu ao movimento político, foram colocados no porta-malas do veículo, amontoados com quatro pneus carecas. Como o cano de descarga do carro estava furado, a fumaça invadiu o "chiqueiro". Os dois prisioneiros começaram a socar a porta.

— Socorro, socorro, tira a gente daqui! — gritavam, enquanto se sentiam sufocar lá dentro.

Os policiais ignoraram o pedido. Os presos políticos só desceram do veículo quase cinco horas depois, quando chegaram ao 11º Regimento de Infantaria de Juiz de Fora, no bairro Fábrica.

Em solo mineiro, os militantes foram hostilizados por soldados que estavam no pátio.

— Guerrilheiros — gritavam os praças, cuspindo na direção dos prisioneiros.

Os dois sabiam que passariam pelos procedimentos de praxe, mas, quando já estava sem roupa, Marco Antônio sentiu como se tivesse sido rasgado por dentro.

Um pedaço de pau foi introduzido em seu ânus durante a revista.

— Aqui não tem droga, não — ouviu o soldado avisar para os outros, enquanto jogava o instrumento da revista no lixo.

Depois disso, Marco Antônio foi mandado de cuecas e sapatos para a cela do Corpo da Guarda. Apesar de só faltarem dois meses para o fim do ano, as noites podem ser frias na Zona da Mata, mesmo durante a primavera. Profundamente oprimido, o estudante sentia-se reduzido a nada naquela madrugada de novembro. Era insuportável saber que continuaria nas mãos de homens sem escrúpulos.

Ao amanhecer, os detidos foram colocados em outra viatura. Ouviram quando o capitão mencionou o nome da Penitenciária de Linhares. Mais uma vez, seguiriam em direção ao desconhecido.

* * *

A viúva de Luiz Cristóvão Dias chegou à Penitenciária de Linhares pela manhã. Mulher fina, bem-apessoada e herdeira de uma pequena fortuna deixada pelo dono do Hotel São Luiz, Maria Amélia Lamas Dias era considerada dama da alta sociedade. Também era proprietária do Cinema São Luiz, em Juiz de Fora, na época em que a sala de exibição era "bem frequentada" e ainda nem sonhava em projetar filmes pornôs, o que só viria a acontecer na década de 1980, após o prédio e suas 816 poltronas de couro legítimo serem vendidos para a Companhia Cinematográfica Franco-Brasileira.

— Eu vim ver o Marco Antônio Azevedo Meyer — disse a visitante ilustre.

Embora ela não tivesse requisitado autorização prévia ao Exército, era sábado, dia de visita no complexo penitenciário. Um dos guardas olhou para o calendário azul distribuído naquele ano de 1969 pela Vasp para conferir a data: 20 de dezembro. A poucos dias do Natal, ele acabou facilitando a entrada de Maria Amélia.

Quando Marco Antônio soube que alguém o esperava, estranhou. Já havia sido avisado pelos familiares de outros presos que seus parentes não conseguiriam deixar Belo Horizonte naquele fim de semana para vê-lo. Então, quem estaria lá? Ao avistar a amiga da família, comemorou.

— A senhora aqui? — disse, surpreso.

— Oi, meu filho, soube que estava preso e decidi trazer algumas coisas.

O militante ficou emocionado com o carinho da mulher que ele conhecia desde criança, quando passava as férias da escola na propriedade dela — uma fazenda de café herdada pelo filho Cristóvão, localizada em Rio Novo.

Mesmo correndo o risco de ser vista como tia emprestada de um terrorista, Maria Amélia não se deixou intimidar. Estava ali em nome da solidariedade humana, independentemente da acusação que recaía sobre o militante. Tirou da pesada sacola que carregava as coisas sobre as quais falara. Dentro do embrulho, havia vinte frangos assados e muita farofa.

— Dona Quituta, não posso comer todos esses frangos — comentou o jovem, rindo.

— Eu não trouxe só para você. Quero que distribua para todos — avisou.

A comida tinha ido parar nas mãos certas. Para sobreviverem à rigidez das cadeias por onde passaram, os presos políticos criaram os coletivos, uma forma de se organizarem nessas unidades e de dividirem igualmente os bens materiais. Do acesso à informação até a tomada de decisões, tudo deveria ser feito em conjunto por meio de votação e de um comando central.

Em Linhares, havia mais de cinco coletivos. Marco Antônio era responsável pelo coletivo do setor de alimentação. Cabia a ele cuidar de uma espécie de armazém improvisado dentro da cela. Toda a comida que chegava para os presos políticos de fora da cadeia era acondicionada nesse local e, posteriormente, distribuída. Por isso, o universitário apelidou a penitenciária de República Comunista de Linhares, lugar onde ninguém trabalhava, mas todos viviam de maneira cooperativa. E, apesar de na maioria das vezes dar certo, os conflitos de opinião vinham à tona até nas coisas mais corriqueiras, como a hora de repartir a comida.

— Pô, Marco Antônio, cê tá protegendo o pessoal do Colina. Os melhores pedaços de frango estão indo pra eles. A gente só tá recebendo pescoço e pé — reclamou um mais afoito.

— Amigo, o frango só tem dois peitos, duas asas, duas coxas. Não tenho como fazer milagre. Se o peito caiu pra alguém do Colina, o que eu posso fazer? É apenas sorte — respondia.

* * *

A paixão que os estudantes presos tinham pelos livros deu vida à ideia de criar uma biblioteca em Linhares. Parte do acervo foi contrabandeada para dentro da penitenciária com a ajuda de um guarda beberrão. Entre as mais de duzentas obras que aportaram na cadeia, muitas tinham títulos não permitidos. Os livros eram enviados por familiares dos militantes no ônibus da Útil, em Belo Horizonte, e retirados da rodoviária de Juiz de Fora pelo tal sentinela. De lá seguiam para dentro do complexo no turno da noite, quando os pacotes eram entregues.

No início, os livros proibidos eram escondidos em varais improvisados dentro dos mocós. Nas celas, eles eram colocados abertos sobre as cordas e cobertos com toalhas de banho. Quando Rogério de Campos Teixeira, o estudante de física da UFRJ, assumiu a tarefa de organizar tudo, ele criou até fichários com a data de empréstimo e a de entrega. Após decisão do coletivo, ficou acertado que todos os livros que chegassem à cadeia seriam entregues nas mãos dele, que, metódico, os separava por conteúdo, recuperava os que estivessem em pior estado, numerava e fazia os títulos circularem. Com a vista grossa dos guardas para os livros, a cela de Rogério ficou lotada de exemplares. Tinha de tudo um pouco. Desde a edição portuguesa de *O Quarteto de Alexandria*, de Lawrence Durrell, até as obras do filho do morro do Livramento, no Rio, o imortal Machado de Assis. Depois, os empréstimos foram sendo renovados, e as obras começaram a rodar pelas galerias, fazendo até os mais preguiçosos lerem. A listagem com os nomes permitidos e até vetados fora da cadeia era afixada na parede do refeitório. Assim, o candidato a um empréstimo poderia escolher a leitura que mais lhe conviesse e verificar com quem estava o seu objeto de desejo.

Além da implantação de uma biblioteca, Linhares também abrigou uma "pinacoteca". Ela foi organizada na cela do advogado Thomaz Miguel Pressburger, que acabou sendo preso no início de 1969 por sua atuação junto às Ligas Camponesas e participação na direção nacional do Partido Comunista Brasileiro Revolucionário. Húngaro de nascimento, o prisioneiro da penitenciária mineira era um brasileiríssimo defensor das causas populares. Chegou ao Brasil ainda bebê e aos vinte anos começou a militância política, na época em que se tornou integrante da União da Juventude Comunista. Aos 35 anos, o atuante advogado da Comissão Pastoral da Terra passou a sofrer intensa perseguição política em Brasília, onde morava com a família.

Quando o homem que usava barba e fumava cachimbo chegou a Linhares, foi considerado refinado demais pelos jovens militantes. Mas não demorou muito para que eles acabassem orbitando em torno da intelectualidade e capacidade retórica de Pressburger. Quem entrava no mocó do doutor descobria no mais improvável dos cenários imagens de Van Gogh e Monet, além de criações próprias feitas com o reaproveitamento de papel. As figuras eram recortadas de livros e revistas que ele recebia com os patês mais desejados da cadeia. Ah, esses não entravam no coletivo da comida.

— Agora eu tenho uma pinacoteca em casa — brincava Pressburger, despertando a curiosidade de alguns rapazes que nunca tinham ouvido falar naquilo. Mais tarde, quando o advogado deixou o cárcere, doou para Rogério parte do seu "acervo".

Era justamente a convivência entre pessoas de origens tão diferentes que tornava alguns dias em Linhares menos dolorosos. Como aquele em que os militantes políticos foram surpreendidos por uma aula de civilidade na "Universidade Livre" proferida por alguém que nunca havia estado em uma. A universidade era uma invenção dos militantes que não tinham a menor intimidade com o gingado da bola, ficando de fora dos campeonatos de vôlei realizados no pátio do cadeião.

— Fale sobre o que você faz, Bné — pediu Rogério, tentando encorajar o companheiro na sua primeira participação na Universidade Livre. Diariamente, uma pessoa do grupo era escolhida para falar do que gostava diante de uma roda de ouvintes.

Apreensivo, Abner Souza julgava não poder ensinar nada para aqueles estudantes que já haviam recebido aulas sobre a língua espanhola, fenômenos da natureza e estrutura da terra.

— Não acredito que a minha rotina possa interessar a vocês — respondeu, timidamente, o sujeito louro considerado o mais "proleta" da Corrente.

— Claro que interessa! — afirmaram outros membros da roda.

— Como vocês sabem, eu sou tratador de animais no Zoológico de Belo Horizonte. Cuido dos bichos, do local onde ficam, observo se estão doentes ou na época de reprodução, e isso pode fazer a diferença entre a vida e a morte deles. Para isso, eu preciso conhecer os hábitos de cada espécie.

Diante da plateia atenta, o funcionário do zoológico se sentiu encorajado a continuar.

— Alguns animais vivem sozinhos, como a onça-pintada, que só na época de reprodução se une a outra onça. Já os leões vivem em bando. Chego ao zoológico às cinco horas e vou ver como cada bicho está. Depois começo a preparar a alimentação deles.

— E o que eles comem? — perguntou Rogério para incentivar.

— Os predadores, como a onça, o jacaré e as corujas, só se alimentam de outros animais, aves e répteis. Já veados e papagaios comem vegetais, e há espécies como o jabuti e o macaco-prego, que, assim como o homem, podem consumir tanto vegetais quanto animais.

— E o elefante, se alimenta do quê? — questionava outro ouvinte.

— Daquele tamanhão todo, ele só se alimenta de folhas, frutos, cascas de árvores, além de galhos e raízes.

Bné falou por quase duas horas e, sem perceber, deu uma verdadeira aula de biologia, de enriquecimento ambiental e de conservação da fauna. Enquanto durou a Universidade Livre, o tratador de animais foi lembrado como o melhor professor que já passou por lá.

Reprodução de foto de jornal sobre a saída de presos políticos da Penitenciária de Linhares

Cobaias humanas

Eram 15h20, quando os bancos da Lavoura de Minas Gerais e o Mercantil, de Sabará, foram invadidos simultaneamente por homens armados. Em uma ação cinematográfica e muito bem orquestrada, eles ordenaram que os clientes corressem para o fundo dos dois estabelecimentos comerciais. Em seguida, renderam os funcionários. No Mercantil, localizado no centro da cidade mineira, a recepcionista Maria Helena de Figueiredo foi trancada no banheiro, enquanto o bancário Raimundo Sepúlveda abria, sob a mira de uma metralhadora, o cofre-forte da agência. O mesmo aconteceu na praça Santa Rita, onde o Banco da Lavoura estava situado. O bancário Raimundo Dias de Freitas voltava do almoço quando percebeu a movimentação. Pensou tratar-se de uma brincadeira, mas acabou rendido ao entrar na agência.

Uma mulher que depositava 200 cruzeiros novos, cerca de R$ 295, implorou que sua quantia não fosse levada.

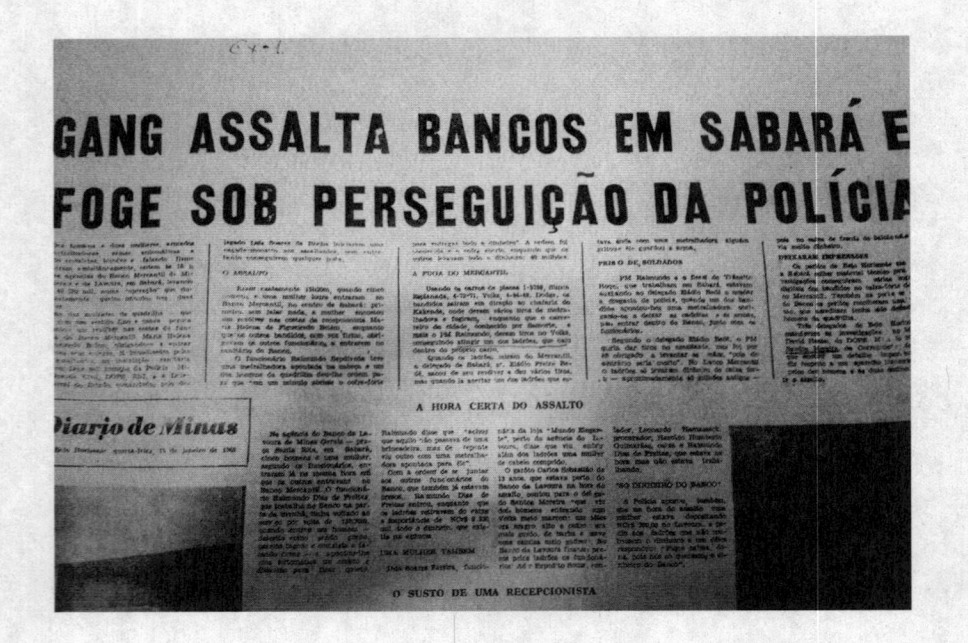

Jornal *Diário de Minas* noticia o impressionante assalto
aos bancos de Sabará em 1969

"Fique tranquila, senhora. Nós só queremos o dinheiro do banco", respondeu um dos homens, deixando a cliente surpresa.

A quantia da correntista ficou com ela, mas todo o dinheiro do caixa foi recolhido. Às 15h24, apenas quatro minutos depois de anunciados os assaltos, os dois grupos fugiram pela porta da frente levando 68 mil cruzeiros novos, um dos maiores valores expropriados em 1969. A quantia corresponderia, hoje, a R$ 100 mil. Era 14 de janeiro, e o ano estava só começando.

Trinta alunas entre onze e treze anos do Colégio Comercial Cidade de Sabará, localizado em frente ao Mercantil, abandonaram a sala de aula do curso de admissão para acompanhar da calçada "a cena de cinema". Dos vinte meninos da turma, só oito demonstraram ter a mesma coragem das garotas, arriscando-se a colocar o pé na rua.

Três carros aguardavam os doze fugitivos: um Sinca dourado, um Volkswagen café com leite e outro vermelho. Nilo Sérgio Menezes Macedo seguiu no Sinca dirigido por Pedro Paulo Bretas. No mesmo veículo estavam Herbert de Carvalho, Murilo Pinto da Silva e uma mulher, além de Ângelo Pezzuti, o comandante da operação que, aos 23 anos, era um dos mais velhos do grupo. No Volks, estavam Júlio Bittencourt, Afonso Celso Lana, João Marques Aguiar e Reinaldo José Melo, este ao volante. No terceiro automóvel, Erwin Rezende Duarte e José Raymundo de Oliveira davam cobertura à ação do Colina, um dos grupos armados mais atuantes na luta contra a ditadura.

Já na rua, tiros de metralhadora disparados para o alto puderam ser ouvidos. Os três veículos seguiram na direção do chafariz da cidade. Os ocupantes chegaram a ficar sob a mira dos revólveres do carcereiro conhecido por Bamorte e de um PM. O delegado Eládio Freire Bedê pensou em atirar, mas acabou rendido. Apesar de ter sido anunciada uma "intensa perseguição policial", os militantes do Colina conseguiram escapar. O dinheiro expropriado nos dois bancos seria usado na compra de armamentos e no aluguel de novos aparelhos para abrigar os membros da organização.

Testemunhas disseram que um integrante do assalto se destacou dos demais. As descrições feitas para a polícia eram sobre a única mulher do grupo. Segundo as vítimas do Banco Mercantil, ela usava peruca loira, um vestido verde fino que se agitava ao ser tocado pelo vento, além de botas. Tratava-se da estudante Maria José Carvalho

Nahas, da Escola de Medicina da UFMG. Apesar de ter cabelos pretos lisos e nunca ter usado disfarces nas ações, apenas uma discreta saia com estampa *pied-de-poule*, a guerrilheira aguçou o imaginário popular. Décadas mais tarde, Maria José ficou conhecida como a Loira da Metralhadora, nome do documentário dirigido, em 1996, por Patrícia Moran.

A ação em Sabará mexeu com um de seus participantes em especial. Quinze dias depois da ousada operação, Nilo precisou tomar calmantes para tentar dormir. Escondido na rua ltacarambu, em Belo Horizonte, ele começava a questionar a validade de tudo aquilo.

Irmão de uma aprendiz de trapezista, Nilo passou a infância em Luz, povoado mineiro surgido a partir do conflito de terras entre dois fazendeiros. Cresceu no lugarejo iluminado pela magia do circo fictício que funcionava nos fundos de sua casa. Ajudava a vender ingressos para os vizinhos que, cheios de boa vontade, assistiam aos espetáculos improvisados pela menina-da. Considerado o caubói mais valente daquelas bandas, ele, o mocinho, sempre vencia a luta contra os bandidos.

A vontade de conquistar justiça social o levou a abraçar a militância política na adolescência, quando participou de movimentos estudantis para combater o militarismo. Diferentemente dos vilões que enfrentou quando criança, porém, as pessoas de carne e osso eram muito mais complexas do que as imaginárias. Não se dividiam simplesmente entre boas e más e poderiam se machucar de verdade. A realidade da luta armada e as consequências dessa escolha começavam a mudar a forma do militante enxergar sua participação dentro da organização. Não tinha certeza se estava pronto para matar ou morrer em nome daquela causa.

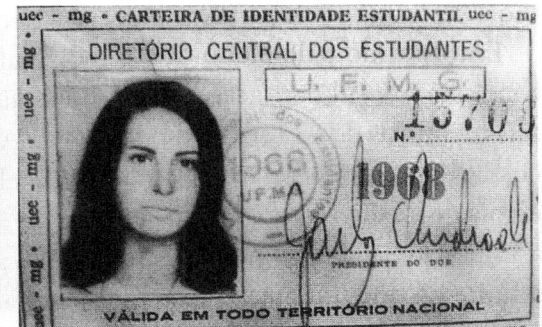

Fotos de Nilo e Ângelo, integrantes do grupo que participou dos assaltos a bancos de 14 de janeiro de 1969; a presença de Maria José – cujo documento estudantil é reproduzido acima – no grupo chamou a atenção

Entorpecido pelo efeito do calmante, Nilo acabou pegando no sono. No imóvel da Itacarambu, também adormeceram os outros seis membros do Colina. Todos estavam exaustos após a longa discussão sobre um possível resgate de Ângelo Pezzuti, o estudante da Escola de Medicina da UFMG que havia sido preso horas depois dos assaltos de Sabará no fim da primeira quinzena. A própria polícia admite na documentação sobre o caso que, na noite da prisão do comandante do Colina, ele passou por um "intenso interrogatório". A queda do líder da organização era um sinal de que o cerco ao grupo estava se fechando. Embora não ignorassem o risco que corriam, os companheiros de Ângelo não tiveram forças para manter a sentinela naquela noite de 29 de janeiro de 1969.

Às quatro horas da manhã, um barulho estranho chamou a atenção de um dos militantes que estavam no interior da casa. O aparelho do bairro São Geraldo havia sido cercado por catorze policiais, a maioria militar. Quando a porta dos fundos foi arrombada, teve início um intenso tiroteio.

Armado com uma metralhadora Thompson, Murilo reagiu. Dentro da residência houve correria. As rajadas de bala rasgaram o escuro com um intenso brilho vermelho. Acordado pelo barulho dos tiros, Nilo tentou engatinhar pela sala, mas se assustou ao perceber caído junto aos seus pés um homem de bigode. Ele tinha os olhos vidrados e o corpo ainda quente. Estaria vivo? O militante logo reconheceu o baleado. Ficou paralisado diante daquela cena perturbadora. Custou a reagir.

Embora soubesse que um combatente jamais deveria dormir sem sapatos, Nilo estava de meias ao se levantar para fugir. Voltou para pegar seu *Bate Boot* debaixo da cama, mas acabou perdendo tempo. Tentou sair pelo pátio, na esperança de pular o muro, porém foi surpreendido por uma coronhada na cabeça. Ainda tonto da pancada, ouviu uma gritaria.

— Mataram o Cecildes, mataram o Cecildes — gritou um policial, desesperado, com as mãos sobre a cabeça, referindo-se ao subinspetor da Civil Cecildes Moreira de Faria, o homem de bigode que Nilo viu caído dentro da casa.

— Não pode ser! O Cecildes tem oito filhos — disse um colega de farda sem acreditar no que ouvira.

— O Antunes também tá morto — gritou outro agente que trabalhava com o guarda-civil José Antunes Ferreira.

— Corre, o investigador Reis está muito ferido — avisava um PM sobre a gravidade do estado de José Reis de Oliveira, atingido com um tiro na garganta.

Em meio ao tumulto, um policial anunciou:

— Vamos fuzilar todos eles! Agora!

A essa altura, todos os membros do Colina já estavam rendidos. O aluno da Escola de Engenharia da UFMG Maurício Paiva, que não participou dos assaltos em Sabará, tinha sido atingido por dois tiros. Ele e os outros foram levados para o quintal e colocados de frente para o muro dos fundos. Os PMs iniciaram intensa movimentação. Também estavam armados com metralhadoras.

— André, vão matar a gente. Vamos morrer agora — cochichou Maurício para Nilo.

143

Com o coração aos saltos, Nilo pensou em Filomena. Naquele momento, lembrou-se do rosto sofrido da mãe, uma professora primária que viveu anos a fio um casamento sem amor com o filho do prefeito de Luz. Nilo havia visto a mãe pela última vez no Natal. O encontro ocorreu no imóvel simples da rua Timbiras, em Belo Horizonte, para onde ela e outros dois filhos haviam se mudado após a separação do casal. Sem recursos, não havia mesa farta, somente uns poucos docinhos feitos pela mãe para não deixar aquele 24 de dezembro de 1968 passar em branco. A lembrança de dona Mena deu mais coragem ao rapaz. Prestes a morrer sob rajadas de ódio, ele estava inundado pelo sentimento de amor da mãe.

Quando as metralhadoras foram apontadas para o grupo, Nilo e os outros jovens já se encontravam enfileirados. Naquele instante, Maria José, que também estava sob a mira dos policiais, pensou na "Morte do Leiteiro", de Carlos Drummond de Andrade, poema que narra as desigualdades da sociedade brasileira. Os versos começaram a desfilar na sua cabeça.

> Há pouco leite no país,
> é preciso entregá-lo cedo.
> Há muita sede no país,
> é preciso entregá-lo cedo.
> Há no país uma legenda,
> que ladrão se mata com tiro
> (...)
> Da garrafa estilhaçada,
> no ladrilho já sereno,
> escorre uma coisa espessa
> que é leite, sangue... não sei
> (...).

144

Maria José só podia estar maluca. Ela, certamente, responderia que não. Recorria à poesia de Drummond para tentar manter a sanidade.

— Não fuzila! Eles terão que ser interrogados pelo Exército. Não podem morrer, precisamos das informações deles — gritou o superintendente de policiamento do estado, Luiz Soares da Rocha, receoso também das consequências que aquele banho de sangue poderia provocar.

— Se vocês atirarem, vão ter que atirar em mim também — continuou o chefe da diligência, posicionando-se na frente dos prisioneiros.

A atitude do policial surpreendeu não só os seus colegas, mas também os membros do Colina, que não esperavam ser poupados. Ainda houve bate-boca e, a contragosto, os militares abaixaram as armas. Usaram, porém, os cabos das metralhadoras para espancar os guerrilheiros, a ponto de os médicos acreditarem, mais tarde, que eles tinham sido baleados na cabeça. Os presos ainda tiveram os pescoços amarrados com o arame que era usado no varal da casa. Alguns PMs tentaram enforcá-los. Os estudantes também foram algemados. Eles até poderiam ficar vivos, mas a ideia comum aos policiais era que todos pagariam pelo que aconteceu no imóvel de número 120 da rua Itacarambu. Além de Cecildes e José Antunes, treze agentes de segurança foram mortos em combate por militantes políticos em todo o país naquele ano de 1969.

A movimentação de pessoas nos arredores da casa de São Geraldo era grande. Os primeiros raios de sol ainda nem haviam aparecido, mas os moradores do bairro de Belo Horizonte tinham sido despertados pelo intenso barulho do tiroteio. Quando eles saíram à rua, o céu avermelhado anunciava o fim da madrugada. A chuva fina que caíra durante todo o mês dera uma trégua nos últimos dias de janeiro. Sob o olhar dos vizinhos, sete integrantes do Colina foram colocados no porta-malas de uma Rural. Maurício, que sangrava muito, equilibrava-se no encosto do banco traseiro. De lá, seguiram para a Delegacia de Vigilância Social, onde foram recebidos com chutes e socos desferidos por quase todo o efetivo que estava de plantão. Além de Nilo, Murilo e Maurício, haviam caído Afonso Celso Lana Leite, Júlio Antônio Bittencourt de Almeida e Jorge Raimundo Nahas. A polícia tinha prendido ainda uma das guerrilheiras mais procuradas do período. A jovem de longos cabelos pretos não tinha nada a ver com as descrições feitas sobre ela. Os agentes de segurança queriam que Maria José confessasse onde escondia a tal peruca loira e outros acessórios que jamais havia usado, embora os jornais da época reforçassem o mito sobre a misteriosa mulher de botas. Como convencer os policiais do contrário?

Daquele episódio em diante, todos os membros do comando que viessem a ser capturados seriam barbaramente seviciados. A imposição de sofrimentos diários era a forma de os militares se vingarem do assassinato dos colegas na rua ltacarambu. Fariam de tudo para que os guerrilheiros presos no bairro São Geraldo se arrependessem de terem sobrevivido.

* * *

Havia um estranho entra e sai de carros naquela manhã de 8 de outubro de 1969. Jipes e carros pretos chegavam a toda hora na 1ª Companhia do Exército da Vila Militar, no Rio de Janeiro. Transferidos para aquela unidade após seis meses de prisão em Belo Horizonte, os integrantes do Colina foram mantidos nus e em precárias condições de higiene no interior de celas ladrilhadas, com dimensões inferiores a quatro metros quadrados. Um inquérito havia sido instaurado na capital fluminense para apurar a participação dos prisioneiros do comando mineiro em ações realizadas lá, como a expropriação ao Banco Tricontinental e a fracassada tentativa de assalto ao Banco do Estado da Guanabara.

— Quem matou os policiais em Minas? — perguntou um oficial ao grupo mineiro em seu primeiro dia na unidade do Rio.

Silêncio.

— Não vão responder? — ameaçou o militar.

— Fui eu — respondeu Murilo.

Separado dos demais ainda pela manhã, Murilo passou o dia sendo interrogado. Os membros do Colina ainda puderam ouvir seus gritos. À noite, ele foi colocado na cela. Seu rosto estava deformado.

Murilo, que atirou contra os policiais mineiros,
foi um dos mais torturados na Vila Militar, no Rio

Numa manhã, Pedro Paulo Bretas disse a Ângelo, irmão de Murilo, que não suportava mais as atrocidades
que estavam sendo cometidas na Vila Militar. Os militares
insistiam em arrancar dele informações sobre um aparelho alugado para cuidar dos feridos em combate, embora
não houvesse um imóvel com essa finalidade. Os representantes da força não acreditavam. Achavam que Bretas
estava fazendo jogo duro. Com diversos ferimentos nas
costas, ele foi surpreendido com a chegada de um pacote
de sal. Dois militares pegaram com as mãos um punhado
no saco e jogaram sobre as feridas abertas no estudante.
Bretas quase desmaiou de tanta dor.

— Cabral, não vou aguentar uma nova sessão de tortura. Não vou! — avisou Bretas a Ângelo.

— Deixa comigo. Na próxima, você vai dizer a eles
que eu sei o endereço desse lugar — disse o comandante

do Colina, que também havia recebido diversas descargas de eletrochoque na Polícia do Exército da Guanabara. Em uma ocasião, Ângelo teve os dedos das mãos esmagados com um ferro.

— Onde fica a casa em que vocês atendem os guerrilheiros feridos? — insistia o militar com Ângelo, enquanto usava a palmatória de madeira contra as solas dos pés, as palmas das mãos e as nádegas do líder do Colina.

Bolhas de sangue já haviam se formado nas regiões atingidas, mas seus algozes desejavam arrancar dele a confissão. Também queriam ouvi-lo implorar por sua vida. Ângelo não gritou como eles queriam, mas se jogou contra a janela de vidro da sala, caindo ensanguentado no pátio. Perdeu os sentidos e foi levado ao hospital militar. Com cacos pelo corpo, tomou dezenas de pontos nas costas e nos braços. Apesar de muito ferido, sentia-se aliviado por estar livre da tortura. A trégua na rotina de agressões durou pouco.

— Sabe que dia é hoje? — perguntou um capitão para os ocupantes da cela. — Oito de outubro. Amanhã faz dois anos da morte do líder que vocês idolatram, o Che Guevara. Vamos comemorar.

"Comemorar o quê?", pensou Nilo.

Apesar do sarcasmo do militar, não foi o que ele disse que deixou Nilo preocupado, mas o que não falou. Afinal de contas, o que os esperava?

Não demorou para que os prisioneiros descobrissem. Ainda pela manhã, Nilo, Murilo, Ângelo, Afonso Celso Lana, Júlio Bittencourt, um ex-PM, além de um preso comum, foram retirados das celas.

Levados em fila indiana, estranharam ao ouvir o burburinho de vozes que vinha do interior da sala. Estavam sentados no chão do corredor, quando um recruta passou carregando uma barra de ferro usada comumente como pau-de-arara. Os presos se entreolharam. Maurício Paiva chegou logo depois. Estava pálido.

— Me mandaram segurar um fio e me deram vários choques. Disseram que era apenas um teste para ver se o aparelho estava funcionando bem — contou, assustado.

Não houve tempo para falar nada.

— Levanta! — determinou um oficial a Ângelo.

Diante de homens armados com metralhadoras, o universitário seguiu o militar. Os outros fizeram o mesmo. Ângelo entrou primeiro.

— Apresento a vocês Ângelo Pezzuti, o comandante do Colina.

Com ordem para entrar na sala, os outros sete presos levaram um susto. Cem homens fardados lotavam o salão.

— Oh! — manifestou-se a assembleia composta em sua maioria por sargentos da Aeronáutica.

— Podem tirar as roupas — avisou o tenente Ailton.

Nilo diz ter ficado de short, mas houve os que foram colocados nus.

— Hoje vamos ensinar aos senhores alguns métodos de interrogatório que têm funcionado bem na missão de combate aos crimes cometidos contra o país por terroristas — disse o tenente segurando nas mãos uma vareta semelhante às usadas em salas de aula por professores.

Ao iniciar sua fala, o tenente Ailton determinou que o projetor fosse ligado. Os slides continham desenhos de tortura. As cenas deveriam ser reproduzidas ali, naquele auditório, com os jovens escolhidos para serem cobaias humanas. O cabo Mendonça, o soldado Marcolino, além dos sargentos Andrade, Oliveira, Rossoni e Rangel, foram chamados para ajudar na "exposição".

Descalço, Murilo foi colocado sobre duas latinhas abertas que feriram as solas dos seus pés. Maurício continuou a receber choques, tantos, que chegou a cair próximo à mesa reservada para oficiais. Muitos riram.

— Olha, cuidado que o cara que está levando choque às vezes finge que desmaiou. Às vezes ele faz assim com o pescoço para trás, ó, mas é mentira. Aí você dá uns choques nele para ver se ele desmaiou mesmo — orientava Ailton.

— Abre a mão aí.

Pá!

O ex-policial militar teve a palma das mãos ferida pela palmatória.

Pá!

— O que é isso, tenente? Ô sargento, não faz isso comigo, não — implorava o homem que mais tarde viu cair a unha.

O preso comum foi colocado no pau-de-arara. Acabou sendo o mais agredido do grupo.

— Ai... Ai... — gritava, diante da plateia covardemente sentada.

Nilo, por sua vez, foi obrigado a apoiar uma das pernas sobre uma cadeira. Deveria equilibrar um catálogo telefônico em cada braço enquanto era atingido por socos no estômago.

— Segura isso aí. Se deixar cair, vai levar mais porrada.

O militante tinha certeza de que jamais seria o mesmo após aquele episódio. Acuado como um animal numa caçada, ele teve confiscada a sua humanidade. Estava de novo no circo. Não naquele mágico da sua infância, mas em um no qual era exibido como uma fera por domadores sem escrúpulos.

De vez em quando, o som de risadas cortava o desconcertante silêncio que pairava no ar. As cenas de barbárie, porém, foram tão perturbadoras que, durante a sessão, um sargento não aguentou ficar na sala. Outro vomitou.

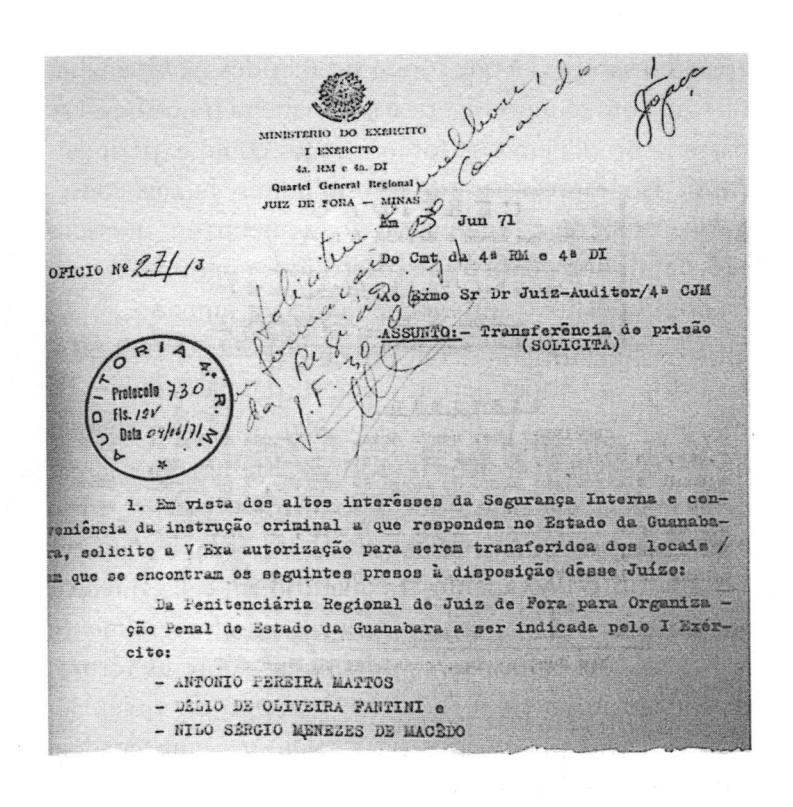

Por responderem a processo no Rio de Janeiro, militantes presos em Linhares têm a
transferência de Juiz de Fora para o estado da Guanabara solicitada

* * *

"Esconde isso. Se eles pegarem com a gente, vão dar fim."

O aviso foi dado por Ângelo aos companheiros de
militância do Colina. Havia dias, o grupo redigia, a várias
mãos, o Documento de Linhares, a primeira denúncia
que transporia os muros de uma prisão. Era fim de 1969.
Transferidos para a cadeia mineira, as cobaias humanas
da Vila Militar estavam profundamente marcadas pelo

episódio sombrio a que foram submetidos na Guanabara. Cada um tentava digerir à sua maneira o que havia se passado no dia em que foram usados como experimentos de laboratório perante cem militares. Jamais conseguiriam superar a humilhação do momento em que suas vidas e sonhos quase foram destruídos em nome de um único propósito: o aniquilamento do ser humano.

O acadêmico de medicina da UFMG, entretanto, estava disposto a não permitir que o trauma daquele dia sufocasse o dever político de revelar o que foi chamado de institucionalização da tortura. Mentor intelectual da denúncia, ele estava decidido a tornar público tudo o que se passava nos subterrâneos da ordem. Para ser preservado, o documento era mantido em celas diferentes até que suas 28 páginas tivessem sido integralmente redigidas com informações detalhadas sobre as formas de tortura impostas a cada um, por tipo de violência, efeitos físicos provocados pelos métodos empregados, locais, nomes dos agentes.

A tortura no Brasil está sendo utilizada em larga escala. Já é quase uma instituição dentro da repressão política. Tem a sua própria cultura, seus valores, seu aprendizado, sua linguagem própria (. . .) Mas como acabar com a tortura sem acabar com a própria repressão política? A tortura é hoje a sua mola principal. Os três maiores centros: Guanabara. Em todos os lugares onde se fazem inquéritos ou interrogatórios há tortura. No Cenimar, na Polícia do Exército, no DOPS. Em São Paulo, idem. No DOPS, no DEIC, na PE. Em Belo Horizonte idem. No DOPS, na Delegacia de Furtos e Roubos, no G-2 da Polícia Militar, no 12º RI etc. A tortura está nas entranhas da repressão política, é uma de suas instituições e vai além disso. A tortura é um dos baluartes da Justiça Militar, basta que seja examinado um processo político. Tudo encontra seu centro de irradiação, sua pedra de toque, no depoimento do réu. Durante o inquérito policial-militar, o Exército, os Centros de Informação e a polícia orientam-se exclusivamente pelas informações obtidas sob tortura. Procuram obter indicações das provas materiais para incriminar o próprio réu, seus companheiros ou um outro acusado político no interrogatório sob pancadas. O interrogatório do réu é a peça orientadora fundamental de todas as demais peças do processo militar. Enfim, a tortura é a manifestação e o alimento de uma violência maior que a repressão política pôs em marcha. A violência extravasa a simples fase do interrogatório do suspeito e penetra todas as etapas e procedimentos de repressão política. Basta olhar a forma como são conduzidas as diligências para as efetivações das prisões. São verdadeiros massacres (. . .)

* * *

Parte das informações do Documento de Linhares foi parar no livro *Brasil: Nunca Mais*, publicado em 1985 pela Arquidiocese de São Paulo. O depoimento que abre o relato histórico é justamente o fornecido por Ângelo Pezzuti ao Conselho de Justiça Militar de Juiz de Fora, em 1970, quando ele detalhou a aula de tortura na Polícia do Exército da Guanabara.

Apesar de todo o cuidado com a guarda do documento, os escritos acabaram sendo apreendidos pelo diretor da Penitenciária de Linhares sob a justificativa de que o material seria examinado. O manuscrito que chegou às mãos dele tinha doze signatários, entre eles, Pedro Paulo Bretas, Erwin Rezende Duarte, José Raymundo de Oliveira, Jorge Raimundo Nahas, Júlio Bittencourt, Murilo Pinto da Silva, Marco Antônio Azevedo Meyer, Maurício Paiva e o próprio Ângelo Pezzuti.

"Diretor, soube que seus presos estão escrevendo um relatório a respeito do que se passou com eles em unidades policiais. Tenho autorização do coronel Lêdo, responsável pelo quartel-general, para tirar uma cópia."

Sem questionar, o diretor entregou o original ao major Vicente Teixeira, comandante da guarda externa do presídio. O combinado era que o documento retornasse à cadeia na quarta-feira, 17 de dezembro, ao meio-dia. Isso não aconteceu. Mais tarde, descobriu-se que o coronel Lêdo não dera nenhuma ordem ao tal major.

O extravio do original não desanimou Ângelo. Um novo documento, semelhante ao anterior, foi redigido conforme avisou o acadêmico de medicina na "Carta de Minas Gerais":

(. . .) O major Teixeira desapareceu com o documento. (. . .) Por coincidência, o major Teixeira é um dos mais contumazes torturadores de Minas Gerais. Mais de uma dezena de companheiros presos aqui em Linhares, atualmente, foram torturados pessoalmente por ele. Esses companheiros também estão preparando a sua denúncia. Esta talvez seja o que o major Teixeira tenha querido fazer desaparecer, pois os signatários do documento que ele roubou (não poderia haver outra palavra para caracterizar a sua ação) sobre ele não teriam nada a relatar, uma vez que não participou dos interrogatórios dessas pessoas. De qualquer maneira, o major Teixeira deve acreditar que está prestando um serviço aos seus companheiros torturadores, procurando impedir que a denúncia sobre seus atos ilegais chegue ao conhecimento do Conselho de Defesa e do povo brasileiro. Felizmente, conseguimos reconstituir o documento (é difícil esquecer o que passamos) e faremos tudo para que chegue ao conhecimento do maior número possível de pessoas.

Linhares, 19 de dezembro de 1969.
Por todos os signatários do documento:
Ângelo Pezzuti da Silva

O estudante de medicina conseguiu o que queria. Apesar de o país ter tentado ignorar o Documento de Linhares, ele alcançou enorme repercussão fora do Brasil, principalmente nos Estados Unidos, onde foi divulgado em março de 1970, conforme apontou Elio Gaspari em seu livro *A ditadura escancarada*. Em solo nacional, os militantes de esquerda também o reproduziram em versões reduzidas.

O "Documento de Linhares", com as denúncias de tortura contra a ditadura militar, alcançou enorme repercussão fora do Brasil

Até hoje não se sabe quem foi o responsável por retirar de Linhares uma das mais enfáticas denúncias contra a arbitrariedade do regime.

Suspeita-se que tenha sido Theofredo Pinto da Silva, pai de Ângelo, o que nunca foi confirmado. Se a pessoa responsável pela saída do documento permanece no anonimato 45 anos depois, o seu gesto não. A coragem de alguém ainda sem rosto permitiu tirar da invisibilidade os anos de escuridão impostos pela ditadura. Há barbáries, porém, que nunca foram contadas e que ainda serão conhecidas.

A mulher que enfrentou o regime

Quarta-feira, seis horas da manhã, Centro de Belo Horizonte. O despertador tocou naquele 19 de novembro de 1969, acordando Ângela Pezzutis, 36 anos, para mais um dia de via-crúcis: visitar, a quase trezentos quilômetros dali, os filhos que não gestou. Mesmo sem carregá-los no ventre, sentia-se mãe de Ângelo e Murilo. Ângela dedicou parte de sua vida aos cuidados com os filhos de Carmela, sua irmã, que também havia aderido à resistência contra a ditadura. Desde que os rapazes foram presos pela primeira vez, em janeiro daquele ano, ela passou a zelar incansavelmente pela sobrevivência dos sobrinhos e da própria irmã nas diversas vezes em que ela esteve presa. Não fosse sua luta na localização e na vigilância dos parentes no cárcere, eles certamente teriam sucumbido a toda a violência a que foram expostos.

A coragem das mães dos presos políticos foi fundamental para impedir o assassinato de muitos deles.

Aos poucos, Ângela foi tomando consciência da importância de seu papel no combate às torturas e violações cometidas em nome da ordem. Não poderia se dar ao luxo de sentir medo. Embora não fizesse parte do movimento político contra o regime, se viu obrigada a lutar. Precisava resistir a seu modo. Com 1,50 metro de altura, a chefe de importação da administração da Universidade Federal de Minas Gerais (UFMG) foi uma gigante na mobilização das famílias que tiveram filhos desaparecidos e mortos sob a guarda do Estado.

No nono andar do apartamento de quatro quartos da rua Goitacazes, Ângela bebericou café adoçado e comeu um pedaço de pão com manteiga. Em seguida, vestiu a velha calça jeans, pegando no armário a blusa de lã que sempre a acompanhava nas longas viagens de Kombi a Juiz de Fora. Antes de partir, passou na cozinha. A empregada, Ana Luiza, que veio do oeste de Minas, preparava os famosos pães de queijo, uma das delícias mais esperadas pelos presos da Penitenciária de Linhares. Ângela também carregava na bagagem os biscoitos vindos direto da cidade mineira onde primeiro se avista o Sol, a Araxá da infância de Ângelo e Murilo.

Naquele dia, a viagem seria diferente, pois Carmela, que havia tido sua prisão relaxada, também participaria da visita a Linhares. Ângela estava eufórica com a ida da irmã e contava as horas para ver a cara de alegria dos rapazes ao se encontrarem com a mãe depois de tantos meses separados. O ponto de partida em Belo Horizonte era a rua Goitacazes, onde a Kombi que as levaria ao interior de Minas estava estacionada. Além delas, outros nove parentes de presos políticos embarcaram no veículo cujas despesas eram divididas entre todos, uma forma de baratear os altos custos do deslocamento.

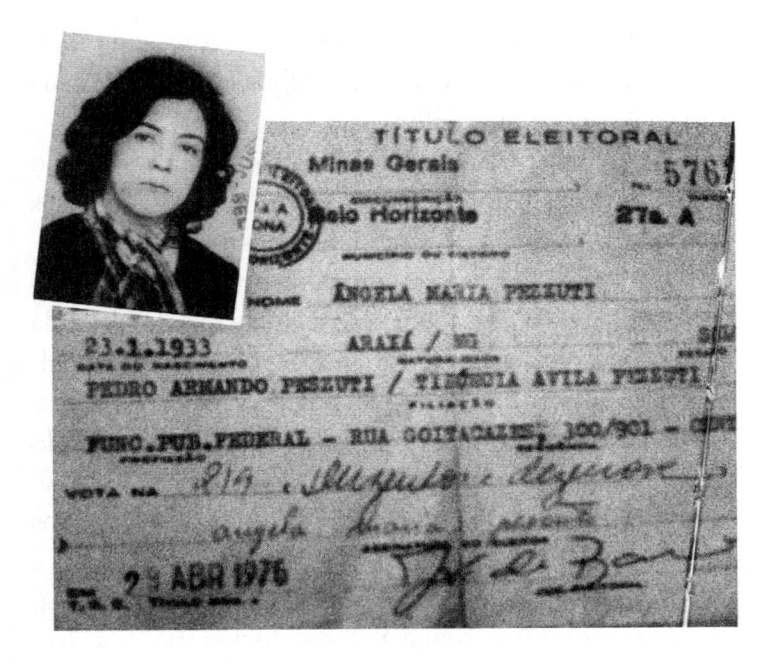

Ângela Pezzuti teve dois sobrinhos e a irmã presos pelo regime militar

Passava do meio-dia quando o comboio chegou a Juiz de Fora. Primeiro, as duas irmãs foram ao 39, restaurante do seu Manoel, pai de Rogério de Campos. Depois de almoçarem, compraram produtos de higiene pessoal em um mercado e se apresentaram no quartel-general para cumprir a parte burocrática exigida para a visita em Linhares. Quando, finalmente, elas se aproximaram da penitenciária, Ângela foi surpreendida por uma revelação:

— Minha irmã, vou embora.

— Como? — perguntou Ângela, surpresa.

— Vou fugir depois de ver os meninos. Não vou ficar esperando para ser presa pela quarta vez.

— Mas, Carmela, você vai deixar seus filhos presos em Linhares?

— Ângela, cada um tem uma missão na vida. Sou uma revolucionária. Deixo meus filhos com você. A sua missão é com os meus filhos.

— Carmela, não faça isso! Está todo mundo caindo como banana madura em penca. Eu não dou um mês para que você esteja pendurada em um pau-de-arara.

Ângela ficou arrasada. Cruzou o portão de Linhares com um peso no coração. Presenciaria a última visita da irmã a Ângelo, 23 anos, e Murilo, 22. Quando os três finalmente se reencontraram houve grande emoção. A tia, que assistia à cena, estava muito pesarosa. Afastou-se quando Carmela deu a notícia aos filhos no pátio da cadeia. Mãe e tia ficaram olhando os rapazes retornarem cabisbaixos para as celas.

— É a última vez que os verei — sussurrou Carmela.

Naquela mesma semana, a revolucionária, que frequentou na capital mineira sua primeira reunião clandestina no apartamento de Dilma Rousseff e Cláudio Galeno de Magalhães, desapareceu.

* * *

Antes de tudo aquilo acontecer, a filha mais nova do cirurgião Pietro Pezzuti levava uma vida tranquila em Belo Horizonte. Em 1964, ela havia se mudado de mala e cuia para a capital, deixando a Araxá de seus pais e um namorado italiano, para caminhar com as próprias pernas. O emblemático ano do golpe militar foi justamente o da troca de cidade, por que não dizer, o começo de um novo tempo. Ângela entrou provisoriamente para o escritório técnico da UFMG no lugar de uma funcionária que tiraria licença por dois anos. Acabou ficando outros 24 anos.

Os dias corriam lentos até que tudo começou a mudar em 1967, quando os sobrinhos se engajaram no movimento estudantil. Ângelo já era aluno da Escola de Medicina da UFMG. Separada do marido infiel, a irmã dela, Carmela, iniciou um período de quebra de tabus. Foi trabalhar como secretária do governador Israel Pinheiro, amigo de seu pai italiano, cujo mandato encerrou-se em 1971. Influenciada pelos filhos, conheceu os escritos de Karl Marx e Régis Debray, ingressando no Comando de Libertação Nacional (Colina), o grupo de guerrilha urbana que tinha em Ângelo, seu filho mais velho, uma das principais lideranças.

Ângela, a tia devotada, desconhecia a dimensão do envolvimento deles no movimento de resistência. Assistia a tudo sem maiores preocupações. Afinal, que mal havia em discutir ideias? Ela mesma era contra a ditadura e chegou a participar de passeatas em apoio ao grupo.

— Tia Ângela, você teria muita utilidade em nossa organização — brincava Ângelo.

— Eu? Quando tiver uma organização séria, mesmo, aí eu entro — respondia a tia, sem saber que nesse período os sobrinhos já estavam expropriando bancos.

Até que, no início de 1969, a ficha dela caiu. Ângelo estava sumido havia dias. A namorada dele, Letusa, havia combinado de encontrá-lo em um ponto às onze horas do dia 15 de janeiro, mas ele não apareceu. Havia sido preso na madrugada logo após o assalto aos bancos de Sabará. Ângela ainda não sabia, porém percebeu que a coisa era mais séria do que imaginava. Iniciou, ali, a busca pelo paradeiro do sobrinho mais velho. Carmela, que trabalhava no Palácio da Liberdade, foi até o governador. Israel Pinheiro telefonou pessoalmente para o secretário de Segurança, Joaquim Ferreira da Silva.

— Ô Joaquim, cuidado com esse rapaz. Ele é neto de um grande amigo meu — disse o governador.

As irmãs Pezzuti com os pais antes da perseguição da ditadura a Carmela e Ângela

— Ahn? Sei…. Ele está aí? Está bem — continuou Israel Pinheiro, quase monossilábico.

Ao colocar o telefone no gancho, o governador mineiro olhou para Carmela e ironizou:

— Quem diria, hein? O avô fascista e o neto comunista — comentou, sem dar pista sobre o paradeiro do rapaz.

Disse apenas que Ângelo estava bem, porém, não havia meios de visitá-lo naquele momento.

Duas semanas angustiantes se passaram até que Ângela ligou para o telefone do palácio:

— Carmela, e aí? Alguma notícia de Ângelo?

— Minha irmã, estou precisando demais de você. Venha pra cá agora.

— O que foi?

— Vem agora!

Ângela pegou um táxi e dirigiu-se para o endereço oficial.

— O Toninho me avisou que o Murilo foi preso com outros companheiros em um tiroteio no bairro São Geraldo. Um dos rapazes ficou ferido e dois policiais foram mortos — disse ela, referindo-se a Antônio Carlos Drumond, secretário particular de Israel Pinheiro e conterrâneo das irmãs Pezzuti.

Naquele momento, Carmela foi orientada a deixar Belo Horizonte. Com o apartamento da rua Alagoas visado, ela havia saído do imóvel e alugado uma casa em um bairro distante. Ângela estava com ela quando ouviu chamarem à porta.

— Carmela Pezzuti? — perguntou o policial do Dops.

— Não. Sou a irmã dela.

— A dona Carmela está presa.

— Presa por quê? Só porque o filho dela foi preso, ela vai ser presa também?

— E como a senhora sabe que o filho dela foi preso?

— O governador mandou avisar.

— Onde está a dona Carmela? — inquiriu o homem impaciente.

— Sou eu — respondeu Carmela abrindo a porta no corredor.

— A senhora está presa! Eu a aconselho a levar algumas roupas, porque vai demorar a voltar.

Aflita, Ângela ajudou Carmela a arrumar uma pequena mala. Acompanhou a irmã até a porta da casa e ainda viu quando ela sentou-se no banco da frente da viatura policial, onde três policiais estavam armados com metralhadoras.

— Para onde vocês vão levá-la? — gritou Ângela enquanto o carro arrancava.

— Ela vai para a penitenciária de mulheres — disse um dos policiais.

Ângela estava atordoada. Com Carmela presa e os dois sobrinhos em local ignorado, ela não sabia nem por onde começar a procurar. Foi quando iniciou sua peregrinação pelo Dops e pela Penitenciária Feminina do Horto. Trinta dias depois, ela conseguiu ver a irmã, por trás das grades, no jardim.

Nesse período, a funcionária da UFMG continuava a busca pelos sobrinhos. Um dia, chegou à Penitenciária Feminina do Horto e descobriu que Carmela não estava mais lá. Telefonou, então, para o secretário de Segurança.

— Quer saber de uma coisa? Não tenho mais nada a ver com isso. O caso da sua irmã foi entregue ao Exército, para o coronel Medeiros — respondeu Joaquim, asperamente, desligando o telefone.

Ângela não desistiu. Enquanto procurava uma maneira de estar com o tal coronel Medeiros, ela providenciava a venda da mobília de Carmela. A casa era alugada, e as despesas corriam à revelia da inquilina. Era preciso entregar as chaves em tempo recorde e se desfazer dos móveis de madeira maciça, vendidos a preço de banana para pagar a multa por rompimento do contrato.

O carnaval de 1969 havia chegado sem notícias dos três presos. Após o recesso do feriado, Ângela recebeu uma carta enviada clandestinamente pelo sobrinho Ângelo com a ajuda da médica Maria Tofani de Gontijo, diretora do Centro de Saúde Carlos Chagas, que recebeu a comunicação das mãos de um preso comum.

Tia Ângela, nós estamos presos na Penitenciária Magalhães Pinto. Estamos incomunicáveis aqui. Soube que minha mãe foi presa. Ser preso nessa época não é motivo de vergonha, mas de orgulho. O Murilo está aqui. Junto dessa carta há uma para a família do Erwin pra você entregar. Se puder, mande remédios.

Ângelo

A tia suspirou aliviada. Apertou a carta junto ao peito e disse em voz alta: "Graças a Deus. Eles estão vivos."

Alguns dias depois, Ângela estava no oitavo andar do prédio da reitoria da UFMG, quando um homem bateu na porta da seção de compras. Pensando tratar-se de um vendedor, disse para entrar.

— O coronel Medeiros quer falar com você.

— Hein? — respondeu ela, assustada. — Quando?

— Agora.

— Agora? Espere um momento que eu vou passar o serviço para um colega.

Ângela afastou-se da sala e deu um jeito de avisar ao colega de trabalho:

— Crispim — disse, baixinho —, o Dops está aqui atrás de mim. O coronel Medeiros quer falar comigo. Se eu não estiver em frente à telefônica até as oito horas da noite é porque fui presa. Você avisa ao meu irmão?

Ela e o policial deixaram o prédio sob olhares curiosos. Os dois entraram em uma viatura da polícia debaixo de uma forte chuva. Eram duas horas da tarde, quando Ângela chegou ao Centro de Preparação de Oficiais da Reserva (Cpor).

Levada para uma sala, foi colocada de frente para um tenente.

— A senhora tem notícias de sua irmã?

— Poucas.

— E de seus sobrinhos?

— Não.

Ele seguiu fazendo perguntas. Ângela se deu conta de que estava em um interrogatório. Continuou negando tudo até que a porta foi aberta. Um oficial trajado de verde, usando botas, entrou na sala. Para Ângela, o homem tinha uns dois metros. Com postura imponente, o militar sentou-se em frente à cadeira da interrogada e quebrou o silêncio.

— Dona Ângela, a senhora tem notícias dos seus sobrinhos?

— O senhor deve ser o coronel Medeiros.

— Como sabe?

— O rapaz aí falou que o coronel Medeiros queria falar comigo. Então, eu suponho que seja o senhor — disse ela, ficando cara a cara com o temido Octávio Aguiar de Medeiros, que viria a chefiar o Serviço Nacional de Informações no fim da década de 1970.

Então prosseguiu:

— O secretário de Segurança me disse que não tinha mais nada a ver com a prisão da minha irmã e que o processo lhe havia sido entregue. Eu já estava procurando meios de me encontrar com o senhor.

— E você tem notícias dela depois de presa?

— A notícia que o Dops me deu é que Carmela estava na Penitenciária Feminina. Eu levava frutas, roupas, porém, de umas semanas para cá, não estou mais avistando ela naquela casa que tem ao lado de um pavilhão…

— E dos seus sobrinhos, não tem notícias? — Ele a cortou.

— Não, nenhuma.

Já eram dezoito horas.

— Bom, se a senhora alega não ter notícias deles, o que me diz dessa carta aqui? — perguntou, mostrando para ela uma cópia da carta escrita por Ângelo.

— Ô coronel Medeiros, eu já li essa carta e assumo toda a responsabilidade. Ela me dá notícias sobre meus sobrinhos. Levei remédios e outras coisas para eles lá na Penitenciária Magalhães Pinto, mas não os vi.

— A senhora não precisa ter responsabilidade sobre essa carta. Apenas quero saber como a recebeu. Quando foi isso?

— Trabalho no escritório de arquitetura do meu irmão de manhã. Quando estava de saída, na Tupinambás, um homem me entregou no meio da rua.

— Assim, no meio da rua?

— Com certeza, o meu sobrinho falou com ele que eu trabalhava naquele prédio — disse, mentindo para preservar a médica que havia sido portadora da carta.

— A senhora está escondendo alguém?

— Não.

— Alguém que morou em Araxá por muito tempo... — insistia o oficial. — Para ser mais claro, a senhora está escondendo a doutora Maria Tofani de Gontijo — disse, sem contar para Ângela que a médica já havia sido interrogada um dia antes.

— Coronel, se o senhor já está sabendo de tudo, por que está perdendo esse tempo todo comigo? Eu vim para cá às duas horas da tarde. Já está de noite.

— Porque eu queria saber como tudo aconteceu — respondeu. — Além do mais, o interrogatório vai continuar porque a senhora é agora nossa suspeita. — E dirigindo-se ao tenente, ordenou:

— Leve a dona Ângela para lavar o rosto, vamos continuar.

Cerca de uma hora depois, o interrogatório prosseguiu. Várias fotos foram mostradas para Ângela.

— Conhece esse rapaz?

— Não.

— Mas a senhora disse que conhecia o Jorge Nahas.

— O conheço de nome, mas não sabia que esse aí era ele.

Outras fotos de estudantes de medicina foram apresentadas a ela. Passava das 22 horas quando Medeiros colocou fim à sessão de perguntas. O interrogatório, no entanto, continuaria no dia seguinte.

— A senhora vai ficar confinada em Belo Horizonte. Só pode viajar com minha autorização. Não pode mudar de endereço sem me informar e deverá se apresentar no Cpor ao menos três vezes por semana.

Assim foi feito. Na semana seguinte, Ângela descobriu, por meio de um amigo político, que Carmela ainda estava na Penitenciária Feminina. Como foi mantida na solitária, ela não podia ser avistada pela irmã, o que deu a Ângela a impressão de que havia sido levada de lá. Os sobrinhos estavam na Colônia Penal Magalhães Pinto. Sua rotina ficou assim: segundas, quartas e sextas, ela se apresentava no Cpor. No domingo, viajava para a Colônia Penal, após informar ao coronel que viajaria para levar mantimentos aos familiares, mesmo eles estando incomunicáveis.

— O Murilo está precisando de algo? — perguntava a tia ao oficial do dia.

Ele sempre respondia que não.

— Mas ele nunca pede nada — comentava Ângela, preocupada. — E o Ângelo, ele está precisando de alguma coisa?

— Lençol, travesseiro, sabonete, livro, cigarro — respondia o oficial, estendendo-lhe uma lista enorme escrita pelo outro sobrinho.

Com o tempo, ela passou a mobilizar os parentes dos presos políticos, sendo também a portadora de produtos enviados por familiares que não podiam arcar com a despesa das viagens. Sem espaço para si mesma, Ângela, que já havia desmanchado um noivado, selou ali o destino de passar uma vida inteira sozinha.

Um dia, em meio à peregrinação, todos sumiram de novo. Como já havia anunciado, Carmela fugiu para tentar evitar a quarta prisão e desapareceu. Os filhos dela foram transferidos para a Vila Militar, no Rio, onde Ângela levou muito tempo para conseguir entrar. Partia de Belo Horizonte nas noites de sexta, amanhecia no Rio aos sábados e seguia da rodoviária, de táxi, até Realengo, outra viagem. Ao chegar lá, era surpreendida.

— Infelizmente, seus sobrinhos não estão aqui, mas em diligência — avisou um soldado.

— Mas eu tenho autorização do coronel Ari Pereira de Carvalho para vê-los. Viajei muito — insistiu.

Durante três semanas, Ângela obteve as mesmas respostas evasivas.

— Não estão aqui e não sabemos quando vão voltar.

Um dia ela permaneceu à porta do quartel esperando as mães saírem.

— Os mineiros estão aqui, eles estão aqui — contou uma das mulheres.

Ângela teve então a certeza de que o Exército estava escondendo os membros do Colina de suas famílias.

Num fim de semana em que foi acompanhada por Gaspar, um antigo namorado, ela continuou impedida de entrar. Estava à porta, quando ouviu uma gritaria lá dentro. "Gaspar, está acontecendo alguma coisa."

O portão do quartel foi aberto e um caminhão saiu em alta velocidade com um homem seminu que aparentava estar desmaiado. Ângela entrou em desespero. Saiu para a rua e chamou o primeiro menino que passou.

— Ei, escuta. Você sabe onde mora o coronel Ari?

— Sei, sim. Ele é pai de um colega meu lá da escola.

— Você pode me levar lá? — perguntou Ângela, aflita.

— Posso, dona. É aqui pertinho.

— Então entra no táxi — convidou Ângela.

Após alguns minutos, eles estavam na entrada da vila onde residiam os oficiais. O menino apontou a casa do coronel, que estava fechada. Ângela anotou o endereço. Voltaria no dia seguinte, um domingo. Após almoçar com Gaspar, ela avisou que iria retornar ao endereço do comandante.

— Ângela, não faça isso. Aquele cachorro que a gente viu lá vai te estraçalhar. Deixa de ser doida. Esse coronel vai te matar.

— Eu vou de qualquer jeito, Gaspar. Já combinei com o motorista de táxi. Aquele rapaz desmaiado pode ser um dos meus sobrinhos.

— Ângela, desculpe, mas dessa vez eu não vou com você — disse Gaspar.

— Eu te dou toda a razão. Você já me acompanhou demais sem ter nada a ver com isso. Só tenho a lhe agradecer.

Os dois se despediram, e ela seguiu em frente para a casa do homem que assinava a autorização para as visitas na Vila Militar: coronel Ari Pereira de Carvalho. O motorista de táxi desligou o carro em frente ao endereço do oficial. Ângela saltou e foi até o portão. De longe, avistou um homem de calção lavando o carro com uma mangueira. Mesmo sem farda, ela o reconheceu. Quando o militar viu a mulher na frente da casa, levou um susto.

— O que você está fazendo aqui? — perguntou, constrangido pelo fato de estar sem camisa e sem o uniforme que o tornava mais poderoso que os outros mortais.

— Coronel, eu vim aqui….

— Houve problema com o Ângelo, não é? — Ele a interrompeu.

— Eu acho que teve problema é com todo mundo. O senhor me dá autorização para ver os meninos, mas, na hora que chego lá, falam que eles não estão. Então, se teve problema com o Ângelo, não deve ter tido com o Murilo. Me deixa ver pelo menos um dos meus sobrinhos.

— Não tem condições agora.

— Mas, coronel... Hoje é domingo, e volto à noite para Belo Horizonte. Se o senhor me deixar vê-los, eu fico aqui.

— Vamos fazer o seguinte: você não pode vê-los agora. Volte para Belo Horizonte, vai receber um aviso meu lá. Se a visita for autorizada, vai receber um telegrama.

O telegrama chegou no meio da semana na capital mineira conforme o prometido. De novo, Ângela passou a madrugada de sábado na estrada. Desembarcou no Rio às seis horas da manhã. Da rodoviária, seguiu direto para a Vila Militar. Eram sete horas, quando ela se apresentou no local marcado.

— Bom dia, quero conversar com o coronel Ari.

— Ele não está.

— Olha, meu nome é Ângela Pezzuti, recebi um telegrama dele. É ele quem quer falar comigo.

Minutos depois, mandaram-na entrar na área militar.

— Ângela, estou em falta com você. Autorizei sua vinda, mas não será possível a visita. Vou contar o que aconteceu: o Ângelo tentou uma fuga. Ele estava sendo interrogado em uma sala como esta aqui. De repente, o teu sobrinho pulou em cima da mesa e se jogou da janela. Ficou preso entre os vidros e foi levado para o hospital.

— Coronel, o Ângelo tentou uma fuga aqui? — questionou Ângela, incrédula. — Mais uma razão para o senhor me deixar vê-lo, pois ele deve estar muito perturbado da cabeça. Qualquer pessoa normal sabe que, pulando dessa janela, vai cair no pátio do quartel. E no pátio está cheio de guarda de metralhadora. Então, o Ângelo deve estar atrapalhado da cabeça.

Embora Ângela não tivesse acreditado na versão dada pelo coronel, ela jamais poderia supor que o sobrinho havia se jogado da janela para fugir da tortura a que estava sendo submetido na sala de interrogatório, um dos casos mais brutais da violência fardada do período.

— Está bem. Como a visita é só às duas horas da tarde, eu a convido para almoçar comigo e esperar até lá.

— Coronel, agradeço muito. Mas se o senhor acha que está em falta comigo, eu gostaria de ver meus sobrinhos agora.

Vencido diante da insistência daquela mulher, ele sentiu-se moralmente pressionado a permitir o encontro.

— Você espere aí.

Ângela não sabe quanto tempo esperou, mas, quando a porta foi aberta, teve um choque. Ângelo e Murilo estavam imundos e cadavéricos. Pareciam ter saído de um campo de concentração.

— O que houve, meu Deus? — perguntou para os sobrinhos, emendando. — Não trouxe nada para vocês porque vim direto da rodoviária. Mas tenho uma maçã aqui, querem?

Os dois avançaram, famintos, sobre a fruta. Sem acreditar no que via, Ângela procurou mais alguma coisa na bolsa. Encontrou duas barras de chocolate que eles enfiaram inteiras na boca. Uma cena pavorosa. Ao acender um cigarro, Murilo começou a ter ânsias de vômito. Foi levado para o banheiro pelo militar que fazia a escolta.

— Ângelo, meu filho, o que está acontecendo aqui?

— Tia Ângela, nós não estamos mais aguentando este lugar. É tortura dia e noite. A gente não dorme. Eles não dão comida pra nós.

— Vou voltar para Belo Horizonte e colocar a boca no mundo.

— Não faça isso, tia! Eles vão descontar na gente!

— Mas o que eu posso fazer por vocês?

— Venha nos ver, tia!

Carmela Pezzuti com os filhos, Murilo e Ângelo,
foto cedida por Ângela Pezzuti

173

O guarda voltou com Murilo. Ela se despediu dos sobrinhos. Já em Belo Horizonte, reuniu os familiares dos presos políticos e convocou todos eles a voltarem ao Rio. Precisavam fazer vigília. Antes de retornar à Vila Militar, viajou para Juiz de Fora. Por telefone, falou com seu advogado, José Roberto Machado.

— Como foi no Rio, Ângela?

— Eles vão morrer lá — disse, desesperada, ao defensor.

— Vou levar o assunto ao juiz auditor.

— Não. Marque uma entrevista minha com ele.

O juiz Mauro Seixas Telles aceitou o encontro. Frente a frente em Juiz de Fora, os dois iniciaram a conversa.

— Doutor Mauro, vim pedir para o senhor mandar trazer os meninos pra cá para serem ouvidos no processo do Colina que corre em Minas.

— Mas eu não posso fazer isso, pois é preciso esperar o inquérito do Rio ficar pronto.

— O coronel Ari me disse que o inquérito já está concluído. Se o senhor não fizer isso, eles não sentarão na auditoria como réus, pois já terão morrido.

O juiz auditor estava sensibilizado. Deu um jeito de agilizar a transferência dos militantes do Colina para Juiz de Fora com a desculpa de que precisava ouvi-los. Como um pai, olhava para os jovens penalizado com a forma como eles vinham sendo mantidos no cárcere. Em segredo, orientava os advogados dos militantes sobre a melhor maneira de conduzir a defesa dos seus clientes, dava dicas e conselhos. A humanidade com que Mauro Seixas Telles tratava os presos políticos sensibilizava suas famílias e os próprios confinados. Sua atitude digna e complacente ajudou a salvar muitas vidas.

Em Linhares, Ângelo e Murilo escreveram um novo capítulo de sua história. Lá de dentro, denunciaram a tortura na Vila Militar. Aqui fora, Ângela e sua rede de contatos ajudaram a reverberar as vozes vindas do cárcere. Ela as fez chegar a Alfredo Buzaid, ministro da Justiça durante o governo Médici, ultrapassando as fronteiras verde-amarelas para comover os defensores dos direitos humanos pelo mundo. Foi proibida de manter as visitas aos sobrinhos em Linhares, acusada de repassar documentos clandestinos. Respondeu a processo. Não parou. Ângela conseguiu fazer com que os gritos ecoassem tão alto que ainda hoje podem ser ouvidos.

Canção da liberdade

O cadeado foi aberto na galeria feminina. Uma detenta chamou a atenção das presas políticas naquele início de junho de 1970. Duas guardas escoltavam a nova prisioneira de Linhares cujo aspecto impressionava. Quando Maria José Carvalho Nahas — a Zezé — olhou para a recém-chegada, não conseguiu disfarçar o impacto que a imagem dela lhe causou:

— Carmela, o que fizeram com você? — perguntou, abraçando-se à amiga.

A estudante de medicina estava penalizada com o estado da mulher que sempre foi reconhecida por sua beleza. Quase desfigurada, a mãe de Ângelo e Murilo manteve-se em silêncio. Capturada no Rio, um mês após sua fuga, ela foi submetida a várias sessões de espancamento em unidade da Polícia do Exército. Em uma delas, teve o dente molar superior quebrado. Ao chegar em Linhares com a roupa do corpo, parecia estar em choque. A exuberância de sua personalidade e o permanente brilho nos olhos haviam desaparecido. Era uma morta-viva. Estava suja, alquebrada, aparentando bem mais do que os seus 44 anos.

Naquela noite, os presos políticos cantaram para homenageá-la. E a galeria feminina respondeu com música, como fazia em todos os fins de tarde. Era assim que homens e mulheres se comunicavam em Linhares. Nem os guardas da penitenciária ousavam interromper o momento mais bonito na cadeia. No livro *Companheira Carmela*, o militante Maurício Paiva lembra que os filhos da guerrilheira puxaram o hino de Dolores Duran para que a mãe fosse informada de que eles sabiam de sua chegada ao presídio.

Hoje eu quero a rosa mais linda que houver
E a primeira estrela que vier,
para enfeitar a noite do meu bem

Emocionada, Carmela fechou os olhos, deixando escapar uma lágrima. As vozes das galerias masculinas uniram-se em uma só. Naquele momento, eram todos filhos de Carmela. O amor de Murilo e Ângelo ajudaria a restaurar a coragem da mãe. Carmela não se deixaria destruir.

Instituída espontaneamente em Linhares, a hora da cantoria tinha exatamente a função de levantar os ânimos. Longe de casa, da família e até de seus amores, os presos políticos recorriam à música para expressar sentimentos. Cantavam a dor, o amor, a saudade. Também para receber os novos companheiros que chegavam ao cárcere ou para se despedir deles. Cantavam para convencer a si mesmos de que estavam vivos. E ainda para protestar e resistir, mas principalmente para sentirem-se livres.

Caminhando e cantando
E seguindo a canção
Somos todos iguais
Braços dados ou não

Elas continuavam o coro:

Vem, vamos embora
Que esperar não é saber
Quem sabe faz a hora
Não espera acontecer

— Eles cantavam de cá e elas respondiam de lá. Era bonito — relembra Antônio Rodrigues da Silva, conhecido como Toinzinho, nomeado guarda da penitenciária em 1966. Aposentou-se lá, em 1997, após 31 anos de serviço.

Para brincar com as companheiras que não podiam ver, presas um andar abaixo deles, os homens adaptavam letras de músicas conhecidas. Zezé era um dos alvos preferidos dos marmanjos.

O que que você foi fazer no mato, Maria Chiquinha?

Sob risos, elas continuavam:

Eu precisava cortar lenha, Genaro, meu bem.

Eles, então, engrossavam a voz:

Quem é que tava lá com você, Maria Chiquinha?

Elas se divertiam.

Ao final da canção, os presos políticos substituíam o nome Maria Chiquinha pelo de Maria José e encerravam com um boa-noite coletivo. Era assim que os presos políticos aqueciam as noites geladas da cadeia mineira e enfrentavam os próprios fantasmas.

Zezé conheceu muitos deles quando foi presa, em Belo Horizonte, no aparelho do bairro São Geraldo. Primeiro foi mantida na surda da Penitenciária Feminina do Horto, na capital mineira, logo após cair, no início de 1969. Levada para a solitária, ela não conseguia ouvir qualquer barulho externo devido às três portas de aço que a separavam do resto do mundo. Foram cinco meses de silêncio quase enlouquecedor. A surda é considerada uma das piores torturas impostas aos prisioneiros. É Carmela quem a descreve como uma de suas piores experiências:

> No silêncio absoluto da masmorra, um silêncio cheio de imagens estranhas, percebi o ruído de um ferrolho que se fechava. Voltei ao espanto, ao claustro, à solidão, nada mais. A pergunta sem resposta me levava à intuição de que aí ao lado alguém tivesse entrado naquele cubículo em completa escuridão. Assim se passaram vários dias sem que um sinal mais preciso pudesse me orientar. Quem lá estaria? Soube depois pela carcereira que a companheira Maria José Nahas tinha sido empurrada para aquele inferno. Surda era chamado aquele cubículo onde os ruídos eram somente de ratos e baratas, envolvido por teias de aranha que levemente teciam suas vidas. O espaço da surda era de um metro a 1,80m, onde a prisioneira, para sobreviver, teria que estar sempre em posição horizontal, numa cama de cimento tendo no fundo uma fossa (. . .). O espaço não permitia à prisioneira se levantar, pois a escuridão era quase total, quebrada apenas por uma tenra luz através de uma claraboia, onde se podia visualizar apenas uma nesga no céu. O horror se apossava da prisioneira.

A descrição de Carmela é semelhante à de muitos presos que consideram a surda uma experiência "pavorosa".

Apesar de não terem se visto na Penitenciária Feminina do Horto, Zezé e Carmela iniciaram uma amizade baseada em admiração, pois ambas sabiam o que era enfrentar o terror do isolamento. Quando a mais velha chegou em farrapos a Linhares, a estudante de medicina tratou de arrumar roupas para ela. Entregara a Carmela o vestido azul de malha que ainda não havia usado, por achar que não se parecia com ela. A peça, porém, caiu como uma luva na recém-chegada. Foi com o vestido azul que a prisioneira deixou o cárcere para ser ouvida na auditoria militar. Zezé, no entanto, achou que Carmela estava muito bonita, o que não condizia com a tortura a que foi submetida uma semana antes de chegar à penitenciária mineira. Por isso, tratou de piorar a aparência da amiga, aumentando suas olheiras com cinzas de cigarro.

— Gente, eu já estou sem dente. Não preciso ficar pior do que isso — disse, rindo, a mulher que, ainda ferida em sua autoestima, não abria mão de estar apresentável na audiência da qual participaria.

Mesmo destruída física e emocionalmente, Carmela chegou altiva ao prédio da auditoria militar, chamando atenção por sua beleza pálida.

Tratadas como duas das guerrilheiras mais perigosas do período, Zezé e Carmela foram transferidas em outubro de 1969 para o interior mineiro sob forte escolta policial. Um impressionante aparato de segurança foi montado na rodovia que dá acesso a Juiz de Fora. Homens posicionados com metralhadoras em meio a barricadas de proteção podiam ser vistos em muitos trechos.

No ônibus em que foram colocadas, havia policiais e cachorros adestrados de vigia. Um helicóptero sobrevoava o comboio durante a viagem, um verdadeiro show montado para convencer a sociedade do perigo comunista. Em Juiz de Fora, Carmela foi transferida para um batalhão do Exército, de onde saiu em liberdade condicional. Mais tarde, fugiu para o Rio, sendo capturada em seguida.

Já Zezé deu entrada em Linhares em 10 de outubro daquele ano. Na chegada à penitenciária, conheceu a saudação dos prisioneiros feita através de hinos revolucionários. Além da música, tornou-se hábito a realização de uma chamada diária em homenagem aos ausentes, uma maneira de reforçar o espírito de luta. Cada companheiro morto ou desaparecido tinha o nome acrescentado à lista, sempre puxada por um preso político.

"João Lucas Alves", gritou de dentro da cela o preso Henrique Roberto Sobrinho, que se autointitula avulso por não pertencer a nenhuma organização.

"Presente", responderam os outros, em coro, num ato simbólico de reverência aos militantes cujas vozes foram caladas no submundo da força.

Morto na Delegacia de Furtos e Roubos, em Belo Horizonte, em março de 1969, o ex-sargento João Lucas Alves foi seviciado por mais de noventa dias. Oito meses antes de seu falso suicídio ter sido anunciado, o membro do Colina integrou um plano de justiçamento contra o capitão do Exército boliviano Gary Prado, que fazia o curso de estado-maior, na Praia Vermelha, no Rio. O oficial teria participado da execução, na Bolívia, de Che Guevara. No lugar de Prado, porém, foi morto o major do Exército alemão Edward Ernest Tito Otto Maximilian von Westernhagen, na Gávea. A esquerda brasileira começava a enveredar por caminhos tortuosos. Ações como essa acabaram fortalecendo a ditadura.

Embora a polícia ainda não soubesse da participação de João Lucas Alves na morte do major, o preso político foi barbaramente torturado. Ao ser transferido para o cárcere mineiro, ele teve os olhos vazados — dizem que a lesão teria sido provocada por um maçarico —, os ossos quebrados, as unhas arrancadas, além de queimaduras generalizadas pelo corpo. Ignorando todas as evidências, o laudo médico atestava: asfixia por enforcamento. Iniciava-se ali um dos piores períodos nos cárceres políticos do país. A pena de morte, instituída a partir de 1969 no Brasil para a repressão dos crimes contra a segurança nacional, seria amplamente aplicada por homens sem toga.

Linhares também marcou o reencontro de Zezé, a mais nova presa da penitenciária política, com o marido, Jorge Nahas, que estava no 4º Regimento de Obuses. Quando ele finalmente foi transferido para lá, Zezé sentiu um consolo. Embora as regras carcerárias impedissem o casal de manter qualquer tipo de intimidade física, estar no mesmo lugar que o outro já era alguma coisa. Os dois se viam uma vez por semana em uma salinha vigiada sempre por soldados armados, concessão do ex-padre que dirigiu por pouquíssimo tempo a cadeia.

— Vocês também são filhos de Deus — dizia o religioso.

Jorge não deixava por menos:

— A gente acha que o senhor também é — provocava.

Zuin, esse ex-padre, não aguentou assistir ao desumano encarceramento de muitos jovens. Enquanto esteve lá, o então diretor permitia que Zezé e Jorge se sentassem um ao lado do outro. Vigiados, os dois falavam apenas de amenidades e, mesmo que desejassem muito se tocar, não poderiam. A ousadia de um beijo era algo impensado naquele lugar árido. Apesar de serem marido e mulher, eles teriam que se comportar como dois estranhos.

Zezé e Jorge se conheceram na Escola de Medicina da UFMG e se casaram em meio à militância política. O dinheiro do enxoval dela foi gasto na compra de armamento para o Colina, incluindo a aquisição de três metralhadoras Thompson que seriam usadas nas ações da organização.

Mesmo sem lençóis e toalhas de banho para começar a vida em comum, a união, em 1968, foi comemorada. Irreverente, Jorge bolou o "convite" de casamento:

Considerando a incompatibilidade dos gênios; que a união faz a força e que neste mundo nada deve se perder e tudo se transformar, participam do seu casamento, a se realizar breve e legalmente. Que para evitar aos possíveis convidados os transtornos da cerimônia, para evitar à cerimônia o transtorno dos convidados e para evitar os nubentes os transtornos de convidar à cerimônia, não haverá convidados nem cerimônia. Que não participarão pelas razões supracitadas: nem local, nem hora, nem dia. Só estando presente o poder civil, possivelmente o militar e o poder familiar. Nada mais tendo a tratar, despedimo-nos.

Avessa à convenções, a noiva de 23 anos se casou de vestido de *laise* na cor lilás. Apenas o poder familiar testemunhou a "festa" de casamento organizada no apartamento da Afonso Pena que Zezé recebeu de herança do pai médico. Morador de Muriaé, ele montou sua clínica na cidade mineira após a formatura na Faculdade de Medicina do Rio, em 1916. No interior de Minas, Evaristo Ernesto Pereira de Carvalho mantinha a casa sempre aberta ao povo. Muitos pacientes eram filhos dos funcionários da fazenda da família. Bem-nascida, a filha do médico — que engessava braço quebrado, curava machucado e salvava menino desnutrido — foi criada vendo a casa amarela da praça Coronel Pacheco de Medeiros cheia de estropiados. Cresceu assistindo de perto a toda a desigualdade que arranca do pobre a oportunidade e perpetua o ciclo da exclusão. Admirava a medicina social do pai e sonhava em ser como ele um dia. Quando Evaristo morreu de câncer, um ano antes do casamento de Zezé, um mar de gente foi para a rua acompanhar o cortejo mais lotado que procissão em sexta-feira Santa.

Jorge Nahas e Maria José se casaram em 1968 e, militantes contra a ditadura, estiveram presos em Linhares em 1969. No detalhe, o calendário de Zezé com data de compromissos que ela não pôde cumprir por causa de sua prisão

A filha do doutor tinha graça, era disputada. Mas não queria ser apenas uma bonequinha de luxo, embora se vestisse como uma. Foi influenciada por toda a ebulição que marcara os anos 1960, quando o planeta se mobilizava em prol de mudanças como as pregadas pelo líder congolês Patrice Émery Lumumba, cuja participação foi decisiva na libertação do Congo do imperialismo europeu. O assassinato de Lumumba, em 1961, marcou o início de uma década de luta contra o silenciamento das minorias. Na Argélia, a guerra de libertação nacional contra a colonização francesa resultou na proclamação da independência daquele país em 1962. Já os Estados Unidos fizeram história através do movimento pelos direitos civis dos negros que se alastrava pelo país. A Marcha sobre Washington, em 1963, transformou o sonho de liberdade de um único homem no ideal de milhares de pessoas. Em seu lendário discurso, Martin Luther King Jr. anunciava: "I have a dream". Nasciam também os Panteras Negras, que defendiam a resistência armada contra a opressão. Ser negro era *beautiful*. A Guerra do Vietnã podia ser acompanhada diariamente pelos jornais. Em 1966, cresciam os focos guerrilheiros na América Latina, fortemente influenciados por Cuba. O Maio de 1968 e sua onda de protestos estudantis por reformas no setor educacional em Paris sacudiram a Europa com uma greve geral que paralisou mais de 9 milhões de pessoas. No Brasil, o país estava mergulhado em uma ditadura militar desde 1964. Os movimentos estudantis, frente ao recrudescimento da força, pediam transformações sociais.

Zezé não queria assistir à história da resistência de camarote. Estava decidida a fazer parte dela. Colocou-se à disposição da causa em que acreditava.

Observando a aparente fragilidade de Zezé, em Linhares, um guarda novato comentou com o veterano Jorge Veiga:

— Tenho uma pena dessas meninas presas aqui. Elas devem estar assustadas.

— Assustadas? Essas mulheres têm mais coragem que os homens — respondeu Veiga, 37, funcionário que trabalhou lá entre 1965 e 1998, época em que se aposentou na função de chefe de disciplina.

Um dia, a corajosa Zezé teve um encontro inusitado na cadeia.

— Um preso comum que falou que te conhece desde a infância. Conhece seu pai e tudo — disse uma guarda.

— Tem certeza? — questionou a presa política.

A guarda, então, combinou de facilitar o encontro deles, o que aconteceria quando Zezé fosse ao pátio esticar, em um dos varais improvisados, um lençol que acabara de lavar. O homem saiu de trás de uma roupa de cama que já estava secando. Assim, entre os tecidos, ninguém os veria da guarita.

— Olá. Eu me lembro muito de você sentada naquela varanda da casa do seu pai em Muriaé. Já falei com esse pessoal aqui que você é de uma família distinta e não está envolvida nessa bagunça política. Apenas foi usada por esses baderneiros, já que meninas como você não se metem nessas coisas.

A jovem sorriu pensando em quanto aquele homem estava enganado sobre ela. De nada adiantaria contra-argumentar.

— Então é o senhor que foi capanga do deputado Tenório Cavalcanti? — perguntou Zezé, lembrando-se da fama de pistoleiro do político para quem aquele preso comum dizia ter trabalhado.

Tenório era considerado o Rei da Baixada Fluminense. A história do deputado, cujo mandato se estendeu até os anos 1960, inspirou o filme *O homem da capa preta*, lançado em 1986. A fama do político de mandar matar os desafetos era conhecida. Ele mesmo não desgrudava de sua Lurdinha, a metralhadora que levava a tiracolo, presente do general Góis Monteiro.

Um dia, numa discussão acalorada com Antônio Carlos Magalhães (ACM), na Câmara Federal, Tenório apontou uma arma para o rival político. ACM ainda provocou dizendo ao deputado que atirasse, mas acabou molhando as calças.

"Só mato homem", respondeu Tenório, dando as costas.

Em Linhares, a conversa continuava animada entre Zezé e o ex-capanga do homem.

— Sou eu, sim. Fui capanga dele. Minha pena está quase terminando — disse o condenado por assassinato.

— Então o senhor deve atirar muito bem — comentou Zezé, dizendo a primeira coisa que lhe ocorreu na cabeça.

— Onde eu ponho o olho, eu ponho a bala — respondeu o preso, que prometeu à jovem dar notícias dela para a família assim que fosse solto.

Ao deixar o cárcere, o ex-capanga, cujo nome Zezé não recorda, cumpriu o prometido. Foi a Muriaé visitar a mãe da estudante e dizer que esteve com ela.

"Dei bons conselhos à menina", orgulhou-se o matador de aluguel na sala da família da presa política.

40 por 1

Um automóvel de passeio parou em frente ao portão de ferro de Linhares. Do porta-malas do carro foi retirada uma televisão. O aparelho foi um empréstimo da loja Bemoreira para a mãe do preso político Marco Antônio Azevedo Meyer. Maria Luiza havia feito o pedido ao estabelecimento comercial de Juiz de Fora. Só assim seu filho e os de outras mães poderiam assistir, dentro da cadeia, às partidas da Copa do Mundo de 1970 que começara no México naquele dia 31 de maio. Na copa das novidades era a primeira vez que a disputa seria televisionada no Brasil e em cores. A substituição de até dois jogadores durante a partida, por time, também era uma inovação, assim como as advertências e expulsões anunciadas através da adoção dos cartões amarelo e vermelho.

Considerada uma verdadeira joia, a TV foi colocada em lugar de destaque no refeitório da penitenciária. A liberação do aparelho era uma concessão no mínimo curiosa, já que a repressão continuava feroz dentro e fora de Linhares. A estreia da seleção canarinho no Estádio Jalisco, em Guadalajara, teve quórum máximo da ala masculina na prisão mineira. Era 3 de junho. Além dos presos políticos, estavam presentes todos os guardas de plantão na unidade. Na disputa contra a Tchecoslováquia, o nervosismo da equipe brasileira tornou o começo da partida tenso. O time da república socialista abriu o placar. Mas Rivellino, Pelé e Jairzinho comandaram a virada do jogo, que terminou em quatro a um. Quando a rede do goleiro tcheco Viktor balançou pela primeira vez, os guardas comemoraram enquanto os presos políticos ensaiaram vaias que não convenceram. A postura antidesportiva era justificada como crítica à propaganda política que o regime militar fazia do mundial justamente no auge do chamado "milagre econômico", quando o país viu crescer o seu Produto Interno Bruto, conseguindo a façanha de estabilizar a inflação. Com juros baixos no mercado, houve aumento de investimentos e de empregos. A facilidade em obter crédito fez com que o governo exibisse obras grandiosas como a ponte Rio-Niterói. Enquanto isso, a dívida externa só crescia. Mas o governo militar não perderia a chance de explorar o sucesso do futebol brasileiro para exaltar o "momento glorioso" do país. A crise do petróleo, que aconteceria três anos depois, mancharia a imagem do *Pra frente Brasil*, o hino de Miguel Gustavo que embalou a Copa de 1970.

— A gente torcia pra perder, mas queria mesmo que ganhasse, entende? — comenta Marco Antônio Azevedo Meyer, rindo, mais de quatro décadas depois de o campeonato ter consagrado o futebol brasileiro diante do mundo.

O fato é que a seleção do técnico Mário Jorge Lobo Zagallo e do preparador físico Carlos Alberto Parreira tornou-se o assunto de Linhares, envolvendo até os prisioneiros mais queixos-duros. Mesmo com a crise de brasilidade instalada, afinal era perturbador amar uma pátria cujos comandantes massacravam seus próprios filhos, o sentimento de pertencimento ao país mantinha acesa a vontade de lutar pela retomada da cidadania.

Um dia depois da disputa entre Brasil e Romênia, vencida por três a dois pelo time de Zagallo, uma nova ação terrorista no país do futebol ameaçou a imagem de tranquilidade social e prosperidade que o regime militar brasileiro vendia ao estrangeiro. No dia 11 de junho, o embaixador alemão Ehrenfried Anton Theodor Ludwig von Holleben foi sequestrado no Rio. Era o terceiro sequestro de estrangeiros no país durante a ditadura militar. O primeiro, ocorrido em 1969, também no Rio, foi o do embaixador norte-americano Charles Burke Elbrick. O segundo aconteceu em 11 de março de 1970, quando o cônsul japonês Nobuo Okushi foi capturado em São Paulo. A nova investida foi liderada por guerrilheiros da Ação Libertadora Nacional (ALN) e da Vanguarda Popular Revolucionária (VPR). Na ação, Irlando de Moura Régis, agente da Polícia Federal que acompanhava o representante diplomático, foi morto. O sequestro em plena Copa do Mundo precisava ser resolvido com rapidez. Uma lista com quarenta nomes de presos políticos foi divulgada pelos sequestradores. A liberdade do embaixador alemão dependeria da troca de quarenta por um. O governo estava encurralado. A bela campanha da seleção brasileira corria o risco de ficar em segundo plano diante dessa nova bomba.

— Mandiocão, ô Mandiocão. Acorda! — gritou Délio Fantini para o colega Marco Antônio Azevedo Meyer na madrugada do dia 14 de junho.

— O que há, cara? O dia nem amanheceu — respondeu o preso de Linhares, sobressaltado.

— Eu ouvi. O seu nome tá na lista.

— Que lista?

— A lista que acabaram de divulgar. Eu ouvi — contou o companheiro cuja cela ficava muito próxima da guarita da penitenciária, onde um guarda havia deixado o radinho de pilha ligado.

— Como, sô? Por quê?

— Falaram seu nome no rádio, tenho certeza. O Ângelo também está.

A notícia correu como um rastilho de pólvora na cadeia. Teriam outros prisioneiros de Linhares entrado na tal lista?

— Arruma a mala, Zezé — gritou a ala masculina para Maria José Carvalho Nahas.

— Será? — duvidou ela.

Depois, Zezé pensou que, se estivesse na lista de banidos do país, o nome do marido, Jorge Nahas, também deveria ter sido incluído. No fim do dia, houve a confirmação de que seis presos em Linhares deixariam a cadeia: Marco Antônio de Azevedo Meyer, Ângelo Pezzuti, Murilo Pinto da Silva, Jorge Raimundo Nahas, Maria José Carvalho Nahas e Maurício Vieira Paiva. Com exceção de Ângelo, todos os outros estiveram envolvidos no tiroteio do bairro São Geraldo, em Belo Horizonte.

O embarque aconteceria na base militar do Galeão, no Rio, de onde o avião partiria no dia 15 de junho em direção a um país da África, embora eles ainda não soubessem disso. Os seis seriam expatriados com outros 36 brasileiros. Além dos quarenta, havia quatro crianças.

Quando os presos políticos foram retirados das celas de Linhares, ainda havia muita desconfiança em relação ao destino deles. O principal receio era de que tudo não passasse de armação, apesar de ouvirem no rádio sobre o sequestro do embaixador alemão e a possível troca deles no lugar do representante diplomático. Levados para o quartel-general da 4ª Região Militar, os futuros exilados deveriam passar por exame médico e ser fotografados antes da viagem para o Rio. Maria José, a única mulher do grupo que deixou a penitenciária de Juiz de Fora, estava com quarenta graus de febre naquele dia, em função de uma forte amigdalite. Ao sair da prisão, vestia um terninho xadrez nas cores preta, branca e cinza, escarpins e, ainda, grandes óculos de armação tartaruga. Também exibia um cachecol em torno do pescoço. Os cabelos estavam presos com marias-chiquinhas, uma de suas marcas. Quanto aos homens, a ordem era que tivessem cabelos cortados e a barba raspada no quartel-general.

Após ter o nome incluído na troca de quarenta militantes pelo embaixador alemão Holleben, a estudante de medicina Maria José deixa a Penitenciária de Linhares em direção ao Rio de Janeiro, onde embarcaria para o exílio (reprodução)

MINISTÉRIO DA JUSTIÇA
DEPARTAMENTO DE POLÍCIA FEDERAL
CENTRO DE INFORMAÇÕES

Relação dos elementos banidos, em troca do Embaixador Alemão EHRENFRIED ANTON THEODOR LUDWIG VON HOLLEBEN, sequestrado no dia 11 de junho e liberado à 16 de junho de 1970.

01 - JOSÉ ARAUJO DE NÓBREGA
02 - CARLOS MINC BAUMFELD
03 - JOSÉ LAVECCHIA
04 - DARCY RODRIGUES
05 - TERCINA DIAS DE OLIVEIRA
06 - DULCE DE SOUZA
07 - CARLOS EDUARDO PIRES FLEURY
08 - PEDRO LOBO DE OLIVEIRA
09 - ADERVAL ALVES COQUEIRO
10 - LADISLAS DOWBOR
11 - OSWALDO SOARES
12 - LISZT BENJAMIM VIEIRA
13 - JEOVÁ ASSIS GOMES
14 - OSWALDO ANTONIO DOS SANTOS
15 - EDMAURO GOPFERT
16 - APOLÔNIO DE CARVALHO
17 - ALTAIR LUCCHESI CAMPOS
18 - MARCO ANTONIO DE AZEVEDO MEYER
19 - MAURICIO VIEIRA DE PAIVA
20 - MURILO PINTO DA SILVA
21 - ANGELO PEZZUTI DA SILVA
22 - MARIA JOSÉ DE CARVALHO NAHAS
23 - JORGE RAIMUNDO NAHAS
24 - MARIA DO CARMO BRITTO
25 - DANIEL AARAO REIS FILHO
26 - FAUSTO MACHADO FREIRE
27 - TÂNIA REGINA RODRIGUES FERNANDES
28 - DOMINGOS FERNANDES
29 - FERNANDO PAULO NAGLE GABEIRA
30 - ALMIR DUTTON FERREIRA
31 - JOSÉ RONALDO TAVARES DE LIRA E SILVA
32 - IEDA DOS REIS CHAVES
33 - CARLOS EDUARDO FAYAL DE LYRA
34 - FLÁVIO ROBERTO DE SOUZA
35 - MELCIDES PORCINO DA COSTA
36 - RONALDO DUTRA MACHADO
37 - JOAQUIM PIRES CERVEIRA
38 - EUDALDO GOMES DA SILVA
39 - CID QUEIROZ BENJAMIM
40 - VERA SILVA ARAUJO GUIMARÃES.

Com os banidos, viajaram também para a Argélia, em companhia de TERCINA DIAS DE OLIVEIRA, os menores:

a) - LUIZ CARLOS MAX DO NASCIMENTO, nascido em 27/11/1964
b) - ZULEIDE APARECIDA DO NASCIMENTO, nascida em 05/08/1965
c) - SAMUEL DIAS DE OLIVEIRA, nascido em 13/10/1961 e
d) - ERNESTO CARLOS DIAS ...

Governo publicou a relação dos nomes dos quarenta prisioneiros políticos banidos do país em troca da libertação do alemão Ehrenfried von Holleben

— Raspem tudo, pois eles só saem daqui com a cara limpa — disse um sargento que tentava cumprir ordens superiores.

Marco Antônio protestou:

— Pode raspar a barba, mas o meu bigode, só na força ou de supetão, pois eu sempre tive bigode — disse, apostando que a história de sair do país pudesse ser verdadeira.

Ângelo Pezzuti também chiou:

— Só tiram o meu bigode se me amarrarem.

Contrariado, o sargento foi consultar o tenente, que consultou o capitão, indo o assunto parar na mesa de um major. Depois de muito disse me disse, Marco Antônio e Ângelo deixaram o quartel-general de barba feita, mas com bigode. O grupo foi levado em viaturas do Exército para o Aeroporto da Serrinha, em Juiz de Fora, onde finalmente embarcariam para o Rio no avião da Força Aérea Brasileira. Estavam todos algemados. Será que seriam jogados lá de cima?

No interior da aeronave, dois soldados que acompanhavam o grupo passaram mal e acabaram vomitando por conta da turbulência. Do alto, os prisioneiros avistaram o mar e, em seguida, o Galeão, onde pousaram aliviados. Levados para uma área reservada, os seis se juntaram aos outros 34. Tiveram as algemas retiradas para a histórica foto dos quarenta "elementos" banidos do território nacional. Aliás, a produção da fotografia, que ganhou a capa dos principais jornais brasileiros, foi uma das exigências das lideranças das organizações para libertar o embaixador. Um manifesto do Comando Juarez Guimarães de Brito também foi lido pelo rádio contendo palavras de ordem das duas organizações:

Ou ficar a pátria livre ou morrer pelo Brasil.
Ousar lutar, ousar vencer!

Na foto oficial, Marco Antônio, Murilo e Ângelo saíram de pé na última fileira. Zezé aparece logo na frente. Fernando Gabeira, outro mineiro da lista, está agachado ao lado de Vera Sílvia Araújo de Magalhães, que deixou o país em cadeira de rodas após três meses de intensa violência no recém-criado Departamento de Operação de Informações-Centro de Operações de Defesa Interna (DOI-Codi), cuja base ficava localizada no quartel do 1º Batalhão de Polícia do Exército, na rua Barão de Mesquita, no Rio. Com 37 quilos, Vera era a imagem da tortura.

Única mulher a participar do sequestro do embaixador americano, em 1969, foi presa em março de 1970, sendo baleada na cabeça. Após deixar o hospital, passou por sucessivas sessões de choques elétricos, espancamento, sofreu queimaduras, foi mantida em ambientes gelados e ameaçada diversas vezes de execução sumária. Vera teve hemorragia renal em função dos espancamentos. Saiu direto do Hospital Central do Exército para o avião da liberdade, sem, no entanto, conseguir andar. Aos 22 anos e já viúva do companheiro José Roberto Spigner, assassinado pelas forças da repressão em tiroteio na Lapa, ela estava prestes a deixar o Brasil. As marcas da violência, porém, jamais sairiam dela.

Cada prisioneiro embarcaria com suas cicatrizes. Muitos ainda tinham feridas abertas, e algumas jamais seriam cicatrizadas. E apesar de haver euforia diante da liberdade iminente, a ruptura com o país para o qual estavam impossibilitados de voltar era dolorosa. Nunca significava tempo demais para pessoas com uma vida inteira pela frente. Ficariam longe de mães e pais que, apesar de terem se dirigido ao aeroporto, não puderam beijar seus filhos na despedida da viagem que tinha apenas passagem de ida. Ser excluído da pátria pela qual acreditavam lutar e recomeçar em terras estrangeiras não seria fácil para nenhum dos militantes. Sem bagagem para levar, os quarenta carregariam para lugar incerto a saudade e a esperança que já sentiam.

Depois da foto oficial, cinco Kombis, uma Rural e um ônibus da Aeronáutica aproximaram-se da área de manobra do avião que levaria os expatriados para longe. Eram 11h04 quando o embarque no Boeing prefixo PP-VJH da Varig foi iniciado. O entorno do Galeão estava cercado por homens armados com metralhadoras e fuzis, todos de olho em qualquer movimentação estranha. Das escadas da aeronave, os algemados procuravam por rostos conhecidos. Queriam levar a imagem de seus amores na lembrança, trocar um último olhar até que um reencontro fosse possível. Chegara o momento do adeus. Minutos antes da decolagem, eles foram informados que teriam como destino a Argélia, país que aceitou receber os considerados párias pelo Exército brasileiro, já que tiveram suas cidadanias cassadas.

De longe, os parentes dos exilados acenavam e choravam. Alguns não conseguiam acreditar na separação. Às 11h35, o imenso avião deixou o solo brasileiro. Ganhou os céus na direção do futuro. Que futuro? Difícil responder. No Brasil, restou o vazio e a imensa expectativa pela libertação de Ehrenfried von Holleben.

Dentro do Boeing, os novos libertos continuaram cativos. Os quarenta adultos viajaram com um dos braços algemados ao assento e o outro ao companheiro. Havia um policial para cada dois presos políticos. Só as crianças puderam circular sem amarras. Todos, porém, ficaram sob a vigilância dos oficiais de segurança. Alguns jornalistas embarcaram com eles no voo. Quando o almoço foi servido, os brasileiros continuaram presos às poltronas.

Foto oficial dos quarenta militantes trocados por embaixador alemão sequestrado

— Como vamos comer? — perguntou Jorge à esposa.

— Comeremos com a minha mão direita e a sua esquerda — respondeu Zezé, tentando ser prática.

Assim fizeram. Mais tarde, Zezé fez um pedido.

— Por favor, eu preciso ir ao banheiro.

O homem, então, foi consultar os superiores, demorando a voltar.

A guerrilheira foi retirada da poltrona, mas o policial a algemou a ele. Ela teve de entrar no banheiro com a porta semiaberta.

Eram 20h45 quando o avião da Varig pousou no aeroporto de Dar Elbeida, em Argel. O prédio estava todo enfeitado com bandeiras da Arábia Saudita em homenagem ao rei Faissal, que também desembarcaria na capital para uma visita oficial de quatro dias. A coincidência das datas resultou, dias depois, em piadas feitas entre o grupo de exilados, que brincavam com a chegada do rei saudita e a forma como o governo brasileiro os expulsou.

— Acabam de chegar a Argel, Ali Babá e os quarenta ladrões — divertia-se Marco Antônio Azevedo Meyer em um momento de descontração após longos meses de cárcere.

A chegada a Argel foi emocionante. Quando os ex-prisioneiros políticos ficaram finalmente livre das algemas, foram recebidos por Khajib Djelloul, representante especial do presidente Houari Boumediene, que subiu ao avião para dar boas-vindas aos brasileiros. Ao descerem da aeronave, os agora asilados políticos daquele país se depararam com um comitê de recepção. Foi um susto. Militares uniformizados saudaram os recém-chegados e lhes entregaram flores.

— Pô, eu saio de um país onde me torturaram, me colocaram no pau de arara. Chego aqui, e os militares me beijam e abraçam? É muito pra minha cabeça — comentou Marco Antônio com um companheiro.

Em pronunciamento na TV argelina, o ministro do Exterior, Abdelaziz Bouteflika, comentou sua decisão:

— Recebemos um pedido do governo brasileiro depois que quarenta presos políticos se decidiram pela Argélia. Concordamos por considerações humanitárias. A atitude da Argélia pretende ser uma contribuição à paz e ao entendimento entre os homens. De um lado estavam os prisioneiros políticos, de outro, o embaixador de um país com o qual nem sequer mantemos relações diplomáticas. Todos se beneficiaram da nossa decisão — anunciou o ministro.

O discurso dele foi reproduzido pelo jornal *Correio da Manhã*.

Reprodução da primeira foto dos militantes banidos, tirada na Argélia

Do aeroporto, os asilados seguiram escoltados pela polícia até um centro familiar que havia sido uma antiga colônia de férias de trabalhadores do setor de extração de petróleo. Além de documentação provisória, o governo argelino deu um enxoval a cada um. Foi na Argélia que Marco Antônio aprendeu a tomar vinho, mas foi em iogurte que ele ficou viciado.

Também foi em solo estrangeiro que os expatriados assistiram ao final da Copa de 1970, realizada em 21 de junho, quando o Brasil venceu a Itália em um emocionante quatro a um. No momento em que o capitão do time, Carlos Alberto Torres, levantou a taça, deu um nó na garganta.

Da Argélia, cada exilado seguiu um destino. Boa parte do grupo passou por diversos países, sendo Cuba o principal. Maria José terminou na ilha de Fidel a faculdade de medicina. Apesar de ter sido feliz por lá, sentia-se uma árvore sem raiz. Marco Antônio também passou por Cuba, onde trabalhou na Rádio Havana e até em canaviais. Entrou clandestinamente no Chile, mas fugiu de lá em 1973 com o golpe que depôs o presidente Salvador Allende, o que o levou a pedir refúgio na embaixada argentina. Depois de 32 dias, foi morar na Suécia, onde conheceu um amor e o frio da solidão.

Muitos deles reencontraram-se nove anos depois de serem expulsos da pátria. Com o enfraquecimento da ditadura brasileira e a ampla mobilização popular pela volta dos filhos do Brasil, João Baptista Figueiredo, o último presidente do regime militar, promulgou a Lei da Anistia em agosto de 1979. Ela atendia parcialmente às vozes das ruas e dos movimentos sociais que, dentro e fora do país, defendiam anistia ampla, geral e irrestrita a todos os brasileiros exilados pela repressão política.

Artigo 1º – É concedida anistia a todos quantos, no período compreendido entre 02 de setembro de 1961 e 15 de agosto de 1979, cometeram crimes políticos ou conexos com estes, crimes eleitorais, aos que tiveram seus direitos políticos suspensos e aos servidores da Administração Direta e Indireta, de fundações vinculadas ao poder público, aos Servidores dos Poderes Legislativo e Judiciário, aos Militares e aos dirigentes e representantes sindicais, punidos com fundamento em Atos Institucionais e Complementares. Parágrafo 2º: Excetuam-se dos benefícios da anistia os que foram condenados pela prática de crimes de terrorismo, assalto, sequestro e atentado pessoal.

Quase todos voltaram, à exceção de Ângelo Pezzuti, morto em Paris no dia 11 de setembro de 1975, em um acidente em que um carro atingiu sua motocicleta. Meses antes do desastre, ele havia pedido à avó materna, a quem chamava de *nonna*, para ser cremado e ter as cinzas trazidas para o Brasil caso algo lhe acontecesse no exílio. A tia Ângela foi à Europa cumprir o último desejo do sobrinho. Enterrou as cinzas do ex-comandante do Colina no cemitério da sua cidade natal, Araxá.

Zezé voltou ao Brasil com os cabelos curtos
e, no desembarque, trazia um buquê de flores nas mãos

Os sobreviventes do arbítrio autorizados a voltar para a terra-mãe queriam esquecer o sentimento de orfandade que os acompanhou durante todo o exílio. Quando pisou em solo brasileiro mais de nove anos depois, em 20 de outubro de 1979, Zezé estava transformada. Tinha deixado para trás a juventude que embalou seus sonhos. Os cabelos presos em marias-chiquinhas foram cortados na altura da nuca. Com um vestido lilás e um buquê de flores nas mãos, estava novamente no ninho. Desejava voltar a voar. Dentro dela, havia uma nova vida. Quando deixou o país, Zezé estava acompanhada do marido, Jorge. Os dois voltaram em três. Zezé carregava no útero a primeira filha gerada em Cuba. Deu a ela o codinome que usava: Célia.

Marco Antônio também foi recebido com festa na Pampulha, onde cerca de trezentas pessoas o esperavam. Na chegada ao aeroporto, um amigo de longa data pulou em cima dele do segundo andar do prédio para abraçá-lo. Teve foguetório. A mãe, Maria Luiza, a tia, as professoras da infância, estavam todas lá. Meyer curtiu a comemoração, os dias em casa, mas sentia-se em dívida com uma mulher: a tia presa no lugar dele, no Rio, há dez anos, acusada injustamente de ser cúmplice do sobrinho foragido. Encontrou Érica Meyer na mesma casa de Santa Teresa em que sempre morou. Com mais de setenta anos, ela tinha o rosto marcado pelos sinais do tempo.

— Tia, vim pedir perdão — disse Marco Antônio segurando suas mãos.

Os olhos dela não exibiam compreensão, apenas mágoa represada. Apesar de amar o sobrinho, Érica não conseguia esquecer o que passou. O medo da tortura e do cárcere havia marcado a alma daquela mulher para sempre.

Encontro íntimo

— Gilney Amorim Viana — gritou o guarda à porta da galeria, como se estivesse fazendo uma chamada naquele maio de 1970.

"Pô, que merda, sou eu", pensou ele, desconfiado de que alguma coisa pudesse lhe acontecer.

"Prepara suas coisas. Amanhã cedinho você vai para o continente", avisou o homem sem dar maiores explicações.

"Eles vão me levar", disse em voz alta o jovem que, aos 25 anos, era um dos principais líderes da Corrente Revolucionária de Minas.

Cabreiro como um legítimo filho do nordeste de Minas Gerais, Gilney tratou de ir falar com Fernando Gabeira, que também estava preso na Ilha Grande. Manteve com ele uma típica conversa no seu mineirês.

— Você tem advogado, Augusto? — perguntou Gabeira, chamando o companheiro pelo codinome.

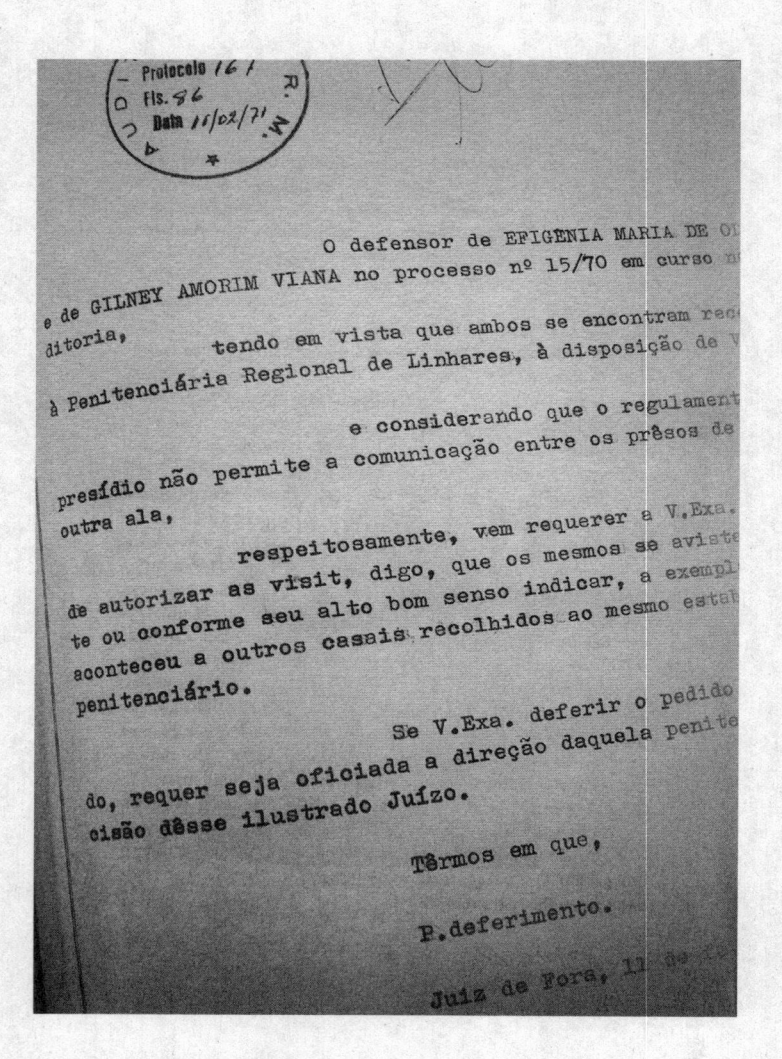

Pedido do preso político Gilney Amorim Viana
encaminhado ao juiz auditor

Embora nascido em Juiz de Fora, Gabeira sempre
foi cosmopolita, alimentando ainda na juventude o sonho de morar no Rio. Minas foi para ele apenas um de
seus muitos lugares, ao contrário do outro. Arraigado à

mineiridade, Gilney jamais deixou que ela se perdesse. Ser mineiro é sua identidade.

— Pô, tenho advogado nada, sô!

— E aí, o que você acha?

— Cara, vou te dizer uma coisa. Não sei de nada. Eles podem estar me levando pra Juiz de Fora, onde respondo a processo sobre a Corrente.

— Vou te dar o telefone da Marisa. Ela vai te atender — disse Gabeira, arrumando para a irmã advogada outro cliente duro que, certamente, não teria condições de arcar com os custos da assistência jurídica. Seria mais um que pagaria com gratidão a dedicação dos defensores. Mesmo sem remuneração compatível com o trabalho que exerciam, eles lutaram sem trégua pela retomada da ordem jurídica no país.

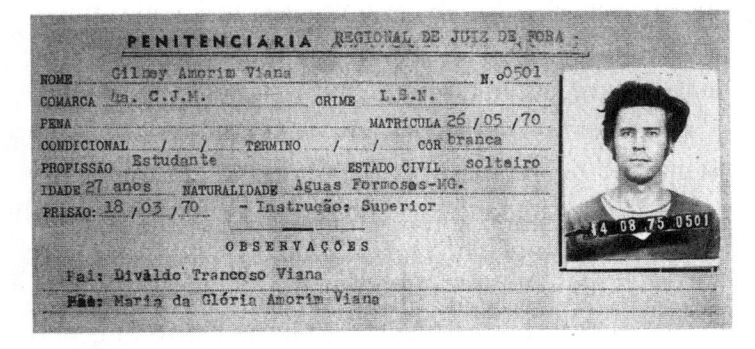

Ficha prisional de Gilney Amorim Viana, preso político que mais tempo permaneceu na Penitenciária de Linhares

O estudante de medicina da UFMG havia sido preso pela segunda vez em março de 1970. A primeira foi em 1964, o ano do golpe, quando tinha apenas dezoito anos e ainda era ligado ao Partidão, de onde se afastou, fundando mais tarde a Corrente. Em uma das ações polêmicas que participou, tentou puxar um carro na Mangabeira, em Belo Horizonte, mas o motorista se assustou e reagiu. Gilney também foi surpreendido, e tiros foram disparados a esmo. A bala pegou no braço de uma mulher. Ele correu para socorrê-la.

— Gil, por que você está tentando me matar? — perguntou, chorando, a ferida.

— Maria? — surpreendeu-se o estudante ao reconhecer a mulher que havia trabalhado como doméstica em sua casa. — Olha — disse ele, examinando o ferimento. — Fique calma, não foi nada grave. Vá para o Pronto-Socorro — orientou, embora estivesse atordoado. Até hoje ele não sabe se o tiro de raspão que atingiu Maria saiu da sua arma ou da do companheiro da ação, também armado.

No hospital, Maria entregou Gilney, que teve o nome estampado nos jornais mineiros, o que o levou a passar para a clandestinidade. Acabou fugindo para o Rio, onde recebeu de Marighella a missão de coordenar a integração da Corrente à Ação Libertadora Nacional (ALN). Um ano depois, foi preso em uma vila no bairro Engenho Novo, no Rio, onde ficava seu aparelho. De lá, foi levado para a Barão de Mesquita, onde foi mantido 38 dias nas mãos da polícia política. Apanhou muito, a ponto de considerar a morte bem-vinda.

Como a saída de Gilney do presídio da Ilha Grande já havia sido anunciada na véspera, os companheiros se reuniram para entregar a ele algum dinheiro num gesto de solidariedade.

— Toma. Coloca isso na cueca — disse um colega.

Gilney abaixou as calças e começou a ajeitar a quantia na peça íntima.

— Ah, porra, essa aí não dá — comentou Jorge Raimundo Júnior, o Jimy, referindo-se à cueca samba-canção do mineiro.

— Vai vazar — continuou outro, quase a lhe dar um sermão pelo extremo mau gosto.

— Põe essa aqui — sugeriu Jimy, emprestando ao amigo uma cueca cavada, no estilo sunga.

"Moderninha demais pro meu gosto", pensou o prisioneiro, que, em matéria de estilo, fazia a linha conservadora de extrema direita.

— A gente não usa essas cuecas em Minas — comentou Gilney, tratando de vestir a novidade sobre a qual, mais tarde, confessou: até que era bem jeitosa.

Foi assim, com dinheiro malocado em cueca estrangeira, que Gilney deixou o presídio da Ilha Grande, embarcando em uma longa viagem que teria Linhares como ponto final.

Em solo mineiro, Gilney foi cercado no pátio da penitenciária para ser abraçado.

— Você é do comando. Agora assume — ouviu de um companheiro de Linhares, que passou para ele a tarefa de continuar liderando o grupo.

Isso fez com que Gilney se sentisse responsável por cada um. Naquele dia, ele disse para si mesmo que só sairia da cadeia depois que o último preso político da Corrente a deixasse. Cumpriu a promessa: só deixou Linhares em 19 de agosto de 1977, embora permanecesse preso até dezembro de 1979 no presídio de Frei Caneca, no Rio, quando percebeu que o mundo havia mudado muito desde os primeiros anos de cárcere. Na cadeia carioca, ele sofreu grandes choques culturais, um deles ao avistar uma visitante feminina de minissaia.

—Acho que esse negócio não tá certo, não —confidenciou a um amigo, impressionado com tanta liberalidade.

Não é exagero dizer que a história da Penitenciária de Linhares pode ser contada antes e depois da chegada do líder da Corrente ao presídio mineiro. Gilney, o preso político que mais tempo permaneceu na cadeia de Juiz de Fora, sete anos e três meses, foi duramente perseguido, mas infernizou como ninguém os agentes da repressão. Liderou longas greves de fome e resistiu a todas as investidas da loucura escrevendo para a mãe, Maria da Glória Amorim Viana, a sua bússola no caminho da sanidade.

208

(...) De uma certa forma, reconheço o trabalho que tenho dado, mas não fico constrangido com isso, na medida que esse trabalho é aceito por vocês de uma maneira prazerosa e não obrigatória. Se reconheço que assim o é, não posso me constranger. Contudo, procuro não abusar. E é justamente essa preocupação que tenho e que quero que vocês tenham; que não transformem essa preocupação comigo em um entrave ou uma preocupação prejudicial ao bom encaminhamento das suas vidas particulares. Afinal de contas, escolhi um caminho para minhas atividades políticas que acabaram me levando à cadeia, esse ônus cabe inteiramente a mim (com isso não estou aceitando como justas essas condenações até o momento, pois no processo político é que reconheço minhas responsabilidades políticas), não devendo, pois, vocês serem atingidos, mais do que já foram.

05.10.1970

Maria da Glória, a sertaneja que viveu nos tempos dos coronéis na Bahia, se libertou do destino de mulher subjugada para lutar pelo seu filho e os de outras mulheres. Foi longe na peregrinação que marcou o esforço das famílias no movimento de Anistia Geral Ampla e

Irrestrita e, se pudesse ser conhecida por um título do qual se orgulhasse, o seu certamente seria o de "Mãe de Preso Político", título do livro publicado por Gilney em nome dela.

Algumas vezes, ela reclamou da intransigência dele, que assumiu em carta enviada ao Conselho de Sentença da Justiça Militar a responsabilidade política pela criação e direção da Corrente, defendendo abertamente a luta armada contra a ditadura. Em uma passagem de seu livro, Maria da Glória conta:

> Fiquei preocupadíssima porque o Exército tinha o Gilney como chefe da Corrente e da ALN e até do Coletivo (...) Bem, é aquela história: a mãe e os familiares dos presos políticos não comandavam nada, eram simplesmente arrastados no processo, obrigados a reagir. E reagimos. Conversamos entre nós, as mães e os parentes mais ativos, e decidimos agir. Primeiro, mandar os advogados visitarem o presídio político para nos trazer informações, inclusive ouvir nossos filhos e parentes, para saber o que eles queriam e o que nós poderíamos fazer. O problema é que era difícil contentá-los politicamente. Eles eram muito radicais e exigiam da gente que não falássemos, não negociássemos, não aceitássemos nada fora daquilo que eles próprios estavam pedindo ou exigindo. Falo por mim. Procurava seguir a orientação do meu filho, mas eu tinha meu próprio modo de ser e de agir e não abria mão dele. E pelo que eu via do comportamento dos outros familiares, cada um tinha seu jeito, seu estilo. Mas quando tomávamos decisão coletiva, procurávamos falar a mesma linguagem. Aliás, isso foi fundamental para a resistência familiar na luta pelo respeito aos direitos humanos dos presos políticos que, mais tarde, seria a base do Movimento Feminino pela Anistia e dos Comitês Brasileiros pela Anistia.

Em outro trecho, a mãe de Gilney confessa ter chegado a rezar para que o nome dele estivesse na lista dos quarenta prisioneiros trocados em junho de 1970 pelo embaixador alemão sequestrado, o que não se confirmou.

Gilney sabia que não tiraria "cadeia de recado", expressão usada por ele para se referir a pessoas que apenas passaram pelo cárcere. Por isso, dizia estar preparado para tudo, embora tenha sentido como poucos a dor imposta pela construção do parlatório.

— Por favor, me deixa dar um beijo no meu filho — ouviu o companheiro implorar para o guarda a chance de tocar no menino que havia meses não via e que estava ali, a poucos centímetros dele, separado pela cerca dupla do parlatório.

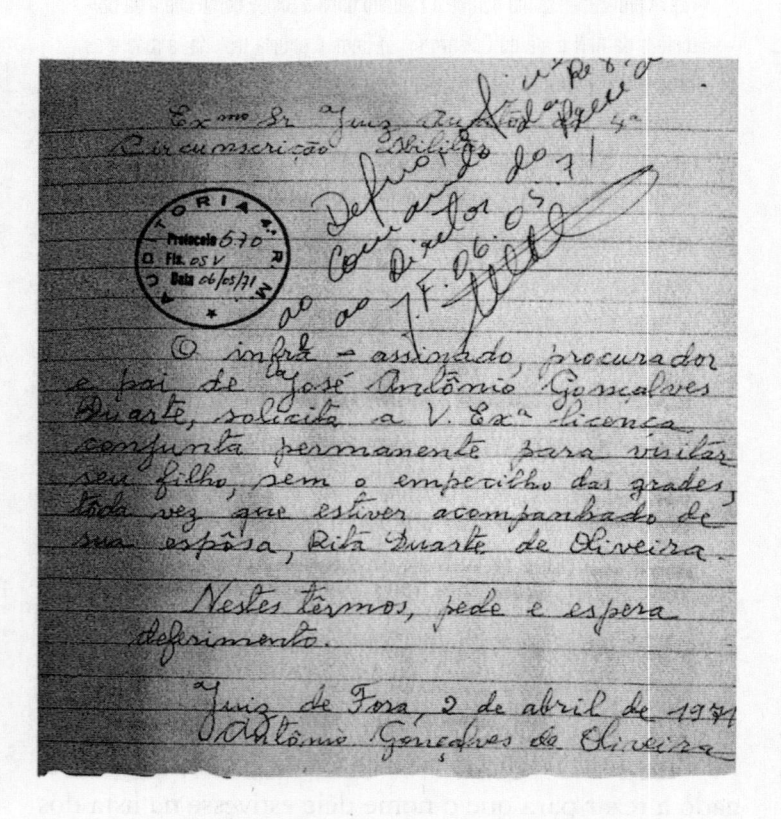

Pedido encaminhado ao juiz para que um preso político pudesse receber visita do filho sem o empecilho das grades do parlatório

O pai não foi atendido. Muitos choraram. A cena deixou Gilney arrasado. Não há tortura pior do que ver um filho em lágrimas e ser impedido de dar a ele a chance de um aconchego. Nada pode doer mais que isso.

A invencionice do parlatório foi a forma que a direção do presídio encontrou, em meados de 1970, para tentar impedir que denúncias de tortura saíssem da cadeia pelo contato direto entre os presos políticos e seus familiares, principalmente depois da veiculação do Documento de Linhares, de jornais e de cartas de protesto. Mas a proibição do contato físico foi uma das maiores crueldades do período. Os documentos, no entanto, continuaram entrando e saindo da penitenciária, apesar daquele monstro de ferro.

"O parlatório não valia de nada, só para magoar a gente", confidenciou Maria da Glória em seus escritos, classificando a atitude como mesquinharia.

211

Um dia, Gilney foi tocado pelo som da flauta dedilhada pelas pequenas mãos de uma menina de dez anos, sobrinha do prisioneiro Afonso Carlos Vitor. Sem poder chegar perto do tio, ela ofereceu a ele sua música singela, mas tão poderosa que venceu o parlatório. Quando a melodia alcançou o presídio, foi como se não houvesse mais cercas. Todos os presos políticos, sem exceção, se sentiram abraçados.

Com o tempo, a direção passou a negociar as visitas. Os presos políticos que se comportassem bem teriam o privilégio de ver os parentes fora das cercas. Os prisioneiros da Galeria C, onde Gilney foi colocado como punição, e os pertencentes ao coletivo jamais aceitaram a negociata. Todos veriam seus entes queridos fora do parlatório ou ninguém aceitaria jabaculê, uma espécie de suborno para ser pago em troca de subserviência.

Também houve um tempo de amor e amizades improváveis em Linhares. Gilney experimentou os dois. Sempre achou tolice comportamentos semelhantes, mas quando chegou sua vez, ele repetiu o que antes considerava bobagem e começou a ver sentido em tudo aquilo. Era verdade, a "bichinha" o entendia e, pelo menos, ouvia suas histórias em silêncio, sem nada reclamar ou exigir.

Tudo começou em mais uma das infindáveis noites de solidão, quando o barulho do trem cortando a cidade era ansiosamente esperado por Gilney, que, por poucos minutos, fazia alguma conexão com o mundo externo. Naquela noite, porém, algo seria diferente. Gilney avistou Cremilda pela primeira vez. Sentiu vontade de mandá-la embora, mas logo cedeu à presença dela. Ficaram amigos, e ela passou a morar com ele na cela. Ele começou a admirar sua arte. Preta, ela tinha pequenas manchas amarelas em seu corpo e um traseiro avantajado. Foram noites quentes junto daquela cujos pelos e garras prendiam as vítimas como ninguém. Ele, que sempre debochou dos amigos por manter relações como aquela, agora era alvo de zombaria. Os companheiros insistiam sobre a necessidade de ele mandá-la embora. Tinham medo dela. Ele resistiu por um ano. Até que não deu mais. O espaço era muito pequeno para os dois. A cadeia passava por um processo de higienização. Cremilda morreu envenenada pela dedetização no presídio que colocou fim a muitas amizades estranhas, como aquela entre Gilney e sua aranha de estimação.

O segundo relacionamento do preso político dentro de Linhares foi verdadeiramente sério, nada comparável àquela brincadeira de gosto duvidoso com a aranha. Gilney, que já vivia com Efigenia Maria de Oliveira na clandestinidade, agora estava novamente ligado a ela na mesma prisão política. Eles só podiam se falar pela cerca do parlatório, o que era extremamente angustiante.

Então, Gilney resolveu apelar para o juiz auditor Mauro Seixas Telles:

213

O juiz atendeu à solicitação de Gilney, mas a direção da cadeia embargou o encontro em função de sucessivas punições impostas a ele. Em 1972, com a liberdade de Efigenia e a incerteza quanto ao futuro de Gilney, que permaneceu preso, os dois tomaram uma decisão: iriam se casar. A união civil foi celebrada, naquele ano, no parlatório da Penitenciária de Linhares e teve como testemunha Délio Fantini e Jesus Almeida. Maria da Glória, a mãe de Gilney, também assistiu à cerimônia. Efigenia usou um vestido estampado de cintura alta e renda confeccionado por Ieda, irmã mais velha de Gilney. Após o casamento, a noiva deixou a cadeia sem direito a noite de núpcias.

Trecho da carta escrita por Gilney em que pede ao juiz auditor Mauro Seixa Telles autorização para se encontrar com a mulher no presídio

Somente dois anos depois foi possível para Gilney estar a sós com sua amada. Tomado pela euforia, o preso político contou os dias para vê-la. Desde que os dois caíram, em 1970, não tiveram chance de manter contato físico. No dia combinado, a guarda buscou a esposa de Gilney na entrada do presídio, enquanto ele foi retirado da cela. Os dois foram levados até o cômodo improvisado que ficava abaixo do refeitório.

Ambos, porém, foram obrigados a tirar a roupa para a revista antes de entrar na "suíte".

Gilney protestou: "Mas não tem sentido, porque já estou preso. Qual o motivo disso?"

A ordem era realmente incompreensível, visto que ele já estava sujeito aos rigores da cadeia. Na verdade, era mais uma tentativa de humilhar o prisioneiro e sua companheira. Efigenia, que já havia passado pela revista na sua chegada à penitenciária, ficou nua na frente da guarda feminina. Estava constrangida com tamanha violência. Ele também. Vestiram-se e depois entraram no espaço reservado para ficarem a sós após quase cinco anos sem se tocar. Quando a porta foi fechada, eles se abraçaram. Queriam chorar um no colo do outro. Sentiam-se feridos diante da exposição gratuita e, claramente, maldosa. O sexo poderia ficar para mais tarde.

Gilney e Efigenia se casaram dentro da Penitenciária de Linhares

Pisoteando o jardim

O alarme geral acabara de soar. Rapidamente, a cadeia foi cercada pela guarda do presídio, que pediu reforços ao 2º Batalhão de Polícia. Em meia hora, quase três dezenas de homens uniformizados e prontos para o combate se apresentaram na unidade. Usavam capacetes, baionetas, cassetetes e, dizem, até fuzis. Lá fora, um capitão anunciou que entraria atirando. Cachorros treinados latiam insistentemente. Gritos de guerra puderam ser ouvidos a distância e a explosão de bombas também. No refeitório, os presos políticos tentavam resistir. Somavam sessenta militantes. Suas armas? Alguns pedaços de pau e arames. Ainda assim, eles bloquearam a entrada do salão. Mesas, cadeiras e utensílios de cozinha foram usados na barricada improvisada pelos prisioneiros para impedir a invasão iminente. No céu, nuvens carregadas anunciavam que o tempo havia fechado em Linhares em 21 de setembro de 1971. Naquela terça-feira, a penitenciária mergulharia em um dos períodos mais sombrios de sua história.

O confronto começou por causa do "boião". A falta de carne na alimentação, que piorava a cada dia, levou os detentos a recusar o almoço e anunciar que só voltariam às celas se pudessem falar com o capitão Walter, o diretor, que não se encontrava na cadeia. O vice-diretor, Jairo Cristovam Ferreira Vasconcelos, estava de férias. Assustado com a atitude dos presos, que também recusaram o jantar, o substituto do diretor, Afonso José Machado, considerou o protesto uma tentativa de motim, o suficiente para que as forças da repressão fossem acionadas. A ordem era atirar caso houvesse reação.

A situação na cadeia vinha se agravando desde o início do ano, quando os presos realizaram uma greve de fome que durou quase uma semana. Era a primeira de várias que se seguiriam no período na tentativa de buscar melhores condições carcerárias. O ato levou o arcebispo da Igreja Católica, dom Geraldo Penido, a entrar na penitenciária para prestar assistência ao grupo, mas nenhuma autoflagelação que viesse de dentro dos presídios chamaria a atenção do implacável general Emílio Garrastazu Médici. Seus quatro anos e cinco meses de governo ficariam conhecidos como os Anos de Chumbo.

A primeira grande greve de fome contra a precariedade da penitenciária marcou uma ruptura de diversos militantes contra o projeto dos coletivos. Alguns presos chegaram a hostilizar os que não aderiram aos protestos.

— Jacaré, me empresta o violão? — pediu o homem conhecido por Porfírio.

— Não empresta. Ele não está participando do movimento — gritou um dos militantes para Nilo, o dono do instrumento.

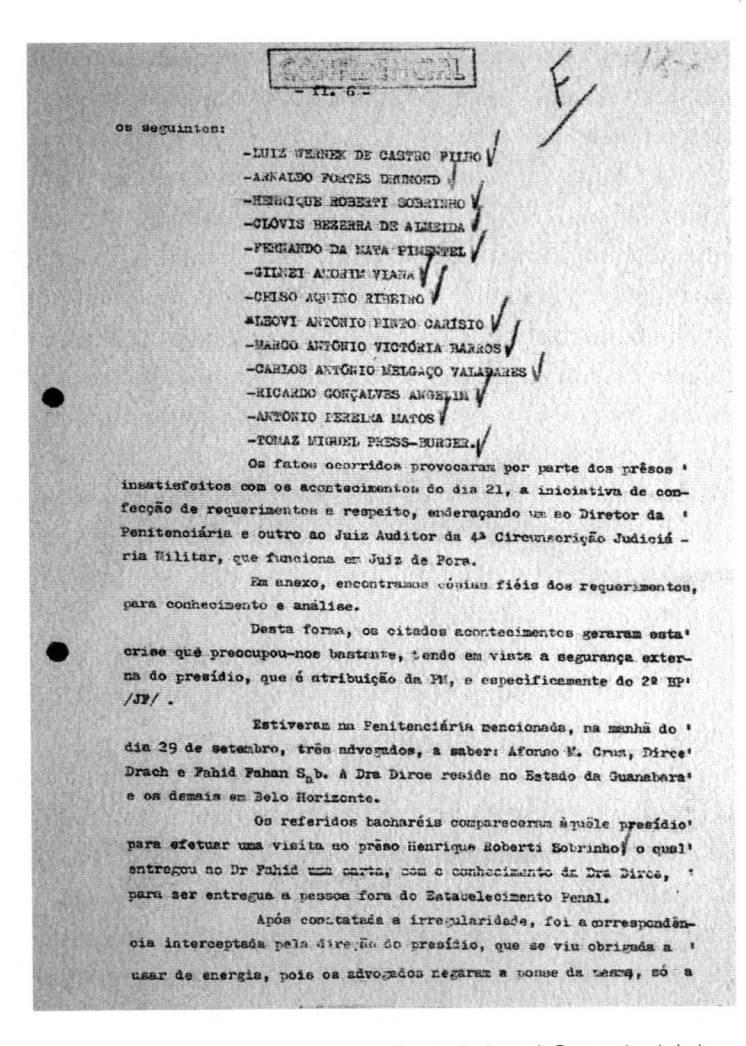

- fl. 6 -

os seguintes:

-LUIZ WERNEK DE CASTRO PINHO
-ARNALDO PORTES DRUMOND
-HENRIQUE ROBERTI SOBRINHO
-CLÓVIS BEZERRA DE ALMEIDA
-FERNANDO DA MATA PIMENTEL
-GILNEI ANTONIO VIANA
-CELSO AQUINO RIBEIRO
-LEOVI ANTONIO PINTO CARÍSIO
-MARCO ANTÔNIO VICTÓRIA BARROS
-CARLOS ANTÔNIO MELGAÇO VALADARES
-RICARDO GONÇALVES ANGELIN
-ANTÔNIO PEREIRA MATOS
-TOMAZ MIGUEL PRESS-BURGER.

Os fatos ocorridos provocaram por parte dos prêsos ' insatisfeitos com os acontecimentos do dia 21, a iniciativa de confecção de requerimentos a respeito, endereçando um ao Diretor da ' Penitenciária e outro ao Juiz Auditor da 4ª Circunscrição Judiciá - ria Militar, que funciona em Juiz de Fora.

Em anexo, encontramos cópias fiéis dos requerimentos, para conhecimento e análise.

Desta forma, os citados acontecimentos geraram esta ' crise que preocupou-nos bastante, tendo em vista a segurança externa do presídio, que é atribuição da PM, e especificamente do 2º BP' /JF/.

Estiveram na Penitenciária mencionada, na manhã do ' dia 29 de setembro, três advogados, a saber: Afonso M. Cruz, Dirce' Drach e Fahid Fahan S.b. A Dra Dirce reside no Estado da Guanabara' e os demais em Belo Horizonte.

Os referidos bacharéis compareceram àquele presídio' para efetuar uma visita ao prêso Henrique Roberti Sobrinho' o qual' entregou ao Dr Fahid uma carta, com o conhecimento da Dra Dirce, ' para ser entregue a pessoa fora do Estabelecimento Penal.

Após constatada a irregularidade, foi a correspondência interceptada pela direção do presídio, que se viu obrigada a ' usar de energia, pois os advogados negaram a posse da carta, só a

Portaria do diretor da Penitenciária de Linhares
relaciona detentos que seriam punidos após protesto

— Gente, vou emprestar, sim. O Porfírio não está bem. Todo mundo aqui sabe que ele passou por diversas torturas. Não acho certo negar isso, só porque ele não aderiu à nossa greve de fome — gritou Nilo da sua cela.

A questão do violão virou contenda política. De dentro dos seus cubículos, os sessenta prisioneiros se agitaram na galeria.

— Ele está boicotando o nosso movimento. Está contra nós — diziam os que votaram em oposição ao empréstimo do violão.

Nilo argumentava:

— Companheiros, a questão fundamental é a seguinte: este homem está aqui porque lutou contra a ditadura. Foi espancado. Acho um absurdo fazer isso. Eu fui preso para libertar o ser humano e não para isso. Minha luta contra a ditadura é para estabelecer justiça social aqui no Brasil. Não se pode maltratar uma pessoa desta forma. O violão vai ficar com você — afirmou, dirigindo-se ao colega.

A essa altura do debate, Porfírio disparou em voz alta:

— Vocês dizem que são comunistas, mas não são. Na verdade são fascistas — gritou.

Nilo, que estava no meio do conflito, já havia discordado de outras atitudes que confirmavam a intolerância do grupo. Em um episódio anterior, ele desenhou o advogado Thomaz Miguel Pressburger de cachimbo e com a *Enciclopédia Britânica* debaixo do braço andando de calção pelo pátio. Os colegas de confinamento sentiram-se ofendidos pelo humor do militante, embora o próprio Miguel não tivessem manifestado descontentamento. A partir daí, soube que suas charges, as quais ilustravam o jornal *O Paskim*, feito por ele e um grupo de presos, seriam previamente avaliadas por uma comissão. Nilo não aceitou.

Depois do caso do violão e da censura ao jornal, uma nova medida o surpreendeu: em assembleia, ficou decidida a proibição dos integrantes do coletivo de conversarem com os "minhocões", apelido pejorativo dado pelos presos políticos aos que não aderiam aos protestos e, por isso, eram considerados seres rastejantes que viviam com a cabeça dentro da terra. Os que decidiram abandonar a luta política eram chamados também de "desbundados".

A proibição de conviver com os outros foi a gota d'água para Nilo e o fez romper com o coletivo, embora continuasse participando de todos os movimentos de protesto na cadeia.

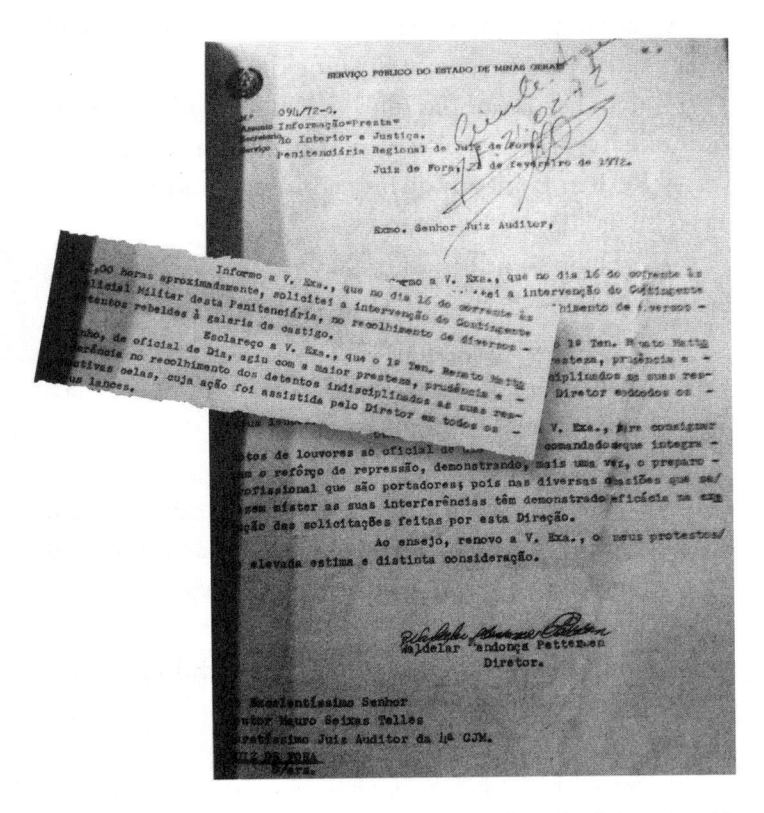

Documento confidencial enviado pelo diretor da cadeia
ao juiz auditor em que são relatados os protestos
e as punições ocorridos na cadeia

No protesto de 21 de setembro, que levou a polícia a cercar a penitenciária, o grupo estava novamente dividido. Sob a liderança do advogado Thomaz Miguel Pressburger e dos estudantes Gilney Amorim Viana e Fernando Damata Pimentel, os considerados amotinados se dirigiram no final da manhã ao refeitório. Já eram quase seis horas da tarde quando eles decidiram pela realização de uma assembleia.

— Pessoal, há muitas lideranças importantes neste lugar. Eles vão usar isso para matar pessoas aqui dentro — alertou Marco Antônio Victoria Barros, preso em Belo Horizonte por participação nas ações de luta armada organizadas pela Corrente Revolucionária.

Houve discussão. No olho do furacão, Gilney anunciou que haveria votação sobre o ato de resistência.

— Resistir é um ato de luta contra a ditadura — afirmou, iniciando um discurso.

— A favor — gritou um.

— Contra — respondeu outro.

— A favor — disse mais um.

— Contra — anunciou Márcio de Araújo Lacerda, o Gringo, ligado à Corrente.

Todos olharam para ele.

— Gente — continuou —, vamos pensar o seguinte: pode até ser que tenha algum efeito, mas vão morrer vários aqui — ponderou, preocupado com a sua integridade física e a dos outros.

— Contra — votou um militante, sensibilizado pelas observações de Gringo.

— A favor.

— Vamos resistir, companheiros — disse outro mais empolgado.

A decisão de resistir ganhou por pouquíssima diferença, cerca de cinco votos. A assembleia emudeceu.

— Ô Elmo. Já que vamos morrer mesmo, vamos ver se levamos alguém com a gente — confidenciou Márcio Lacerda ao amigo.

Apressados, eles se dirigiram para as primeiras celas próximas ao refeitório, onde havia algumas camas quebradas. Cada um pegou um pedaço de madeira para ser usado como arma. Quando Elmo e Márcio se preparavam para voltar, alguns companheiros apareceram à porta das celas.

— Mas o que aconteceu? — perguntou Gringo.

— O Tarzan de Castro levantou uma questão de ordem importante — disse um dos militantes que deixara o refeitório.

— Qual? — questionou Gringo, meio atordoado diante de tamanha tensão.

Márcio, o Gringo, votou contra resistir à invasão policial na Penitenciária de Linhares

— A decisão por assembleia não pode ser por maioria simples, tem que ser por dois terços. Como não foi, a vitória do grupo a favor não vale!

— Hein?!?

Mesmo os militantes tendo recuado — o que evitou um derramamento de sangue —, a maioria entrou para as celas cantando a Internacional Comunista.

À opressão não mais sujeitos!
Somos iguais todos os seres.
Não mais deveres sem direitos,
Não mais direitos sem deveres

Bem unidos façamos,
Nesta luta final,
Uma terra sem amos
A Internacional

A resposta veio em forma de violência. Cachorros foram soltos nos corredores das galerias, tudo foi quebrado pela polícia. Ninguém dormiu naquela noite. Os refletores ficaram acesos e os pertences guardados nas celas acabaram recolhidos. Até as camas foram retiradas, obrigando os militantes a se deitarem no chão.

Em um documento confidencial enviado um mês depois pela direção da penitenciária à Coordenação Geral de Segurança, em Belo Horizonte, destacou-se o material apreendido nas celas. Na de número 121, ocupada por Henrique Roberto Sobrinho, a polícia encontrou baralho confeccionado em cartolina e "conservas de jabuticaba, abacaxi e frutas não identificadas em adiantado processo de fermentação". Na certa, a estranha bebida daria origem a licores clandestinos. Na cela 130, usada por Salatiel Teixeira Rolim, havia uma lâmina de bisturi. Na vizinha, a 131, ocupada por Délio Fantini, um livro intitulado *Estudo da sociologia*. Na de Celso Aquino Ribeiro, a 138, foi encontrada uma barra de ferro de basculante. Já na 161, de Nilo Sérgio Menezes Macedo, havia um rádio, um baralho e um martelo. Mas foi na de número 78, onde Degule de Freitas Castro era mantido, que a polícia localizou o objeto mais curioso: uma máquina de costura.

Diante do fracasso da revista nas celas, a direção valorizou a ação ao relatar que canivetes, giletes, fios e papéis haviam sido lançados pelos presos no corredor "para evitar comprometimento". Uma sindicância foi instaurada e as lideranças, punidas com sessenta dias de incomunicabilidade. Também houve suspensão das visitas. Sem saber de nada, Glória Amorim Viana Ribeiro, mãe de Gilney, e sua filha Neusa, que deixou a Bahia para estar com o irmão, foram impedidas de vê-lo. Em carta, Gilney contou aos pais sobre as punições ocorridas a partir daquele dia:

Penitenciária Regional de Juiz de Fora, 27 de setembro/1971

Queridos pais, que me abençoem. Sinto muito por não poder receber a visita de vocês e da Neusa na semana passada. Instalaram aqui o terror policial fascista sem demagogias, bem ao gosto da ditadura, e uma das medidas tomadas contra nós foi a suspensão das visitas. (...) Do dia 22 para cá não temos comido as refeições que normalmente são servidas no refeitório (almoço, jantar, café das 3 horas da tarde), só aceitamos café. Não abriram as celas para irmos almoçar no refeitório. No dia 24 fizemos greve de fome por 24 horas (...) em protesto contra a invasão e depois (no dia 23) à "batida" da PM nas celas que foi um verdadeiro quebra-quebra de nossos bens pessoais. (...) Espancaram um companheiro dentro da Penitenciária. E continua até hoje essa situação absurda que é: não se abrirem as celas para irmos ao pátio e ao refeitório para tomarmos as refeições. Eis até que ponto chegou o terror policial, a arbitrariedade e a violência dos atuais donos do poder. Isso não é tudo, pois a realidade e as medidas repressivas são bem maiores. Mas, diante disso tudo, nós estamos tranquilos, um tanto com fome, mas tranquilos e confiantes. Porque o que está em jogo é algo maior para nós, é o nosso moral. Desse ponto de vista já somos vitoriosos! (...)

Abraços do filho,
Gilney

Apesar de Gilney escrever que estava bem, ele e os outros foram duramente afetados pelas arbitrariedades cometidas em Linhares após o protesto do dia 21 de setembro. O que mais mexeu com os prisioneiros não foi o isolamento nem o endurecimento das regras carcerárias a partir dali, mas a desativação, um dia depois do episódio, da "galeria das meninas". Sem que houvesse nenhum comunicado, as mulheres foram levadas da penitenciária durante a madrugada para destino ignorado. Elas ainda gritaram para tentar avisar as outras galerias sobre o que estava acontecendo, mas não adiantou. A saída delas foi um grande golpe para os presos, pois significava o afastamento de esposas, noivas, amigas, irmãs. Mais do que isso: representava o esfacelamento de parte do grupo. Era angustiante pensar no que elas pudessem estar sofrendo longe dali.

Antônio Rodrigues da Silva, 76 anos, um dos guardas que trabalharam na penitenciária por mais de três décadas, afirma que o diretor Jairo esteve pessoalmente junto ao comando do Exército para pedir a saída das presas políticas, atitude de retaliação que teve relação direta com os protestos de setembro.

"Ele disse que elas atrapalhavam a disciplina na cadeia e, por isso, precisavam sair de lá", revelou o homem que era um dos responsáveis pela apresentação das cartas escritas pelos presos políticos ao serviço de censura da 4ª Região Militar.

Sem elas, tudo seria mais difícil. Demorou muito tempo para que os presos de Linhares descobrissem que as mulheres haviam sido levadas para a Penitenciária Feminina do Horto, em Belo Horizonte. Mas as companheiras, como eram chamadas, não deixaram só lembranças e a saudade do chá das duas horas de domingo, que era preparado na ala feminina e entregue na galeria dos marmanjos pelos guardas. Mais do que sentimentos, elas plantaram um jardim na aridez de Linhares. Girassóis nasceram em meio ao calçamento de pedra de pé de moleque do pátio lateral. Havia também sempre-vivas e outras plantas cujos nomes eles não sabiam, conforme confessou Gilney em seu livro-memorial publicado em 1979: *131-D Linhares*.

Era nesse jardim que as presas colhiam as flores presenteadas aos rapazes durante as visitas de sábado, quando eles se viam por entre a cerca dupla do parlatório. Se a ausência deixada pelas meninas da Galeria C doía tanto, recuperar o jardim seria uma forma de mantê-las por perto. Mas a ideia de cuidar da terra e dessa herança não foi aceita de pronto. Em meio à discussão, um militante assumiu para si a tarefa de preservar o espaço até fazer o jardim florescer novamente. O cuidado envergonhado de um único homem virou orgulho ostentado pelos outros. De repente, todo mundo se empenhou na manutenção daquele canteiro colorido. Os novos jardineiros deram continuidade à tradição de distribuir flores para as visitas femininas de sábado, até que tiveram a ideia de ampliar o espaço destinado às plantas. Tiraram parte do calçamento do pátio e distribuíram novas sementes junto ao muro da cadeia e também em latas. Depois, as plantas foram parar em pequenos frascos, nas muretas das celas, nas janelas e nas grades.

Durante um ano, tudo permaneceu assim. Até que, numa dessas batidas policiais, os soldados entraram com tudo. Marchavam firmes em direção às flores e pisotearam uma a uma. Das janelas das celas, os presos da Galeria C assistiram ao atentado sem nada poder fazer.

"Por quê?", sussurrou um deles, imóvel diante da cena. Intimamente, eles prometeram: isso não ficaria assim.

Na primeira oportunidade, os jardineiros de Linhares se puseram a plantar novamente. Fazer ressurgir o jardim significava mais do que honrar a memória das companheiras sequestradas durante a madrugada nos idos de 1971. Era uma forma de mostrar para o regime brutal que os prisioneiros políticos poderiam até envergar, mas não tombariam. A existência do jardim foi tema de discussão nas esferas superiores, indo o assunto parar no gabinete do juiz auditor Mauro Seixas Telles. O jardim virou tema político e foi enquadrado como "risco de segurança nacional".

Incansáveis, os militantes espalhavam as sementes. Os soldados da ordem voltavam e destruíam tudo. Foi então que a direção da penitenciária decidiu cimentar o pátio lateral. Mas as plantas resistiam e brotavam nos espaços improváveis, naqueles onde o concreto mostrou-se danificado. Dali surgiu uma touceira de sempre-vivas que, mais tarde, também foi arrancada e jogada ao solo para que os militantes pudessem testemunhar sua morte.

Ninguém desistiu de replantar as sementes. Para cada touceira derrubada, surgia outra no presídio político. O renascer das sempre-vivas alimentava a esperança em um período de desertificação humana. Em nenhum outro momento, o país conheceu tanta dor.

Adeus, Linhares

No interior da cela localizada na Galeria C de Linhares, onde eram mantidos catorze presos políticos considerados irrecuperáveis, Marco Antônio Victoria Barros tentava conter a ansiedade. De tênis, calça de brim e camisa de malha verde-esmeralda, ele iniciava a contagem regressiva para sair. Uma semana antes, havia sido avisado pelo advogado Afonso Cruz que seu tempo na cadeia estava chegando ao fim. A primeira vez que o militante da Corrente Revolucionária pisou na prisão mineira, no final de 1969, tinha apenas vinte anos. Com os cabelos pretos curtos partidos de lado, lembrava Paul McCartney, um dos rapazes de Liverpool. O jeito estiloso lhe rendeu, aos catorze anos, o apelido que o tornaria conhecido por toda a vida. Mas depois de quatro aniversários no cárcere, Play havia mudado. Seus cabelos lisos chegavam à altura dos ombros. O rosto não lembrava mais o do jovem que fazia o tipo rebelde e usava jaqueta de couro e botas nas ladeiras de Ouro Preto. Era agora um homem barbado e marcado pelo período de reclusão. O ano era 1973.

Às dez horas da manhã, quando a tranca de sua cela foi aberta pela última vez, Play fechou os olhos e precisou de coragem para deixar o lugar onde permaneceu tanto tempo confinado. Não carregava nada nas mãos. Todas as roupas e os livros ficariam lá para que pudessem ser usados por outros companheiros. Nem a foto de Jane Fonda seria levada. Colada na mureta do banheiro que dividia o cubículo, era na atriz de *Barbarella* que pensava quando os hormônios ficavam à flor da pele, na idade em que se excitava até com saias no varal.

Em seu último dia em Linhares, o preso da Galeria C percebeu que, mesmo isolado, não havia conhecido a solidão. Transferido para a antiga ala das meninas após participar das greves de fome e da tentativa de motim em 1971, contou com a solidariedade na cadeia para resistir ao endurecimento das regras carcerárias. E os companheiros que dividiram os piores momentos com ele, em Linhares, também estavam lá para dizer adeus. Adeus, não, *Hasta siempre*, a eterna saudação revolucionária.

Mas não foi com a canção cubana escrita em homenagem a Che Guevara que os presos políticos se despediram do amigo. Foi ao som de Milton Nascimento, o Bituca, que havia lançado, em 1972, o álbum *Clube da Esquina*.

> Eu já estou com o pé nessa estrada
> Qualquer dia a gente se vê
> Sei que nada será como antes, amanhã

Ao ganhar o corredor, Play experimentou a maior emoção da sua vida até ali. Viu o sorriso no rosto de Gilney, o preso que ficaria na galeria dos isolados por longos seis anos. Ele foi um dos que abraçaram o mais novo liberto da ditadura. Primeiro suas mãos se tocaram no ar. Depois, Play teve o rosto segurado pelo amigo. Além dele, todos os outros doze companheiros da Galeria C apareceram. Os da A e da B também. Play não conseguia falar. Apenas chorava. Quando a canção invadiu a cadeia, foi como se passasse um filme em sua cabeça.

Que notícias me dão dos amigos?
Que notícias me dão de você?
Sei que nada será como antes amanhã

Lembrou-se, então, do escritor Caio Prado Júnior, autor que estava lendo no momento de sua prisão, ocorrida em 9 de abril de 1969, em Belo Horizonte. A Polícia Militar invadiu o aparelho da rua Padre Eustáquio, onde ele e outro militante da Corrente estavam escondidos após o trágico assalto ao Banco de Minas Gerais em Ibirité, região metropolitana da capital. Relizada no dia 5 de fevereiro daquele ano, a expropriação marcaria sua vida e a de outros quatro amigos: Antônio José de Oliveira, Délio de Oliveira Fantini, Nelson de Almeida e Arnaldo Fortes Drummond. Eles já estavam visados por participações anteriores em ações armadas naquela localidade. Em janeiro, uma pedreira foi alvo do grupo que conseguiu levar mais de trinta quilos de dinamite. O furto dos explosivos resultou em uma caçada aos integrantes da Corrente. Com o material nas mãos, eles passaram a oferecer grande risco ao regime.

Quinze dias depois da expropriação da pedreira, invadiram a agência bancária. Até conseguiram sair do Banco de Minas Gerais com o dinheiro do caixa, porém, um caminhoneiro de nome Salvador Campos desconfiou da atitude dos rapazes e passou a segui-los pela MG-040, após acionar os órgãos de repressão. Os dois veículos se chocaram na estrada. Ao perceber a aproximação do condutor do caminhão e de outros homens que estavam de carona, Antônio José de Oliveira, o Tonhão, tentou armar a Colt .45 que levava, mas acabou quebrando a perna ao sofrer um disparo acidental da pistola enquanto colocava a munição. Ferido, não conseguiu correr. Play tentou em vão ajudar o companheiro. Àquela altura a polícia já havia montado um cerco armado na rodovia.

— Anda, Tonhão, vambora — disse Play, desesperado.

— Me deixe aqui — respondeu, ensanguentado, o comandante daquela ação.

— Não! — gritou Play, sem conseguir impedir a tragédia iminente.

Percebendo que não escaparia da polícia, Tonhão disparou dois tiros à queima-roupa contra o próprio peito. Preferia o suicídio a ser arrastado para os porões da ditadura. Dizia que só morto o levariam.

Play ficou desnorteado diante da cena. Tonhão caiu ao solo, inerte. Sem conseguir levantar o companheiro de militância, ele fugiu, deixando para trás o amigo. Aquela imagem nunca saiu de sua memória.

Já em fuga, Délio Fantini voltou quando viu o comandante de 1,85 metro no chão. Colocou Tonhão nas costas e tentou correr com ele. Ambos, porém, foram capturados na ação policial. O dinheiro do assalto foi jogado no mato pelos colegas durante a fuga. Os dois que caíram nas mãos da polícia foram levados primeiro para a delegacia. Mesmo com sangue se esvaindo pelo corpo, em função dos tiros que perfuraram seu peito, Tonhão foi duramente inquirido. Depois, ele e Délio foram transferidos para o Pronto-Socorro da capital, onde o baleado teve um dos pulmões removidos. Embora fosse surpreendente, o militante da Corrente havia sobrevivido ao gesto suicida.

Délio também. Os dois foram massacrados. Délio passou tantos dias sendo torturado que precisou colocar platina em um dos braços. Já Nelson de Almeida acabou sendo assassinado pela polícia três meses depois daquela ação.

Os membros da organização chegaram a elaborar uma operação de resgate dos companheiros no hospital. O próprio Gilney fez um reconhecimento da área. Um táxi foi roubado para ser usado na arriscada ação. No entanto, o plano não foi colocado em prática devido ao risco de outros integrantes serem pegos.

Mesmo escondido, Play foi localizado, no mês seguinte ao assalto, no aparelho em Belo Horizonte. Levado com José Alfredo e Arnaldo Fortes Drummond para o departamento de investigações da PM, que funcionava na praça da Liberdade, ele foi aterrorizado por cachorros da raça pastor-alemão que latiam sem parar e ainda lambiam seu rosto sob a ordem de seus donos. Mas a pior tortura que sofreu foi outra. Mantido por uma semana, de cuecas, dentro de uma sala de aula do quartel de cadetes da Academia de Polícia Militar, no bairro Prado, foi impedido de dormir. Se tombasse da cadeira na qual estava sentado, o que sempre acontecia ao ser tomado pela exaustão, era atingido por chutes e socos. Acabou defecando e urinando na cueca, servindo de chacota para os alunos e até para o capelão da unidade. O homem baixo, de rosto rosado e meio careca ia até lá todos os dias:

— Comunista tem cabeça de granito, não muda nunca — dizia o sacerdote que não se comportava como tal.

Ao ser levado para um novo interrogatório, Play teve o rosto cortado pelo anel de um militar que o atingiu com um soco. Deixou o bairro Prado com a face sangrando. No caminho, deparou-se com o homem fardado que depois veio saber tratar-se do general Itiberê Gouveia do Amaral, comandante da 4ª Região Militar em 1968.

Marco Antônio Victoria Barros ao deixar a penitenciária após quatro anos de reclusão.
Play ficou quatro anos na Penitenciária de Linhares, preso por participar de ações
de expropriação em Minas

— O que aconteceu com o seu rosto? — perguntou o oficial.

— Foi ele que me deu um soco — respondeu, apontando para um dos militares que o acompanhavam, acreditando que este seria repreendido.

— Com esses comunistas não se pode bobear. Vocês estão de parabéns — elogiou o general, saindo da sala.

Lembranças como essas iam e vinham na cabeça de Play. Os companheiros de Linhares continuavam cantando.

Que notícias me dão dos amigos?
Que notícias me dão de você?

Ao deixar a ala destinada aos presos políticos, Play ainda conseguia ouvir a canção de Bituca.

Num domingo qualquer, qualquer hora
Ventania em qualquer direção
Sei que nada será como antes amanhã

Já na direção do setor administrativo da cadeia, ele ainda olhou para trás. Dezenas de companheiros estavam às janelas das galerias. Play parou, sorriu e levantou os braços em sinal de vitória. Foi conduzido até o diretor Valdelar Mendonça Peterson. Na sala da direção, assinou um salvo-conduto que lhe permitiria transitar pelo país desde que seguisse as restrições impostas para a concessão da liberdade condicional, o que incluía a obrigação de se apresentar mensalmente na cidade.

Ao se aproximar da porta da cadeia, o ex-prisioneiro foi saudado por funcionários da unidade. Muitos deles admiravam em segredo a coragem daqueles estudantes que acreditavam no sonho utópico de uma sociedade socialista e no ideal de devolver a democracia ao país. No momento em que o portão de ferro foi aberto, Play avistou sua irmã, Joana Darc Barros, que o esperava de braços abertos. Correu em sua direção. O cunhado Flávio Fiali se juntou aos dois naquele abraço coletivo. A liberdade deixou o antigo prisioneiro zonzo.

Os três entraram no Opala verde de Fiali. O automóvel seguiu pela estrada de terra. Play ainda olhou para trás pela última vez e viu a cadeia envolta em poeira. Mirou de longe o portão de ferro do lugar onde foi trancafiado dos vinte aos 24 anos. Pensou nos amigos que ficariam ali.

"Qualquer dia a gente se vê", disse baixinho, repetindo o refrão da música cantada na sua despedida.

Não era só o carro que estava em movimento. Seus sentimentos também. Play queria mais do que nunca viver o resto de sua juventude, porém sentia-se inseguro diante dos desafios que enfrentaria pela frente. Teria de recomeçar. Precisava refazer seus planos de vida, retomar o convívio social, voltar a estudar, trabalhar, encontrar o seu lugar no mundo do qual foi arrancado, embora o país ainda estivesse sendo governado pela força. Não tinha sequer ideia de como seria beijar uma garota outra vez, pois havia quatro anos não tocava em uma. Naquele adeus a Linhares, Play teve certeza: nada será como antes.

Nitroglicerina pura

Recém-chegado a Brasília, Nilmário Miranda recebeu um recado: deveria comparecer ao gabinete do presidente da Câmara Federal, Ibsen Pinheiro.

"Mas o que será que ele quer comigo?", indagou-se, pensativo, o estreante na cadeira de deputado federal. Eleito para o cargo em 1990, o jornalista já havia sido deputado estadual constituinte pelo PT de Minas Gerais de 1986 a 1990.

Naquele início de 1991, ele ainda aprendia sobre o funcionamento da complexa engrenagem do Congresso. Ser chamado pelo presidente era uma novidade para alguém que estava começando. O caminho até a sala 539 parecia bem longo.

— Com licença — pediu ele, ao ser anunciado no gabinete.

— Entre — convidou Pinheiro, sentado à mesa de reuniões.

Nilmário ficou ainda mais surpreso ao perceber que não estava sozinho. Outros três nomes de peso da política do país compareceram ao encontro: Nelson Jobim, relator da revisão constitucional de 1988, Ulysses Guimarães, presidente da Assembleia Nacional Constituinte, e Luiz Henrique da Silveira, líder da bancada do PMDB. Ibsen foi direto ao assunto.

— Deputado, chamei você aqui porque estou preocupado.

— O que houve, presidente? — perguntou o novato, ainda mais curioso sobre o motivo daquela reunião.

— Eu soube que você está pedindo o desarquivamento da CPI que trata dos mortos e desaparecidos políticos.

— Realmente, estou iniciando uma mobilização aqui na casa nesse sentido. Com a mudança de legislatura, a CPI proposta por Luiz Eduardo Greenhalgh e Luiz Carlos Sigmaringa Seixas foi arquivada. Estou pedindo o desarquivamento.

— Nilmário, escute — interrompeu Ulysses Guimarães, um dos ícones das Diretas Já, campanha de redemocratização do país que levou mais de 1 milhão de pessoas ao Comício da Candelária, no Rio, em 10 de abril de 1984. — Essa é uma questão muito delicada — comentou o político veterano.

— Sei disso, mas a elucidação dos casos é extremamente necessária — respondeu Nilmário.

— Concordo com você sobre a relevância desse assunto. Aliás, todos aqui somos muito sensíveis ao tema. No entanto, essa é uma ferida muito recente no país. A democracia é muito novinha, e os militares estão todos aí, vivos. Uma CPI dessa natureza é nitroglicerina pura — argumentou Nelson Jobim.

— Além disso — falou Ibsen —, não sabemos as reações que tudo isso pode provocar. Já pensou se eles cercam o Congresso com tanques de guerra e pedem um novo fechamento da casa?

Nilmário ouvia.

— Seremos engolidos — alertou Ibsen. — E você, acusado de revanchismo, já que foi um preso político.

Nilmário conheceu de perto as perseguições daquela época. Tudo começou em Teófilo Otoni, no Vale do Mucuri. Filho de um comerciante e de uma professora primária, ele cresceu vendo a organização política do núcleo ferroviário atraído para a cidade durante a construção da estrada de ferro que ligava Minas ao mar. Os ferroviários formavam a resistência que parou a ferrovia, em 1961, quando o alto-comando das Forças Armadas tentou impedir a posse de Jango após a renúncia de Jânio Quadros.

O caminho político de Nilmário foi selado na adolescência, época em que se aproximou, ainda no nordeste mineiro, da Ação Popular. Após saber do golpe militar, passou o dia no sótão da velha casa de Leovegildo Pereira Leal esperando por uma reação popular que não veio. Mergulhou em profunda tristeza.

— Está tudo acabado — desabafou o jovem para três companheiros da esquerda católica.

Mais tarde, Nilmário soube da prisão de 74 pessoas acusadas de subversão no pequeno município. Ligado ao Partido Comunista Brasileiro desde 1941, Oldack Miranda, seu pai, estava entre os detidos. O comerciante permaneceu quinze dias preso.

Mas foi em Belo Horizonte, onde estudou no Colégio Estadual Central, que Nilmário ingressou na organização Política Operária — a Polop. Sua primeira prisão, em 1968, levou a Faculdade de Ciências Econômicas, da qual fazia parte, a organizar um protesto contra o arbítrio. Ao ser liberado, rumou para a clandestinidade em São Paulo. Capturado, foi levado para a Delegacia de

Ordem Política e Social (Dops) do temido Sérgio Fernando Paranhos Fleury, o delegado batizado de "Anticristo" pelas barbaridades que praticou em 1972.

Para salvar o filho, Neli viajou de ônibus até São Paulo, onde passou dias e noites à porta do Dops insistindo em vê-lo. Um dia, cansado da presença dela na delegacia, Fleury mandou buscar o preso.

Ficha carcerária de Nilmário Miranda, encontrada na Penitenciária de Linhares
pela Comissão Municipal da Verdade de Juiz de Fora

Documento que solicitou a transferência de Nilmário
para o estado de São Paulo a fim de passar por interrogatório

— Filho! — exclamou ela, aproximando-se de Nilmário. — Você está sendo bem tratado?

— Bem tratado, mãe? Aqui é só tortura — revelou, ignorando a presença dos policiais.

Desesperada, Neli fazia sinal para Nilmário calar a boca. Não adiantou. Do Dops, o filho da professora peregrinou por várias cadeias paulistas, entre elas o presídio Tiradentes e o Carandiru. Foi no Carandiru que ele conheceu a experiência de um jornal político gratuito e despertou para a ideia de trabalhar com o jornalismo. Na década de 1970, após ganhar a liberdade, criou o *Jornal dos Bairros* em Belo Horizonte. O periódico circulou por sete anos.

Antes, porém, em junho de 1970, Nilmário foi avisado na Cadeia do Hipódromo que deixaria São Paulo. Ele,

Munir Tahan Sab, Antônio Barbosa Neto e Nelson Martinez não tinham a mínima ideia de para onde seriam enviados. Passaram a noite no "corró" esperando o momento de partir. Ao deixar a cela, Nilmário doou para os presos políticos seus únicos bens: um radinho de pilha e alguns livros. Pela manhã, os quatro foram colocados em um camburão, onde ficaram algemados uns aos outros e à viatura.

Já era quase meio-dia, e o sol castigava os presos. Conseguiram se livrar dos agasalhos que vestiam ao deixarem São Paulo, mas foram mantidos com pouquíssima ventilação durante a viagem. Barbosa passou mal e acabou vomitando dentro daquele espaço exíguo. Um cheiro insuportável de bílis deixou todos nauseados. O vômito se misturou ao suor que escorria insistentemente. Mantidos em condição desumana, os prisioneiros só conseguiram respirar ar puro sete horas depois, já em Juiz de Fora, onde a parte traseira do caminhão foi aberta.

Imundo, exausto e faminto, Nilmário deu entrada na Penitenciária de Linhares. Foi levado direto para o isolamento, sem direito a banho. Dentro da cela, ele ouviu a conversa dos guardas.

— Fizeram café, cê qué um gole? — perguntou um vigia para o outro.

— Nossa, que trem bão — elogiou o colega de farda.

A bebida veio em caneca esmaltada, acompanhada de um pedaço de rapadura. Nilmário, que assistia à cena da galeria, respirou aliviado.

"Estou em casa", disse para si mesmo.

Ser trazido para Minas o aproximava de sua família. Em Linhares, ele permaneceu por um ano.

Foi em função da amizade com Munir que Nilmário conheceu o irmão dele. Formado em direito pela Universidade do Estado da Guanabara, Fahid Tahan Sab acabou colocando sua advocacia em favor dos presos políticos, tornando-se um militante da causa. Só em Linhares, ele e os colegas Geraldo Magela, Afonso Cruz, Carlos Cateb e Elizabeth Diniz representaram, além de Nilmário, mais de cem prisioneiros da ditadura. Na maioria das vezes, trabalharam de graça. Por isso, Fahid usava o salário que recebia como assistente jurídico da Associação dos Servidores do DNER, em Belo Horizonte, para pagar as despesas de deslocamento. Geralmente, a viagem da capital para o interior era feita no carro de Magela, que, segundo Fahid, "não sabia dirigir", tornando o percurso ainda mais perigoso. Em Juiz de Fora, eles se hospedavam em hotéis sem nenhuma categoria para baratear custos.

Amigos, Fahid e Geraldo frequentavam, nas poucas folgas que tinham, o Clube Forense, em Belo Horizonte, onde jogavam futebol. Os dois se trocavam no vestiário, quando um conhecido juiz entrou.

— Bom dia, Excelência — disse um advogado classificado por Fahid como puxa-saco.

Magela não perdoou:

— Olha, Fahid, é a primeira Excelência pelado que eu já vi.

O vestiário veio abaixo. Todo mundo riu.

Foi a advogada Elizabeth Diniz quem despertou em Fahid a responsabilidade de trabalhar junto aos presos políticos. Ao procurá-la no escritório da avenida Afonso Pena com a praça Sete, para defender o irmão que estava foragido e, por isso, sendo processado à revelia, em Minas, ela o incentivou:

— Mas você é advogado, Fahid. É você quem vai advogar para ele.

— Ô Beth, eu não sei.

— Será você, sim — insistiu ela.

Assim começou uma nova etapa na vida do homem que conheceu de perto as barbáries do regime. No final de 1971, Fahid foi acionado por colegas do seu irmão Munir, que pertencia à Aliança Libertadora Nacional (ALN) e havia sido baleado na garganta, em São Paulo, após uma tentativa de expropriação de um Fusca. Mais tarde, soube-se que o veículo, de chapa fria, pertencia ao DOI-Codi. Levado para a Vila Palmares, no ABC paulista, onde funcionava um dos aparelhos da organização, Munir — que antes de entrar para a clandestinidade trabalhava na Prefeitura de Belo Horizonte — estava havia dias sendo mantido com uma traqueostomia improvisada no orifício aberto pela bala, alojada debaixo da clavícula. Fahid, então, iniciou uma operação de rendição, exigindo garantias de proteção para a vida do irmão junto ao Ministério Público Militar e à Justiça Militar. Contou com o apoio dos advogados Belisário dos Santos Júnior e Antônio Mercado Neto. A preocupação de Fahid era preservar a integridade física de Munir, que já estava com a prisão preventiva decretada, além de garantir seu imediato tratamento.

Em São Paulo, o baleado foi transferido do São Camilo para o Hospital das Clínicas e submetido a uma traqueostomia e a uma gastrostomia para que pudesse respirar e se alimentar. Depois foi levado para o Hospital do Exército, no bairro do Cambuci, onde chegou a receber visitas do irmão e da mãe. Repentinamente, porém, foi colocado incomunicável. Suspeitando de que algo estivesse errado, Fahid viajou a Juiz de Fora para pedir ajuda ao juiz auditor da 4ª Região Militar, Mauro Seixas Telles. Os dois haviam sido colegas de turma na faculdade. Fahid solicitou que Mauro fosse interrogá-lo, em São Paulo, no Hospital Militar, onde o irmão estava amarrado à cama. Ele atendeu. O gesto do juiz impediu que Munir fosse julgado sem ter sido ouvido e também que fosse morto por inanição.

Nesse encontro, ele e Fahid souberam que Munir foi supliciado durante o período de internação. Teve sopa e água quente despejadas diversas vezes dentro da sonda que o alimentava. O magistrado ainda pôde ver o corpo dele queimado. Com quase 1,80 metro, estava pesando menos de 50 quilos. Era pele e osso.

Fahid chegou a ser preso por seu envolvimento com Munir e duramente castigado nos porões da ditadura. No famigerado DOI-Codi, experimentou na carne a humilhação de ficar nu e receber sucessivos choques elétricos. Ao presenciar a cena, Munir teve uma crise nervosa:

— Esse cara não fez nada. Ele ajuda a gente. É meu irmão, meu advogado — gritou desesperadamente.

Fahid não desistiu de lutar pela liberdade. Foi na véspera do Natal de 1971, no julgamento de Abner de Souza Pereira, o tratador de animais do Zoológico de Belo Horizonte que se tornou "professor" na "Universidade Livre de Linhares", que o advogado levantou mais uma vez sua voz:

— Não espero aqui uma dádiva de Natal. A verdadeira justiça é um exercício de todos os dias do ano!

Naquele dia, Abner foi absolvido.

* * *

De volta ao Congresso, a conversa na sala de Ibsen Pinheiro prosseguiu por quase uma hora, mas Nilmário insistiu na necessidade de se pensar em uma alternativa para a CPI dos mortos e desaparecidos políticos. Foi após essa reunião que uma comissão externa para o levantamento dos casos foi criada, funcionando até 1995. Em seguida, nasceu a Comissão de Direitos Humanos da Câmara Federal, da qual Nilmário foi presidente, com participação efetiva no acompanhamento das violações de direitos em todo o país.

Fahid e seus colegas atuaram na defesa de mais de cem presos políticos da Penitenciária de Linhares

Conheci Nilmário em 1999, quando ele estava à frente dessa comissão. Eu havia viajado para dar andamento a uma reportagem que escrevia para a *Tribuna de Minas* sobre adolescentes em conflito com a lei. No Congresso Nacional, procurei o deputado com o intuito de entrevistá-lo.

Em 2001, eu havia denunciado a prisão injusta de um pai acusado de estuprar a filha de um ano e sete meses. Descobri que a menina tinha um tumor na área genital e o pai havia sido torturado para confessar o falso crime. Com a publicação da matéria na *Tribuna*, o inocente foi tirado da cadeia e os policiais envolvidos na prisão dele, condenados por crime de tortura, sentença confirmada em segunda instância, embora a ação ainda esteja em fase de recurso. O caso trouxe o parlamentar à cidade mais uma vez.

Nilmário ainda presidia a comissão quando me telefonou, em 2002, pedindo que investigasse a história do jovem Marco Aurélio Brás, condenado por latrocínio na cidade mineira de Três Corações e que escrevia insistentemente para ele alegando inocência.

— Por favor, gostaria que você desse uma olhada nesse caso. Acho que pode te interessar — disse ele ao telefone.

Intrigada, fui pessoalmente ao Ceresp de Juiz de Fora, onde Marco Aurélio Brás estava preso. Naquela época, já existia a proibição de a imprensa acessar a cadeia, mas insisti. Precisava ouvir do próprio condenado a sua versão da história. Ele repetiu para mim o que já havia dito nas cartas: jamais esteve no local do crime. Apresentei o caso ao jornal e viajei, logo depois, para Três Corações, na tentativa de buscar provas da culpa de Marco Aurélio. Não as encontrei. A fragilidade das peças processuais me impressionou. A arma do crime não havia sequer sido encontrada e não havia testemunhas que tivessem reconhecido o acusado. Passei meses apurando essa história, até que fui conversar com a Polícia Civil de Três Corações. Na ocasião, um policial me disse ter ouvido falar sobre outro rapaz que teria confessado, na Penitenciária de Neves, ter sido ele o autor do crime. Segui para Ribeirão das Neves em busca de Eric Rômulo da Silva. Minha entrada em um dos presídios mais perigosos do país foi barrada. Só seria permitida com autorização judicial. Como ainda era muito cedo, e o Fórum só abria ao meio-dia, não tive dúvidas: bati na casa do juiz. Saí de lá com a autorização nas mãos.

Quando venci o gigantesco portão de aço da Penitenciária de Neves, estremeci:

"Meu Deus, o que estou fazendo aqui? Se tiver uma rebelião, não saio viva", pensei, rezando por proteção.

A conversa com Eric Rômulo da Silva, preso sob acusação de estupro, durou mais de duas horas. Levei um tempo para entrar no assunto que me levou até ali. Já Eric foi direto.

— Fui eu quem matou o vigia. Nem conheço esse cara e não sei por que ele está preso em meu lugar. O cara é inocente.

Com todos os documentos que reuni e a gravação autorizada de Eric, escrevi uma série de matérias na *Tribuna* sobre o caso, que foi acompanhado diretamente por Nilmário através da Comissão de Direitos Humanos da Câmara Federal. Mais tarde, Nilmário tornou-se ministro da Secretaria Nacional dos Direitos Humanos. Em 2003, o Tribunal de Justiça de Minas Gerais reconheceu a inocência do rapaz e, em uma decisão inédita no estado, anulou a sentença de Marco Aurélio, que havia sido condenado a dezenove anos de prisão. Ele foi libertado após amargar quatro anos de detenção. Com 23 anos, deixou a cadeia com tuberculose e as marcas da violência pelas quais passou.

— Acordei de um pesadelo — declarou, na saída da prisão.

O parlamentar acompanhou de perto centenas de casos como esse. Marco Aurélio Brás era apenas mais um brasileiro que, por sua condição social, já estava previamente condenado ao pior.

Nilmário se dedicou a esses anônimos e também à recuperação da memória daqueles que perderam suas vidas durante o regime militar ou foram silenciados pelas forças de segurança. Em 1999, lançou o livro *Dos filhos deste solo*, em parceria com o jornalista baiano Carlos Tibúrcio, reunindo mais de trezentos casos de mortos e desaparecidos políticos durante a ditadura militar. O jurista Hélio Bicudo destacou a importância da obra no contexto de luta do povo brasileiro por uma democracia ainda não alcançada. Em 2008, a publicação foi revisada e trouxe mais 160 novos casos examinados a partir da Lei nº 9.140/95. A norma reconheceu a responsabilidade objetiva do Estado pelas mortes e pelos desaparecimentos de opositores políticos e reabriu, em 2002, o prazo para requerimento de exame de casos, ampliando o período de abrangência. Inicialmente, considerava os episódios ocorridos entre 1961 e 1979. No governo do presidente Fernando Henrique Cardoso, o prazo foi ampliado até 1988.

Já em 2004, no governo do presidente Luiz Inácio Lula da Silva, as mortes por suicídio em consequência de sequelas de torturas ou para escapar aos seus suplícios, as ocorridas em manifestações de protesto contra a ditadura, as resultantes de confrontos com agentes da repressão estatal e ainda as decorrentes da Operação Condor, que teve o concurso de agentes brasileiros, foram consideradas responsabilidade do Estado.

"Enquanto a verdade não emergir, e os restos mortais dos desaparecidos não forem devolvidos às suas famílias, a luta dos movimentos de anistia e direitos humanos certamente continuará", destacaram os autores de *Dos filhos deste solo*.

PARTE III
Segredo revelado

Cova 312

Naquele abril de 2002, eu completava quase dois meses de peregrinação em busca de pistas que pudessem me levar até o guerrilheiro do Caparaó cujo corpo estava desaparecido havia mais de trinta anos. Estava tão mergulhada nessa investigação jornalística que não me permiti desistir. Até que no fim da tarde do dia 17 de abril, uma quarta-feira, resolvi ir até o Cemitério Municipal de Juiz de Fora. Foi como se alguém tivesse soprado em meu ouvido. Na minha cabeça, aquele seria um lugar óbvio demais para se esconder um corpo. No entanto, como sempre procuro seguir minhas intuições, lá fui eu para o cemitério. Já passava das cinco horas da tarde quando entrei pelo portão lateral e subi a escada pintada de cinza que leva ao segundo andar da administração.

— Boa tarde, sou Daniela, da *Tribuna*. Vocês têm o livro de óbitos de 1967?

— Livro de óbitos de 1967? Olha, vou ter que dar uma olhada — respondeu, simpático, o assistente administrativo Cristiano Chaves de Oliveira.

"Pelo menos tem boa vontade", pensei, sem tentar demonstrar muito interesse.

O rapaz foi até uma sala e voltou cerca de quinze minutos depois com um livro empoeirado de capa na cor café com leite. Colocou sobre o balcão.

— Será que é este aqui?

— Acho que sim — respondi sem muita certeza.

Ele começou a folhear os meses.

— Abril de 1967?

— É — confirmei, com os olhos colados no livro.

— Quem você procura?

— Milton Soares de Castro.

Cristiano passou o dedo pelas páginas em silêncio. Nós olhamos vários nomes. Nada.

— É, infelizmente, não posso te ajudar — disse, fechando o livro.

— Tem certeza de que não há outros livros?

— Tenho, sim, este é o único.

— Obrigada, agradeço muito sua atenção.

Já estava descendo a escada, quando ele me chamou.

— Vamos olhar de novo?

— Claro.

Ele começou a ler os nomes, mas dessa vez pausadamente. Lá pelas tantas, parou o dedo sobre uma das linhas pretas que separavam as colunas do papel branco.

— É Milton Soares de Castro?

— É — respondi com o coração na boca.

— Está aqui, na cova 312, quadra L. Parece que é uma sepultura rasa.

— Hein? Cê tá falando sério?

Guia para Enterramento

Aloysio Villela de Castro, serventuário vitalício do ofício de Escrivão de Paz e Oficial do Registro Civil do 2.º Sub-Distrito da Cidade de Juiz de Fora, Estado de Minas Gerais, na forma da lei, etc.

CERTIFICO, que lavrei hoje o registro de óbito de *Milton Soares de Castro* de côr *Branca*, do sexo *Masculino*, estado civil *Solteiro*, com a idade de *26* anos *10* mêses e *5* dias, de nacionalidade *Brasileira*, vitima de *Asfixia por enforcamento*

filho de *Virilio Palmeira de Castro* e de Dona *Universina Soares de Castro*, falecido ás *8* horas e *___* minutos de *28 / 4 / 67*, na Rua *Penitenciaria de J. Fora n.º* ___ Atestou o óbito médico Doutor *José Guadalupe Baeta Neves*

Será sepultado no Cemitério *de St.ª Maria R. G. Sul dig* desta cidade, *N.ª Senhora Aparecida*

Juiz de Fora, *28* de *Abril* de 196*7*

Guia para enterramento de Milton Soares de Castro, emitida por cartório
da cidade de Juiz de Fora, supostamente em 28 de abril de 1967.
Está com a data rasurada

— Pode ver — disse, virando o livro para mim pois estávamos separados por um balcão.

Quando li, tive, literalmente, um ataque de emoção.

— Não acredito, meu Deus, isso é história do Brasil! — gritava, andando de um lado para outro da sala. Comecei a pular.

Cristiano ficou me olhando sem entender quase nada. Meu plano de não demonstrar a importância daquele nome havia ido por água abaixo. A verdade é que eu estava enlouquecida. Meu peito parecia que ia explodir. O livro indicava o número de ordem gerado no cemitério: 20.801. Apontava, ainda, a hora do falecimento: oito horas da manhã. E data e hora do sepultamento: duas horas da tarde do dia 29 de abril.

Qual o motivo de ele ter sido enterrado em uma sepultura rasa, como se fosse indigente, se Milton tinha família que procurava por ele?

Perguntei ao funcionário, bem mais jovem do que eu, se havia alguma documentação referente àquele ano. Com enorme boa vontade, ele buscou algumas pastas, onde localizou a guia para enterramento. O documento indicava, equivocadamente, o enterro de Milton no cemitério de Santa Maria, Rio Grande do Sul, com uma correção de local feita logo em seguida: "Será sepultado no cemitério Nossa Senhora Aparecida, em Juiz de Fora." A data do óbito estava rasurada. Primeiro aparece como 27 de abril de 1967, mesmo dia do seu interrogatório. O dia é corrigido para 28 de abril e o número oito escrito em cima do sete.

— Cristiano, por favor, eu preciso levar esses documentos para xerocá-los.

— Infelizmente, não podemos deixar ninguém sair com documentos internos. Além disso, já são seis horas da tarde. Precisamos fechar.

Documentos de empresa funerária e do cemitério municipal
confirmam o enterro de Milton na cova 312

— Ah, você quer fechar? Pode fechar, mas eu vou dormir aqui, porque não saio sem esses documentos — disse, sentando-me no banco de cimento e cruzando os braços.

O funcionário coçou a cabeça pensativo.

— Daniela, em nome do jornalismo, eu vou deixar você levar. Mas terá que voltar em meia hora.

— Como assim, em nome do jornalismo?

— É que eu sou estudante do quinto período da Faculdade de Comunicação da UFJF e conheço o seu trabalho. No ano passado, assisti à entrevista que você deu no programa da Hebe sobre aquele caso do garçom acusado injustamente de estuprar a filha.

Eu estava embasbacada. O que um estudante de jornalismo fazia ali? Soube, depois, que Cristiano, na época com 24 anos, havia ido para lá como responsável pela implantação do sistema informatizado de dados do cemitério. Até aquele momento, só havia registros em papel. A função dele era criar um banco de dados digital.

Tive vontade de dar um abraço nele, mas não havia tempo para nada. Fui correndo a pé para o jornal, que ficava a alguns quarteirões dali. Na entrada, meu chefe conversava com alguém. Passei voando, mas ainda o ouvi dizer:

— Ela deve ter encontrado alguma coisa.

Segui direto para a sala onde ficava o equipamento de xerox. Fiz a reprodução e voltei de carro ao cemitério. Já havia escurecido.

— Cristiano, eu não tenho como agradecer. Se eu ainda puder pedir alguma coisa, pode fazer silêncio sobre isso? Não posso explicar agora, mas é algo muito importante.

— Fique tranquila — respondeu ele.

Foi difícil me manter serena. Com aquele material nas mãos, havia muito a ser feito. Uma das providências era pedir a segunda via da certidão de óbito do guerrilheiro no cartório. Como ele havia sido enterrado na cidade, deveria haver uma. Também precisava ligar para os familiares de Milton para dar a notícia e ainda fotografar a cova. Não conseguia dormir. Precisava escrever rápido, nada daquilo podia vazar.

À noite, liguei de casa para Nilmário Miranda.

— Deputado, você está sentado? Encontrei o lugar onde Milton foi enterrado.

— Onde, como? — indagou ele, surpreso.

— Não posso dizer agora, mas você vai saber em breve.

No dia seguinte, esperei o cemitério abrir. Na companhia do fotógrafo Henrique Viard, comecei a procurar a quadra L. Passamos pela área nobre do cemitério que fica no platô térreo, "um local com vista para o mar", como a gente costuma brincar aqui em Minas diante da proximidade de Juiz de Fora com o Rio. Lá estão os túmulos esculpidos em mármore italiano, cuja beleza e o valor histórico mereciam uma visita guiada. Além de prefeitos, deputados, poetas e pintores, estão enterrados nessa área ilustre brasileiros como o ex-presidente Itamar Franco. Nos platôs superiores, nas áreas de barranco, ficam as pessoas comuns, os anônimos. Já no topo do morro, os sem eira nem beira, os invisíveis.

Milton estava entre os esquecidos. Chegar até lá foi quase uma escalada. Quando vi a cruz de pedra com o número 312, fiquei mexida. "Então é aqui que colocaram seu corpo…", pensei, como se conversasse com ele. Como eu gostaria de saber o que havia se passado na noite do interrogatório do guerrilheiro.

— Acabei — disse o fotógrafo Henrique.

— Espera mais um pouco — respondi, imersa em muitas dúvidas. Voltei para a entrada do cemitério em silêncio. Dentro de mim, porém, havia um barulho ensurdecedor. De lá, segui para a rua Barão de Cataguases, onde fica o cartório do 2º Subdistrito, responsável pelo registro civil das pessoas naturais. Apresentei-me como repórter e pedi a segunda via da certidão de óbito do Milton.

— Pode demorar mais de uma semana — avisou a atendente.

— O quê? Uma semana? Por favor, preciso disso com urgência.

Quatro dias após o médico do Exército Marcus Nagem participar do exame cadavérico de Milton, ele é elogiado por escrito, em ofício assinado por juiz auditor, por sua atuação perante o Conselho Permanente de Justiça, cargo que ocupou por 32 dias

A moça conversou com o oficial e prometeu me entregar em dois dias. Na segunda-feira, dia 22 de abril, peguei o documento e descobri que um homem chamado Waldyr Aguiar era apontado como declarante do óbito. Acionei uma fonte do Exército para levantar se havia alguém nos quadros da corporação com aquele nome. Bingo! Havia um militar. Telefonei e pedi para falar com

Waldyr, que, soube, estava com 62 anos. Tive uma grande surpresa:

— Olha, Daniela, eu era cabo do Exército naquela época. Mas, em abril de 1966, eu pedi baixa depois que voltei da Faixa de Gaza, na Palestina. Usaram o meu nome ou era um homônimo.

Eu tinha dado mais um passo. Outra informação que consegui é que a necropsia do preso político ocorreu no Hospital Geral de Juiz de Fora, o Hospital Militar. O laudo do exame cadavérico havia sido assinado, na ocasião, pelos médicos do Exército Marcus Antônio Nagem Assad e Nelson Fernandes Oliveira. O óbito foi atestado pelo médico civil José Guadalupe Baeta Neves, dos três, o único com credenciamento em medicina legal, tendo sido declarada como *causa mortis* asfixia por enforcamento. Decidi que ouviria os três sobre o episódio. Soube, porém, que Guadalupe já havia falecido. Parti então para a localização do militar reformado Marcus Antônio Nagem Assad, que não me recebeu bem.

Ao me apresentar e cumprimentá-lo, ele apertou meus dedos como se quisesse esmagá-los. Mantive a pose.

— Olha, menina, você sabe com quem está falando?

— Claro que sim. Com o médico do Exército, doutor Nagem. É o senhor, não?

— Qual o seu interesse nisso?

— Apenas levantar um episódio histórico.

Naquele momento, fiquei aliviada de ter levado o gravador. Eu tremia tanto que se pegasse na caneta ele perceberia.

— Não me lembro desse caso. O que posso dizer é que a mim, porém, só cabia descrever as lesões encontradas durante o exame e não identificar a forma como elas foram produzidas. Além disso, o corpo já chegava para a gente lavado, por isso não tinha como verificar, por exemplo, marcas de sangue. Se houvesse lesões, elas eram transcritas com absoluta isenção e ética pela equipe examinadora. A mim não cabia perquirir, mas descrever fielmente a lesão. A parte causal não é médica, é policial.

No dia seguinte, fui ao endereço do cirurgião geral e também oficial reformado Nelson Fernandes Oliveira, o outro nome que aparece no laudo cadavérico de Milton. Na sala do confortável imóvel localizado na antiga avenida Independência, rebatizada de Itamar Franco após a morte do ex-presidente, descobri que Nelson era o chefe do gabinete médico-legal em 1967, embora ele fizesse questão de ressaltar que a função ocupada era puramente burocrática. Com 81 anos, o militar pareceu estar mais em dia com a memória do que Nagem. Foi direto.

— Nós não éramos especialistas em medicina legal, porém, éramos obrigados a fazer o laudo cadavérico. No caso relatado, tive a sorte de chamar um médico-legista civil: o Guadalupe. Ele fez a autópsia e nós assinamos — resumiu.

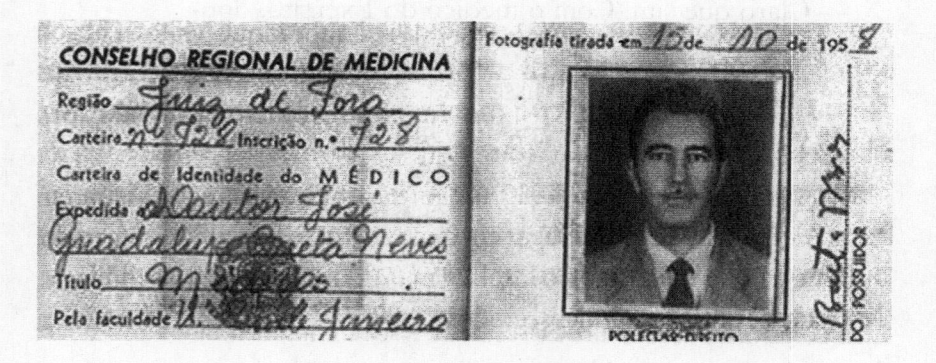

O médico civil José Guadalupe Baeta Neves foi o responsável por atestar o óbito de Milton Soares de Castro

Nelson Fernandes Oliveira disse ainda se lembrar de que Milton chegou ao hospital com o pescoço quebrado, mas preferiu encerrar a entrevista.

— Esse negócio de milico e movimento revolucionário, não abro a boca para ninguém — avisou.

Após a descoberta da Cova 312, telefonei para Gessi Palmeira Vieira, em Porto Alegre, para revelar o lugar em que seu irmão havia sido enterrado. Durante 35 anos, o local foi mantido em sigilo pelos militares, tornando-se um dos grandes segredos guardados pela ditadura brasileira.

Ao receber a notícia, Gessi não conteve a emoção:

"O que fizeram com o Milton não se faz nem com um bicho. Ele tinha um ideal, queria mudar o país. Quando soubemos de sua morte, lutamos por muito tempo para que o Exército nos entregasse seu corpo. Não tivemos o direito de velar nosso irmão", disse, chorando.

Edelson mostrou-se igualmente comovido.

"Minha mãe sofreu muito com a morte do Milton. Todos nós ficamos marcados. Tínhamos um lema, uma convicção. Ele jamais se mataria. Meu irmão cumpriu seu papel perante o Brasil."

O presidente da Comissão de Direitos Humanos da Câmara Federal, Nilmário Miranda, ressaltou por telefone a importância histórica daquela descoberta.

"Cada vez que se descobre um militante desaparecido é que a gente vê que isso poderia acontecer com todas as famílias. A *Tribuna* fez um trabalho histórico", destacou o autor de *Dos filhos deste solo*.

Membro da Comissão Especial do Ministério da Justiça sobre Mortos e Desaparecidos Políticos, Nilmário ainda disse que iria levar ao ministro da Justiça, Miguel Reale Júnior, pedido de identificação dos restos mortais de Milton para esclarecer as condições de sua morte.

263

Com esse material em mãos e o risco de vazamento da informação, comecei a escrever a reportagem especial que ocuparia duas páginas do jornal. Pensamos em uma publicação no domingo mais próximo, o dia de maior visibilidade, e, olhando o calendário, percebemos uma incrível coincidência. Domingo cairia exatamente no dia 28 de abril de 2002, quando completaria 35 anos da data oficial da morte de Milton e do desaparecimento de seu corpo.

Quando comecei a escrever a matéria, a editora-executiva do jornal, Denise Gonçalves, me provocou:

— Vamos ver se essa série dará uma semana de manchete — disse.

— Me aguarde — respondi, devolvendo a provocação.

Denise sempre foi, de longe, a mais exigente da redação. Costumo dizer que se alguma matéria passa por ela não há filho de Deus nesse mundo capaz de encontrar erro. E foi esse jeito dela que ajudou a qualificar o meu trabalho, principalmente em relação à apuração e ao aprimoramento do texto. Um dia, depois de conseguir um documento importantíssimo, a editora-executiva disse que precisaríamos de mais dados para publicar a denúncia que estávamos preparando. Não aguentei:

— Denise, você me pede para ir buscar a Lua, eu busco, e você me manda fazer de novo?

Ela riu:

— Você pode ir além.

Sentia-me tão desafiada que me virava do avesso para buscar novas provas. Quando conseguia, corria para a sala dela:

— Aqui está a lua de novo.

O modo de agir de Denise foi muito importante para que eu me tornasse, de fato, uma jornalista investigativa. Ela nunca deixou que eu me acomodasse, e eu sempre queria surpreendê-la. Além disso, por sermos um jornal pequeno, não podíamos nos dar ao luxo de colecionar processos. O máximo de rigor ainda era pouco.

Em 2000, quando realizei a minha primeira grande reportagem investigativa, o "Dossiê Santa Casa", Denise foi numerando cada linha. Para cada afirmação, ela queria uma confirmação documental. Foi um trabalho exaustivo que revelou um rombo de mais de R$ 18 milhões nos cofres da instituição, causado pela mesa diretora, que havia criado empresas para vender a preços superfaturados produtos para o próprio hospital. Uma denúncia arrebatadora! A primeira matéria da série ocupou cinco páginas de uma edição que se esgotou nas bancas às dez horas da manhã. Em uma semana, toda a mesa administrativa caiu, o provedor renunciou, e o então ministro da Saúde, José Serra, determinou a instauração imediata de uma auditoria, vindo pessoalmente à cidade logo depois. No total, publicamos cinquenta matérias durante sete meses e ganhamos com a série o primeiro Prêmio Esso. Depois desse trabalho, minuciosamente supervisionado por ela, aprendi a percorrer cartórios, varas judiciais e instituições públicas no processo de garimpagem das informações.

Também não há como esquecer o dia em que Denise colocou sua cabeça a prêmio para garantir a publicação de uma nova série que ficou conhecida como "Caso Koji". A matéria revelaria um esquema fraudulento de licitações montado pelo presidente da Câmara Municipal de Juiz de Fora, Vicente de Paula Oliveira, junto à prefeitura. A construtora que pertencia a Vicentão, como ele era conhecido, havia vencido licitações em quase todas as secretarias da administração municipal justamente no período em que ele estava à frente da presidência do Legislativo, embora o nome do político não aparecesse em nenhum documento da empresa. Após entrevistarmos o vereador numa sexta-feira — na época ele estava havia vinte anos no poder e era um dos parlamentares mais influentes da região —, Denise e PC acharam que a primeira denúncia deveria ser antecipada para sábado. Assim, evitaríamos que ele ganhasse tempo para tentar impedir a publicação. Por isso, passamos a noite de sexta-feira e a madrugada de sábado na redação: eu, PC, Denise e os também repórteres Táscia Souza e Ricardo Miranda, que assinaram comigo as matérias. O trabalho acabou nos rendendo o prêmio IPYS de Melhor Investigação Jornalística da América Latina, no Peru, em 2009, um feito para todos nós.

* * *

Com a matéria sobre a história de Milton Soares de Castro pronta, teve início a etapa da leitura coletiva. Cópias foram entregues ao PC, à Denise, à Lilian Pace, chefe de reportagem, e à Marise Baesso, editora de Geral, outras duas grandes parceiras nesses vinte anos de trajetória na *Tribuna*. A Marise é a espinha dorsal da editoria. Sem o talento e a experiência dela, a gente enverga. Por anos a fio, ela foi uma grande repórter de polícia e levou para a edição todo o seu faro. Definitivamente, Marise nunca deixou de ser repórter. Lilian dá equilíbrio à balança. Tem boa dose de ponderação, sem deixar de lado a paixão pelo jornalismo. Ela briga para defender as matérias, sofre junto. Por tudo isso, eu sempre brinco que nós formamos um quinteto fantástico.

Depois de todas as revisões, "Cova 312" começou a ser diagramada. No domingo, dia 28 de abril de 2002, a capa do jornal trazia:

Exclusivo: "Fim de um segredo de 35 anos":

Vinte e oito de abril de 1967. O preso político Edelson Soares de Castro, 19 anos, estava no Corpo da Guarda, unidade do Exército de Porto Alegre (RS), quando ouviu pelo rádio que um militante detido na Penitenciária Estadual de Linhares, em Juiz de Fora, havia se suicidado. A notícia era sobre seu irmão, Milton Soares de Castro, na época com 26 anos, que, segundo o Exército, teria se enforcado dentro da cela. A família do militante nunca acreditou na versão oficial, porém, nestes 35 anos, completados exatamente hoje, jamais soube onde seu corpo havia sido enterrado. Depois de um mês de investigações, a *Tribuna* localizou o lugar onde ocorreu o sepultamento de Milton, um dos mais de 300 desaparecidos políticos do país durante o período da ditadura. O jornal reuniu documentos que colocam em xeque as informações do Exército. O material levantado poderá ajudar a resgatar um importante capítulo da História brasileira. O atestado de óbito, encontrado pela *Tribuna*, indica equivocadamente que o sepultamento de Milton ocorreu no Cemitério de Santa Maria, no Rio Grande do Sul. Ao contrário do que está escrito no documento, o guerrilheiro da Serra do Caparaó foi enterrado na sepultura número 312, quadra L, do Cemitério Municipal de Juiz de Fora. Um lugar que, de tão óbvio, nunca foi cogitado pelos familiares do militante nem por pesquisadores, nestes 35 anos. Milton foi enterrado, na cidade, às 14h do dia 29 de abril de 67, conforme registro do livro de óbito do cemitério. (ver fac-símile) A guia para enterramento, conseguida com exclusividade pelo jornal, indica inicialmente o cemitério de Santa Maria, mas logo em seguida corrige o erro e confirma o sepultamento de Milton em Juiz de Fora (ver fac-símile). O documento traz mais uma revelação: o recibo de contratação da sepultura rasa onde Milton foi colocado tem a assinatura de um sargento cujo nome é Wilton Fagundes (ver fac-símile). A guia ratifica a versão de que o militante teria morrido na Penitenciária de Linhares e informa que o óbito ocorreu às 8h. Estranhamente, o horário do falecimento não aparece na certidão de óbito. "Milton Soares de Castro faleceu na penitenciária, em horário ignorado, sendo a causa da morte asfixia por enforcamento", descreve o registro que teve como declarante outro militar, Waldyr Aguiar. A *Tribuna* encontrou Waldyr Aguiar, hoje com

62 anos, que foi cabo do Exército. Curiosamente, porém, em abril de 67, ele já havia dado baixa da instituição havia um ano. "Pedi baixa, em abril de 66, depois que voltei da Faixa de Gaza, na Palestina. Ou usaram o meu nome ou era um homônimo."

Versão contestada

Preso com Milton em Linhares, Gregório Mendonça, 66 anos, motorista da Carris, empresa de ônibus de Porto Alegre, nunca acreditou na versão de suicídio. Ele diz que o amigo teria passado por um longo interrogatório no quartel-general Regional, na noite que antecedeu a sua morte. "Nós ficamos sabendo que teria havido um confronto entre ele e o comandante da 4ª região militar. Milton teria reagido aos ataques morais do oficial", alegou Gregório. O livro *Brasil: Nunca mais*, da arquidiocese de São Paulo, registra que Milton foi assassinado após um interrogatório. O "Dossiê dos Mortos e Desaparecidos Políticos a partir de 1964", do Governo de Pernambuco, diz que ele teria sido morto depois de discutir com o Major Ralph Grunewald Filho, já falecido.

O livro *Dos filhos deste solo*, de Nilmário Miranda, lançado em agosto de 1999, relata mais de 400 casos de desaparecimento e morte de presos políticos durante o período da ditadura. No trecho que se refere a Milton, a versão de suicídio também é contestada. As três obras destacam o fato de o corpo do militante nunca ter sido encontrado. Segundo o irmão de Milton, Edelson Soares de Castro, hoje com 55 anos, sua mãe passou vários anos em busca do corpo do filho, porém jamais conseguiu do Exército a informação sobre onde teria sido sepultado. "Para nós, disseram apenas que era sigilo militar. Somente agora, com esta matéria, pudemos saber que, enquanto o Exército negociava conosco a entrega do corpo de nosso irmão, ele já havia sido enterrado."

Para Edelson, a descoberta da *Tribuna* não é apenas um resgate da história, mas da memória do militante. "Obrigado. Nós esperamos por 35 anos", disse, em lágrimas.

A matéria continuava por duas páginas. Em outro trecho, havia o depoimento do representante das Forças Armadas da Comissão Especial do Ministério da Justiça sobre Mortos e Desaparecidos.

O deputado federal Nilmário Miranda (PT/MG), membro da Comissão Especial do Ministério da Justiça sobre Mortos e Desaparecidos Políticos, vai levar ao ministro da Justiça, Miguel Reale Júnior, pedido de identificação dos restos mortais de Milton, a fim de que seja possível esclarecer as condições de sua morte. Impressionado com os documentos levantados pela *Tribuna*, ele acredita que a investigação, iniciada pelo jornal, será capaz de reescrever as páginas da História. "Cada vez que se descobre um militante desaparecido é que a gente vê que isto poderia acontecer com todas as famílias. *A Tribuna* fez um trabalho histórico", destacou o autor de *Dos filhos deste solo*.

Em 1998, a Comissão Especial do Ministério da Justiça sobre Mortos e Desaparecidos decidiu, por unanimidade, indenizar a família do militante, por não haver dúvida sobre sua morte de causa não natural em dependência policial ou assemelhada.

Assumindo a culpa

Até agora, a comissão reconheceu a responsabilidade do Estado pela morte de mais de 148 pessoas no período entre 1961 e 1979. Criada a partir da aprovação da Lei 9.140/95, estabeleceu condições para indenização e reparação moral dos indivíduos mortos por motivos políticos neste período, mas deixou o ônus da prova para os familiares. Coube aos parentes das vítimas da ditadura a penosa missão de reunir provas da culpa do Estado. Apesar de o Governo Federal não ter possibilitado a abertura dos arquivos secretos das Forças Armadas e da Polícia Federal, o trabalho de busca dos parentes permitiu que dezenas de versões oficiais de suicídios fossem derrubadas. Para a representante das famílias na comissão especial, Suzana Keniger Lisbôa, de Porto Alegre, a conquista das indenizações, que em muitos casos ultrapassaram

269

RS 100 mil, não encerra os trabalhos iniciados em 95. "A comissão tem como tarefa a continuidade da busca das ossadas, mas há diversas questões que não foram abrangidas pela lei. Além de não determinar a responsabilidade de apurar as circunstâncias das mortes, a legislação eximiu o Estado de localizar, identificar e punir os responsáveis pelos crimes", observa. Suzana foi enfática ao afirmar que a principal reivindicação continua sendo a elucidação dos casos e a identificação dos torturadores. Apesar de lamentar os óbitos ocorridos no período, o representante das Forças Armadas na comissão especial, general Oswaldo Gomes, comparou: "um dia de violência no Brasil de hoje produz mais vítimas que os anos de repressão. O número de mortos, nestes 20 anos, revela que esta foi uma ditadura muito amena. Os militantes não queriam democracia, mas um regime ditatorial de esquerda. Nós salvamos o Brasil."

Naquele domingo, a caixa de e-mail da *Tribuna* ficou lotada. À tarde, o repórter Michael Guedes me telefonou:

— Dani, estive agora em uma reunião com o Tarcísio Delgado, e ele me disse que vai pedir a interdição da Cova 312 amanhã.

— Jura, o prefeito falou isso?

— Falou, sim.

Tarcísio Delgado foi um dos importantes advogados que defenderam presos políticos daquele período.

Na segunda-feira, amanheci no jornal e interrompi a reunião de editores.

— Gente, estou indo para o cemitério. Parece que o Tarcísio vai pedir a interdição da cova.

Já estava saindo, quando a Denise gritou:

— Vai ser a manchete do jornal de novo.

— Eu sei — respondi, eufórica.

Diante da minha autoconfiança, os editores em reunião riram. Quando cheguei ao municipal, os funcionários já estavam isolando a sepultura. Uma avalanche de acontecimentos foi desencadeada a partir daí. Os olhos do país se voltaram para a cidade.

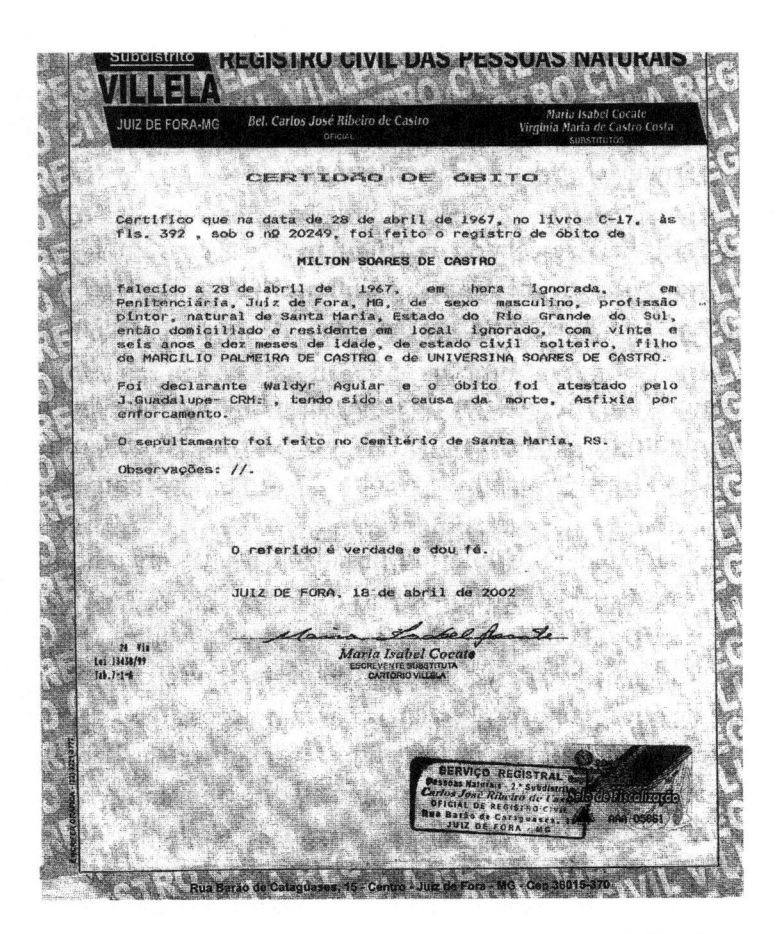

REGISTRO CIVIL DAS PESSOAS NATURAIS

Subdistrito
VILLELA

JUIZ DE FORA-MG   *Bel. Carlos José Ribeiro de Castro*
OFICIAL

*Maria Isabel Cocate
Virgínia Maria de Castro Costa*
SUBSTITUTOS

CERTIDÃO DE ÓBITO

Certifico que na data de 28 de abril de 1967, no livro C-17, às fls. 392 , sob o nº 20249, foi feito o registro de óbito de

MILTON SOARES DE CASTRO

falecido a 28 de abril de 1967, em hora ignorada, em Penitenciária, Juiz de Fora, MG, de sexo masculino, profissão pintor, natural de Santa Maria, Estado do Rio Grande do Sul, então domiciliado e residente em local ignorado, com vinte e seis anos e dez meses de idade, de estado civil solteiro, filho de MARCILIO PALMEIRA DE CASTRO e de UNIVERSINA SOARES DE CASTRO.

Foi declarante Waldyr Aguiar e o óbito foi atestado pelo J. Guadalupe- CRM: , tendo sido a causa da morte, Asfixia por enforcamento.

O sepultamento foi feito no Cemitério de Santa Maria, RS.

Observações: //.

O referido é verdade e dou fé.

JUIZ DE FORA, 18 de abril de 2002

Maria Isabel Cocate
ESCREVENTE SUBSTITUTA
CARTÓRIO VILLELA

A certidão de óbito de Milton Soares
informa que a causa da morte foi "asfixia por enforcamento"

Com a publicação, na *Tribuna de Minas*, da história de Milton Soares de Castro e dos ex-militantes de Juiz de Fora, a Comissão Estadual de Indenização marcou uma visita à cidade. Já em Brasília, o ministro da Justiça, Miguel Reale Júnior, autorizou a exumação da ossada do guerrilheiro do Caparaó, cuja sepultura havia sido finalmente localizada. Eu havia descoberto que, além de

Milton, outras sete pessoas haviam sido enterradas na cova rasa. O presidente da Comissão de Direitos Humanos da Câmara Federal, o deputado Nilmário Miranda, também desembarcou na cidade. Já estávamos em 9 de maio de 2002:

A comissão especial do Ministério da Justiça sobre mortos e desaparecidos políticos vai requerer a exumação da ossada do militante político Milton Soares de Castro. A decisão foi tomada ontem durante reunião em Brasília que contou com a participação do ministro da Justiça, Miguel Reale Júnior. A cova do guerrilheiro, sumido há 35 anos, foi localizada há 12 dias pela *Tribuna* no Cemitério Municipal. Representantes da comissão chegam hoje à cidade, a fim de verificar as condições técnicas do local onde o guerrilheiro foi enterrado. O grupo vai pedir, ainda, que o Exército apresente os documentos oficiais sobre o caso. O objetivo é reunir material que ajude a esclarecer as condições em que ocorreu o óbito.

No dia 11 de maio, publicamos nova notícia:

A exumação das ossadas da cova 312 do Cemitério Municipal, onde está o guerrilheiro Milton Soares de Castro, deverá ser feita pela Equipe Argentina de Arqueologia Forense, uma das melhores do mundo na área. A informação foi dada ontem pelo deputado Nilmário Miranda (PT/MG), representante da Comissão Especial do Ministério da Justiça sobre mortos e desaparecidos políticos. A Prefeitura acatou o pedido da comissão para transformar a cova em memorial da luta contra a ditadura.

Até que, em 3 de junho, recebi um telefonema de Edelson Palmeira de Castro, irmão de Milton.

"Daniela, a proposta de exumação da ossada, aprovada pela comissão especial, reabre uma ferida de 35 anos. A sua descoberta foi fundamental porque, além de fazer justiça ao Milton, permitiu que soubéssemos, finalmente, onde seu corpo foi colocado. Ao resgatar sua memória, vocês tiraram o véu da dúvida e fortaleceram a democracia. Mas já sofremos muito, e a exumação não vai trazer ele de volta. Preferimos cultivar seu espírito", explicou por telefone.

Foi um balde de água fria. Fiquei muito frustrada de a família ser contrária à exumação da ossada. Tentei entender a posição deles, mas, confesso, foi duro para eu dar essa notícia. Nos reunimos na redação, e eu defendi que a posição da família fosse manchete. Mesmo que eles pensassem de forma contrária à exumação, achei que seria ético darmos o mesmo espaço que vínhamos reservando ao tema. Foi um alvoroço.

A Cova 312, onde Milton foi enterrado, é isolada por ordem do prefeito Tarcísio Delgado após a descoberta do local do sepultamento do guerrilheiro ser revelada no jornal *Tribuna de Minas*
Foto: Henrique Viard

Aquela semana havia sido especialmente difícil para mim. Eu já estava abalada pela notícia do assassinato de Arcanjo Antônio Lopes do Nascimento, o jornalista especializado na arte de apresentar o Brasil aos brasileiros. Sua tarefa era mostrar a cara de um país à margem e seu povo de carne e osso, que normalmente tem espaço apenas no noticiário policial. Arcanjo gostava de gente. Misturava-se aos anônimos. Farejava no cotidiano as histórias improváveis de pessoas que jamais seriam vistas se não fosse o seu trabalho. Ele também denunciava. Expunha as misérias sociais nas cidades-favelas, aquelas ignoradas pela gente do asfalto. Em rede nacional, exibiu a realidade da feira de drogas no Complexo do Alemão, subúrbio do Rio de Janeiro, obrigando o país a enxergar um território sem lei, onde se comprava pó no meio da rua como se estivesse indo a uma banca de frutas.

Um dia, Arcanjo subiu o morro. Não voltou. O Brasil conheceu, então, Tim Lopes, o jornalista sequestrado na Vila Cruzeiro no fim da tarde do dia 2 de junho, quando produzia uma reportagem investigativa sobre os bailes funk organizados por narcotraficantes suspeitos de explorarem sexualmente crianças e adolescentes. Barbaramente torturado pelo bando de Elias Maluco, um dos líderes do Comando Vermelho, foi queimado ainda vivo. Seu corpo só pôde ser reconhecido por meio de exame de DNA feito com restos de ossos localizados em um cemitério clandestino. O assassinato de Tim Lopes mudou a forma de os jornalistas perceberem o risco da profissão e inspirou o nascimento, em dezembro daquele mesmo ano, da Associação Brasileira de Jornalismo Investigativo, a Abraji.

De lá para cá, dezenas de jornalistas foram executados no Brasil. Em 2014, só nos três primeiros meses do ano, quatro brasileiros foram mortos, de acordo com levantamento da organização internacional de defesa da liberdade de imprensa Press Emblem Campaign (PEC). Já o Instituto Internacional de Segurança de Imprensa (Insi, na sigla em inglês), entidade que acompanha casos de violência contra jornalistas ao redor do mundo, aponta duas vítimas brasileiras entre as 108 registradas naquele ano. Em 2013, o país superou o México em número de profissionais de comunicação abatidos no campo minado da informação. Com cinco ocorrências, o Brasil assumiu a liderança de casos nas Américas, segundo o relatório anual dos Repórteres Sem Fronteiras. Os números oscilam, já que há casos ainda não contabilizados porque pesa a dúvida se a morte está ou não relacionada à atividade profissional. O Comitê para a Proteção de Jornalistas (CPJ) afirma que a falta de punição para os autores dos crimes coloca o país entre os mais perigosos do mundo para jornalistas. Além da impunidade, o coronelismo nas regiões Norte e Nordeste ainda exerce pressão sobre as autoridades policiais que deveriam investigar, prender e condenar os culpados. A pesquisa do CPJ aponta que, entre 1992 e 2013, 27 jornalistas brasileiros foram assassinados em represália direta ao exercício profissional. No início de 2015, a execução de dez jornalistas por terroristas em Paris abalou o mundo em um dos piores ataques à liberdade de expressão.

* * *

O ano de 2002 avançava e, com ele, surgiam as primeiras notícias do deferimento de indenização para ex-militantes de Juiz de Fora torturados no período da ditadura, que tiveram suas histórias reveladas pelo jornal. Os membros da comissão estadual declararam que os documentos que eu tinha levantado sobre cada um dos presos políticos haviam ajudado a instruir parte dos 23 processos abertos por juiz-foranos contra o Estado. No dia 12 de junho, representantes da comissão vieram à cidade ouvir todo o grupo.

Rogério Avelino Brandão, o ex-funcionário dos Correios, foi o primeiro a ser indenizado com o teto máximo de R$ 30 mil. Eu queria ser a primeira a dar a notícia para ele, o que fiz inicialmente por telefone. Quando cheguei ao bairro Santa Rita, ele me surpreendeu. Estava todo arrumado e com um sorriso que eu nunca havia visto em seu rosto. Fiquei muito comovida. Perguntei o que iria fazer com o dinheiro. Ele disse que reformaria sua casinha e compraria um computador para tocar sua ONG, Salve-se Quem Puder, da qual era o único membro.

No dia 6 de agosto foi a vez de noticiarmos a indenização de Antônio Rezende Guedes:

> O Estado de Minas Gerais admitiu sua culpa na prisão e tortura do ex-militante político Antônio Rezende Guedes. Pelos anos de horror vividos nos porões da ditadura de cidades mineiras, em 1968, o professor do Departamento de Geografia da UFJF receberá R$ 30 mil, valor máximo estipulado pelo Governo. O processo de Guedes, 53 anos, foi aprovado por unanimidade pela Comissão Especial de Indenização às Vítimas de Tortura de Minas, depois que a *Tribuna* revelou sua trajetória. Perseguido e humilhado por sua liderança no movimento estudantil e participação na guerrilha, Guedes teve de abandonar a Faculdade de Engenharia Mecânica, em Uberaba, após ser preso. Ao receber a notícia de que o requerimento foi aprovado pela comissão, Guedes afirmou que "embora nenhum dinheiro seja capaz de apagar nosso sofrimento, esta indenização significa reconhecimento público de nossa luta durante o regime militar".

Matéria sobre a notícia da indenização de Colatino Lopes
após sua história ter sido revelada pelo jornal

Uma nova notícia iria mexer com o país naquele fim de 2002: a eleição de Luiz Inácio Lula da Silva, que vencera o pleito presidencial com quase 53 milhões de votos. A vitória do Partido dos Trabalhadores marcou a chegada da esquerda ao poder, após a terceira disputa presidencial de Lula. Depois de quase quarenta anos do golpe militar, a eleição do ex-operário representava a ascensão política de um líder popular.

Em meio à discussão dos novos rumos do Brasil, eu continuava trabalhando na série de reportagens sobre a ditadura. Em novembro, recebi a informação de que Colatino Lopes Soares Filho também seria indenizado. Ele havia sido dirigente da União Juizforana de Estudantes Secundaristas e, naquele momento, coordenava uma instituição de ensino. Era a décima quarta aprovação desde o início das matérias.

"A indenização é o maior reconhecimento de que o Estado tem um débito histórico com essas pessoas. Sem o trabalho da *Tribuna*, isso não teria acontecido", comentou a secretária-executiva da comissão, Caroline Bastos Dantas, durante a entrevista. Chorei ao telefone.

Depois de saber sobre a aprovação do caso de Colatino, parti para a escola em que ele trabalhava. Encontrei o professor de ciências em sala de aula. Era uma quinta-feira, 21 de novembro.

— Colatino, saiu a sua indenização — disse, afoita, interrompendo a aula.

Os alunos de onze anos, da 5ª série do ensino fundamental, abraçaram o professor de 54 anos, à época, que tinha ficado conhecido após sua história ter sido revelada pelo jornal.

— Esperei este reconhecimento por mais de trinta anos — desabafou, dirigindo-se em seguida para o quadro.

"Existe justiça", escreveu com giz.

Reviravolta na investigação jornalística

A série de matérias sobre Milton Soares de Castro havia se encerrado no jornal. Dentro de mim, porém, não existia um ponto-final. Conhecer o que se passou no interrogatório dele e após a sua morte significava mais do que um desafio. Era uma chance de desvendar o passado, de procurar outras peças que ainda não haviam se encaixado no quebra-cabeça dessa história. Localizando-as, talvez eu pudesse formar a imagem que mais se aproximasse da verdade daqueles dias.

Em 2007, a Comissão Especial sobre Mortos e Desaparecidos Políticos, ligada à Secretaria Especial dos Direitos Humanos da Presidência da República, publicou na página 77 do livro *Direito à memória e à verdade* uma nova versão para a morte de Milton, tendo como base a investigação que empreendi. A relatoria concluiu que o guerrilheiro "teve efetivamente participação em atividades políticas, tendo sido preso em consequência desta atividade, vindo a falecer por causa não natural, em dependência policial".

Seis anos depois, quando a ideia deste livro me ocorreu, decidi que ampliaria o que já tinha feito. Não, eu recomeçaria. Se a descoberta da sepultura onde Milton foi enterrado já era um fato consumado, tudo o que havia se passado até o momento de ele ter sido colocado numa cova rasa ainda não havia sido esclarecido. Comecei a puxar o fio da meada, em fevereiro de 2014, quando viajei para Brasília com a intenção de entrevistar Gilney Amorim Viana, o prisioneiro político que mais tempo permaneceu na Penitenciária de Linhares: 2.645 dias. Nossa primeira entrevista durou mais de sete horas. Começou às dez horas da manhã, seguiu no horário do almoço e se estendeu até o fim da tarde.

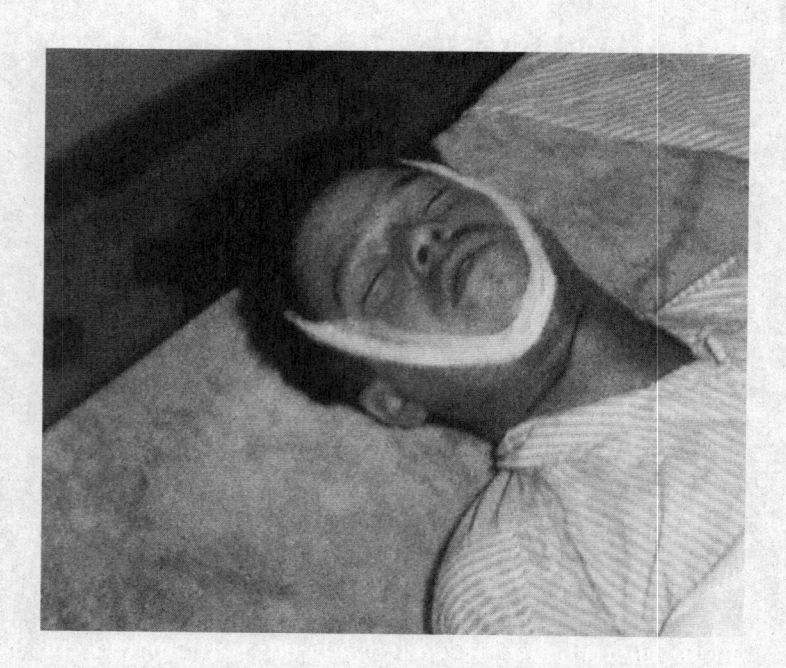

Imagem inédita da necropsia feita no corpo do guerrilheiro Milton Soares de Castro

Gilney é de Águas Formosas, "a cidade indecisa" entre o Vale do Mucuri e o Vale do Jequitinhonha. Nasceu na divisa de Minas Gerais, Espírito Santo e Bahia. É desconfiado como o mineiro, atento como o capixaba e folgadão como um bom baiano. Depois de três horas de entrevista e dois bifes com batatas fritas, ele já se considerava um velho conhecido.

— Aí, não. Atravessar o samba assim, não — disfarçou, diante de uma pergunta que não queria responder.

Ao tentar desfazer uma confusão minha em relação ao período, disparou:

— Não, besta. Isso foi assim — disse com o sotaque mais cantado que já ouvi.

Fiquei olhando para ele e depois tive um ataque de risos. Como assim, besta? O fato é que Gilney continuou falando daquele jeito nos inúmeros telefonemas que mantivemos até o nosso segundo encontro na capital federal, em 17 de julho de 2014. Assessor da Secretaria de Direitos Humanos da Presidência da República à época, foi ele quem me informou sobre a existência de um inquérito instaurado pelo Exército no dia em que Milton foi encontrado morto no interior da cela de Linhares. Em todos esses anos, eu não tinha ouvido falar sobre tal documentação.

— É muito importante. Você precisa dar uma olhada nesse material — alertou-me.

Ainda no início do ano, uma funcionária da secretaria me enviou por e-mail, a pedido de Gilney, algumas partes do inquérito policial militar sobre o qual o assessor se referia. Era uma xerox de pouca qualidade, cuja reprodução digitalizada não permitia ver as imagens anexadas em nenhuma das páginas. Em quase todas havia um borrão preto.

— Gilney, preciso do original.

Gilney Amorim Viana em nosso segundo encontro em Brasília, em 2014

— Isso eu não tenho.

— Mas quem te passou esse documento deve ter.

— Esse é o problema. Encontrei isso nas minhas coisas. Não sei quem me passou essa documentação.

— Ah, Gilney, isso não é possível. É claro que sabe.

— Sei não, besta, é sério.

Gilney não me convenceu.

A primeira coisa a fazer era ler minuciosamente todos os depoimentos das 39 páginas enviadas por Gilney, embora eu tivesse certeza de que haveria muito mais páginas do que aquelas. Li, reli, li, reli.

Comecei a procurar os nomes que apareciam na documentação para tentar entrevistar quem eu conseguisse encontrar. Depois me dei conta de que se existia uma cópia desse inquérito, o original estaria em algum lugar do país, e era esse lugar que eu precisava encontrar. Foi como se, de novo, eu começasse a procurar agulha no palheiro. A descoberta da cova 312 me permitiu chegar a novos dados. Tinha certeza de que se encontrasse essas páginas e as fotos originais, talvez pudesse esclarecer a misteriosa morte de Milton.

1. Participo-vos que hoje, no período compreendido entre 08,05 e 08,30 horas, enforcou-se o preso MILTON SOARES DE CASTRO, ocupante da cela 34, sob minha responsabilidade, na Penitenciária de Linhares. (. . .) 2. e) que o preso foi encontrado por mim e pelas testemunhas supracitadas, ainda com vida, enforcando-se no cano da torneira com uma corda feita com a ourela ou debrum de sua própria colcha, das distribuídas aos presos por determinação superior. f) que de imediato, providenciei o corte da corda, afrouxei o laço do pescoço, mandei chamar o enfermeiro, deitei-o na cama, auscultei seu coração. O preso ainda se encontrava quente, o seu coração batia. Providenciei, então, que ele fosse levado ao Pronto-Socorro, tendo em vista não existirem recursos médicos completos na penitenciária. Providenciei para que tudo fosse deixado como estava e lacrei a porta da cela. (. . .) Passei o serviço ao 1º tenente Cupertino com a presente alteração.

28 de abril de 1967
Fernando Antônio Carneiro Barbosa
1º Tenente Oficial de Dia da Penitenciária

(A cela de Milton era a de número 30 e foi equivocadamente citada neste primeiro documento como 34. Nas comunicações posteriores, o equívoco é corrigido pelo Exército.)

Continuei as buscas no arquivo morto da Polícia Civil. Apesar de o livro de registros indicar a realização da perícia em 28 de abril, o documento não estava lá. Também pesquisei no arquivo da Auditoria Militar, em Juiz de Fora, que guarda 122 mil processos, de 1821 aos dias atuais, mas não havia vestígio desse material. O mesmo aconteceu no Arquivo Público Mineiro, em Belo Horizonte. Nas dezenas de livros que li sobre a ditadura, não havia detalhes sobre esse inquérito.

Na documentação enviada por Gilney, li dois depoimentos fornecidos em 3 de maio de 1967 por companheiros de Milton. Um deles era do ex-sargento do Exército Araken Vaz Galvão, cuja cela ficava de frente para a do operário, em diagonal. O outro era atribuído ao ex-subtenente Jelcy Rodrigues Corrêa, que ocupava a cela 29, vizinha à de Milton. Jelcy disse não ter visto o retorno de Milton após ser retirado da cela para o interrogatório na noite do dia 27 de abril. Já Araken afirmou ter ouvido o operário retornar na madrugada do dia 28, o que agora contesta. Confirmou, porém, que viu Milton pela manhã durante a distribuição do café nas celas. Segundo ele, o preso político estava com o semblante sério.

— Você viu o Milton voltar do depoimento? — perguntei ao telefone.

— Não, porque eu estava dormindo. Ele voltou tarde. Eu o vi, por entre as grades, meio na diagonal, na hora do café — afirmou Araken, de Valença, na Bahia, onde vive.

— A que horas isso aconteceu?

— O café era entre 6h30 e sete horas. Ele não tinha nenhum hematoma no rosto. Tem muitas formas de bater sem deixar hematomas. Não sou tão ingênuo assim. Ele estava visivelmente perturbado. E na hora, acho que foi antes do café, quando vieram trazer o café, eles viram que Milton estava enforcado. Não estou aqui para mentir sobre um fato histórico. Eu sei que cada fato comporta várias versões, o olho de quem vê, a percepção, o grau de inteligência. Não que eles não bateram no cara. E se o cara estava muito machucado por dentro e morreu lá dentro?

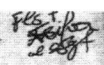

MINISTÉRIO DA GUERRA
I- EXÉRCITO
4ª RM - 4ª D.I
1º/10º REGIMENTO DE INFANTARIA
CIA. À PENITENCIÁRIA DE LINHARES

Juiz de Fora- Minas Gerais
Em 28 de Abril de 1967
Do 1º Ten Fernando Antonio Car-
neiro Barboza Of de Dia Penit.
Ao Sr TenCel Cmt do 1º/10º RI
Assunto: Ocorrência (participa)

1. Participo-vos que hoje, no período compreendido entre 08,05 e 08,30 horas enforcou-se o preso MILTON SOARES DE CASTRO, ocupante da cela nº 34, sob minha responsabilidade, na Penitenciária de Linhares.

2. Participo-vos outrossim, que: a) Às 08,05 hs foi mandado pelo Cmt da Cia, por determinação minha, que um soldado percorresse as

quente, e seu coração batia. Providenciei então que ele fosse levado ao Pronto Socorro, tendo em vista não existirem recursos médicos completos na Penitenciária. Providenciei para que tudo fosse deixado como estava, e lacrei a porta da cela. Participei ao Sr Cel Chefe do EMR/4ª e ao Sr Major Itauan, respondendo pelo Comando do 1º/10º RI, ambos de imediato, verbalmente. O moribundo foi acompanhado ao Pronto Socorro pelo 2º Ten Bragunci. Participo-vos, também que no dia anterior, como sempre, executei todas as medidas normais de segurança com revista minuciosa de todas as celas, fato este de que é testemunha o 2º Ten Montani, do 1º/4º RO 105, e seu sargento Cmt da Guarda. Passei o serviço ao 1º Ten Cupertino com a presente alteração.

FERNANDO ANTONIO CARNEIRO BARBOZA-1º te
Ten Of de Dia

Relatório elaborado pelo tenente oficial de dia da Penitenciária de Linhares
na data da morte de Milton

— Vocês ficaram sabendo da morte dele nesse mesmo dia?

— Praticamente. Eu vi quando ele fez um gesto em relação ao pescoço.

— Que gesto?

— De pegar o pescoço e apertar. Eu pensei que ele estava dizendo que os caras haviam pegado ele pelo pescoço e apertado. Aí eu tenho dúvidas até hoje se ele estava me dizendo que ia se enforcar.

O comandante da guerrilha, Amadeu Felipe da Luz Ferreira, que vive em Londrina, no Paraná, contesta a versão de suicídio. Sua cela ficava três depois da de Milton.

— Me causou muita estranheza o fato de eu não ouvir o Milton voltar. Fizeram um estardalhaço para tirar ele da cela, na hora do interrogatório, mas um silêncio absoluto para trazer ele de volta — questiona. — Tecnicamente, ele não tinha como cometer suicídio. Na minha opinião, ele foi assassinado e colocado morto lá dentro. Eu vi quando foi retirado da cela pela manhã. Estava morto.

Em seu livro *A rebelião dos marinheiros*, o ex-guerrilheiro de Caparaó Avelino Capitani diz que Milton retornou do interrogatório à meia-noite. O horário, no entanto, é contestado no depoimento do ex-sargento Josué Cerejo, que localizei no Rio. Cerejo afirma ter sido retirado da cela na madrugada do dia 28 e visto Milton sendo interrogado pelo major Ralph Grunewald. O oficial era o responsável pelo inquérito de Caparaó.

— Ele dizia que não era ele quem deveria estar sentado na cadeira dos réus, mas os militares. Tempos depois, quando eu estava preso no 11º Regimento de Infantaria, um soldado detido por transgressão disciplinar me contou que viu o Milton enrolado em um lençol no dia em que foi levado para o Hospital Militar. Segundo ele, havia sangue na cabeça. Eles o mataram por causa de sua atitude.

Já Hermes Machado, o ex-bancário da guerrilha que também reside no Rio, acrescentou uma informação:

— A gente desconfiava de que Milton tivesse sido morto em tortura no interrogatório e pendurado lá. Contaram para a gente que ele deu um soco em um major durante o interrogatório. O Lêdo teria feito uma provocação muito grande. O Milton se levantou e deu um murro na cara dele. Isso é o que eu soube. Um soldado que contou. Ouvi isso na auditoria.

Hermes pode ter feito confusão entre o major Ralph e o major Lêdo, já que o segundo não aparece entre os nomes presentes no depoimento de Milton.

Enquanto eu ouvia os guerrilheiros e suas versões, decidi pedir ajuda a um perito criminal para analisar o laudo pericial 2.103 do Departamento de Polícia Técnica. Tratava-se da perícia realizada na cela onde Milton foi encontrado supostamente enforcado. Lembrei-me de Domingos Lopes Daibert, 63 anos, que eu conhecia dos meus anos de estrada no jornal. Foi ele quem me ajudou a esclarecer e contestar, na primeira década dos anos 2000, a morte de um jovem inabilitado que acabou esmagado pela roda de um ônibus após fugir de uma blitz e sofrer perseguição policial. Eu desconfiava da versão de que ele havia se desequilibrado e batido no ônibus e resolvi procurar a moto dele no pátio de uma empresa terceirizada que havia feito o reboque do veículo. Pedi a Domingos que checasse as imagens da moto. Pelas batidas que apresentava e também pelas lesões do rapaz durante a queda, analisadas pela perícia, consegui confirmar que a polícia havia batido na moto do jovem, causando a queda dele.

Precisava do olhar técnico de um profissional que fosse capaz de manter sigilo sobre o trabalho que eu estava fazendo.

— Domingos, você tem disponibilidade para conversarmos?

— Pode falar, Daniela.

— Por telefone, não. Pode me encontrar pessoalmente? Preciso de sua ajuda.

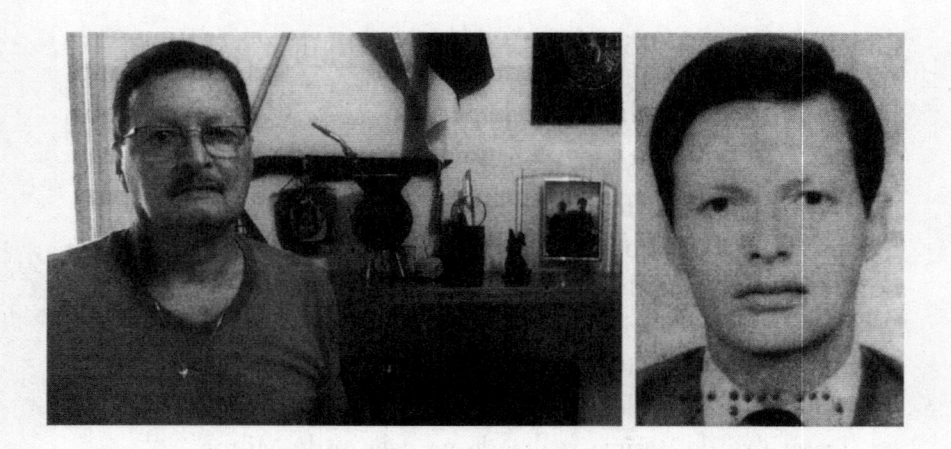

O ex-guerrilheiro do Caparaó Hermes Machado não acredita na versão de suicídio de Milton

O primeiro encontro aconteceu no endereço do jornal, ainda em fevereiro de 2014, uma hora antes de a minha jornada ser iniciada. Domingos pediu para levar as cópias para casa, para também fazer uma leitura atenta. Foi difícil deixar alguém manusear aquela documentação.

— Por favor, Domingos, guarde a sete chaves — pedi. — Gostaria que você fizesse uma análise e me dissesse o que realmente pode perceber do que está escrito aí.

Antes de ir embora, ele reiterou a necessidade de localização dos originais. Só assim seria possível avaliar se a necropsia foi feita no cadáver certo, já que a imagem borrada não permitia confirmar a identidade do morto.

— Estou em busca disso — garanti.

Enquanto ele analisava o laudo pericial, fiz uma nova leitura do inquérito. No Termo de Inquirição de Testemunhas, o primeiro-tenente do Exército Fernando Antônio Carneiro Barbosa contou que, no dia 28 de abril de 1967, por ocasião da distribuição de café aos presos da Penitenciária Estadual da cidade de Juiz de

Fora, viu Milton Soares de Castro tomando café como os demais.

> (...) que da passagem de serviço, às oito horas e trinta minutos aproximadamente, ao entrar na cela de número 30, encontrou-a vazia. Dando um passo à frente, viu as pernas do preso por trás da meia parede que separa o WC da cela propriamente dita. Que, avançando, viu que o mesmo estava pendurado no cano da torneira. Avançou, então, suspendeu o preso Milton, afrouxou o laço do pescoço, e pediu uma faca para cortar a corda. Foi-lhe trazida uma gilete, cortou a corda, puxou o homem para sua cama, abriu-lhe a camisa e auscultou-lhe o coração. O coração batia lentamente, e o corpo estava quente. O rosto estava bem branco e uma espuma escorria de sua boca. Que o declarante pediu ao preso civil Lincoln de Souza Barbosa, presidiário da justiça civil e enfermeiro da penitenciária estadual, que verificasse se Milton estava com vida. O enfermeiro respondeu que sim e, em vista disso, o declarante mandou que o preso Milton fosse levado para o Pronto-Socorro (...) que parte da corda acompanhou o preso Milton no seu pescoço e outra parte ficou amarrada na torneira (...)

A segunda testemunha era o primeiro-tenente do Exército José Mauro Moreira Cupertino. O nome me chamou atenção. Seria esse jovem de 23 anos o então general da reserva que eu já conhecia? Telefonei para a casa do militar e disse que precisava falar sobre um assunto reservado.

— Vindo de você, Daniela, deve ser algo bem sério.

— É sério, sim, general. O senhor pode me receber em sua casa?

— Claro, ela está aberta para você.

— Saio tarde do jornal. Posso ir aí amanhã à noite?

— Estarei esperando.

Passava das nove horas da noite quando toquei o interfone do imóvel localizado na área central. O general me recebeu cordialmente à porta do apartamento. Cumprimentei sua esposa e nos dirigimos para a sala decorada nas cores azul e branco, onde sentamos um ao lado do outro em duas confortáveis poltronas. Demos uma longa volta até chegar ao assunto que me levou até lá. O general não se mostrou surpreso.

— Depois que desliguei o telefone, imaginei que fosse esse o assunto. Até escrevi sobre esse caso no meu livro *Do Ribeirão do Grama às margens do Paraibuna: autocrítica e reflexões de um soldado e cidadão brasileiro* — ressaltou o general enquanto pegava o livro.

Lemos juntos as páginas 268 e 269. Elas já estavam previamente marcadas com um papel azul.

(...) fui chamado para, no interior da penitenciária de Linhares de Juiz de Fora, comandar a Guarda dos presos políticos daquela Guerrilha do Caparaó, como passou a ser denominada. E, numa passagem de serviço de guarda dos presos, em uma manhã de domingo, fui testemunha ocular do enforcamento, por suicídio, de um daqueles presos. Ao adiantar-me naquela cela, deparei com um quadro terrível, pois em uma torneira bem baixa e acima do vaso sanitário, o desafortunado revolucionário, talvez desiludido e desesperado, se enforcara utilizando-se de uma tira de lençol da sua cama. Acionados de imediato o Serviço de Saúde e o Encarregado do Inquérito Policial Militar do Comando da 4ª Região Militar, o preso que eu, como leigo, já o dera como morto, foi evacuado do local e do mesmo não tivemos mais qualquer notícia.

(O dia de domingo é citado equivocadamente no livro do general. Milton foi encontrado morto em uma sexta-feira.)

— General, o depoimento do senhor no inquérito que apurou o caso é muito sucinto. O senhor se lembra de mais alguma coisa?

— Houve inquérito?

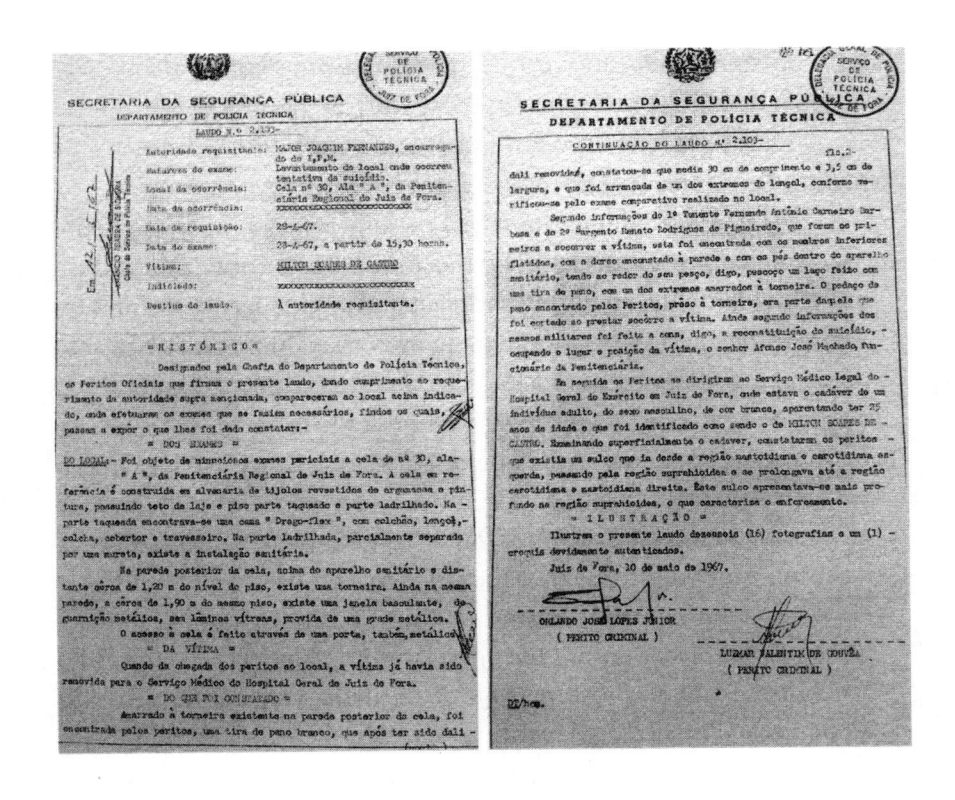

Laudo sobre a morte de Milton assinado pelos peritos da Polícia Civil
Orlando José Lopes Júnior e Luzmar Valentim de Gouvêa

— O senhor não se lembra?

— Sinceramente, não.

— Mas a sua assinatura está lá.

— Está?

— Sim.

— O que posso dizer é que houve muita correria. A minha impressão é que ele estava morto quando o encontramos — disse o oficial da reserva.

O general confirma essa informação no livro que escreveu.

— Durante todo o tempo em que estive de serviço guardando os presos políticos na Penitenciária de Linhares, nunca identifiquei nenhum sinal de maus-tratos — acrescentou.

Estranhamente todos os militares que supostamente prestaram depoimento no inquérito, à época, afirmaram que Milton foi retirado vivo da cela. No depoimento, em 1967, o então primeiro-tenente Cupertino teria dito que o enfermeiro Lincoln constatou que o preso ainda estava com vida. A contradição entre o que está escrito na documentação oficial da década de 1960 e o que o general afirmou em seu livro, em 2007, e na entrevista concedida a mim em 2014, reforça a impressão de que a documentação foi montada pelo Exército.

Alegar que Milton ainda estava vivo seria uma forma de o Exército justificar a retirada do preso da cela, o que levaria a perícia a fazer seu trabalho sem a presença do corpo no local.

Confirmei a minha suposição ao seguir adiante nos depoimentos. O de Carlos Antônio Bregunci, segundo--tenente de 24 anos, dizia que Milton, ainda vivo, foi levado por ele e pelo enfermeiro Lincoln para o Pronto--Socorro Municipal de Juiz de Fora na camionete Rural da penitenciária.

Deslocamo-nos para o Pronto-Socorro o mais rápido possível. Durante o trajeto, o enfermeiro Lincoln fazia massagens no coração e respiração artificial, tentando mantê-lo vivo. Em certo momento o enfermeiro Lincoln declarou em voz alta que o preso estava reagindo, mas, ao chegar nas imediações de Vitorino Braga, o enfermeiro disse: a pulsação está sumindo. A toda velocidade possível chegamos ao Pronto-Socorro Municipal de Juiz de Fora e o preso MILTON ao ser atendido pelo doutor Márcio da Rocha Lima, médico de plantão, que colocou o estetoscópio no peito do preso e tomando-lhe o pulso disse: "está morto".

Diante dessa informação, iniciei a pesquisa para tentar confirmar a entrada de Milton na unidade. Descobri, no entanto, que o médico citado no processo como sendo o responsável pela constatação do óbito de Milton não estava de plantão naquele dia. Ao localizar o anestesista aposentado Márcio da Rocha Lima, atualmente com 73 anos, ele me disse que, na época, não estava mais trabalhando no Pronto-Socorro, onde vinha sendo substituído por um colega.

— Pode até constar o meu nome lá, mas eu não estava trabalhando naquela unidade em 1967, e sim na Casa de Saúde — confirmou o médico.

Fui somando evidências, mas considerava fundamental ir além do depoimento testemunhal. Até que resolvi ligar para o Superior Tribunal Militar em Brasília. Quem sabe a documentação que eu procurava estivesse lá? Já estava ao telefone, quando me passaram para a Seção de Arquivo. Era início de junho de 2014. Fui orientada a encaminhar minha demanda por e-mail. Em 6 de junho, recebi a primeira resposta.

(. . .) Informamos que em cumprimento à Lei de Acesso à Informação (lei nº 12.527/11) e em respeito à intimidade, honra e vida privada das partes, o acesso aos documentos arquivados nessa Corte é franqueado às próprias partes, seus parentes, em caso de falecimento da parte, às pessoas por elas autorizadas mediante procuração a advogados e a pesquisadores, para pesquisas com fins históricos e/ou acadêmicos. O acesso deverá ser solicitado mediante REQUERIMENTO dirigido ao Ministro Presidente do STM, que deverá conter a identificação do requerente, a indicação dos documentos a serem acessados, pedido de autorização para extração de cópias, integrais ou não, caso seja necessário e breve justificativa para a solicitação (. . .) Após o recebimento do requerimento pelo Ministro Presidente, e caso haja deferimento, a Seção de Arquivo do STM entrará em contato com o requerente para viabilizar o acesso aos documentos solicitados.

Mesmo sem saber se encontraria o que eu procurava, dei prosseguimento a toda a burocracia exigida para acessar os arquivos do Superior Tribunal Militar. Em 25 de junho, fui informada que havia "dois autos findos" com o nome de Milton, um deles com quatro volumes somando cerca de mil páginas. Para xerocá-las, eu deveria fazer o pagamento através da Guia de Recolhimento da União. Não queria apenas receber cópias pelo correio. Precisava, eu mesma, manusear o material original, uma forma de estar mais perto da história. Antes, porém, tentei confirmar por telefone se as fotos que eu procurava estavam lá.

Prezada Daniela,

Solicitei que me fosse informado qualquer tipo de foto que estivesse presente no processo. Aparentemente, existem fotos similares às que você me descreveu por telefone.

Precisa de mais alguma informação?

Abraços
Lucas

Mesmo o servidor do Arquivo não me dando 100% de certeza, eu voei para Brasília, onde desembarquei na noite de quarta. Era 16 de julho de 2014. Embora o prédio do Superior Tribunal Militar ficasse no Setor de Autarquias Sul, o arquivo tinha outro endereço: Setor de Garagens Oficiais Norte, quadra 5, Edifício Garagem do Superior Tribunal Militar. Ao meio-dia de quinta-feira, eu já estava à porta da garagem, embora o arquivo só abrisse uma hora depois. Aqueles sessenta minutos demoraram quase uma eternidade para passar. Não via a hora de poder tocar nos quatro volumes de processo e nos autos findos que poderiam me ajudar a desvendar todo o mistério que envolvia a morte e o desaparecimento do corpo do guerrilheiro do Caparaó.

Quando cheguei à sala da Seção de Arquivo, meu coração estava acelerado. Mais uma vez, procurava não demonstrar minha emoção e ansiedade. Prometi a mim mesma que, se encontrasse as fotos do laudo policial, não sairia gritando como louca, como fiz no Cemitério Municipal de Juiz de Fora doze anos antes. Eu me comportaria. Pelo menos tentaria.

Todos queriam saber o que me levava até ali. Minimizei: apenas informações para o meu livro, necessidade de checagem de datas de interrogatórios. Os processos, que não estavam todos copiados, foram trazidos, aos poucos, em caixotes plásticos, em função do volume. Olhei uma a uma as cerca de mil páginas que compunham os quatro volumes do processo que resultou na primeira citação do nome de Milton, durante interrogatórios realizados em Porto Alegre no ano de 1966. Contudo, não havia sinal das páginas que eu procurava.

— Onde estão os "Autos Findos nº 224", referentes aos da caixa 1.249? — perguntei, apreensiva.

— Não estão aí? — questionou um dos servidores.

— Não, já olhei os quatro volumes.

— Olha, o servidor que falou com você ao telefone está de férias. Era para ele ter deixado essa documentação. Deixa eu ver na mesa dele.

Eu não estava acreditando. Era como se eu estivesse morrendo de sede em frente a um mundo de água. Havia viajado mais de mil quilômetros, e na hora de tocar no meu tesouro, ele simplesmente estava perdido naquele monte de caixas e papéis. Respirei fundo.

— Por favor, eu não posso sair daqui sem isso. Aliás, até já paguei pelas cópias.

— Eu sei, mas não estou encontrando.

Levantei-me e comecei eu mesma a olhar a mesa do servidor que estava em férias. Meu estômago começou a doer de nervoso. Tomei uns dez copos de água. Quarenta minutos se passaram. A luz começava a cair lá fora, sinal de que o tempo se esgotava. Comecei a pensar em trocar minha passagem de sexta para sábado. Assim poderia voltar no dia seguinte.

— Encontrei. Veja. É isso?

Minhas mãos tremiam ao olhar o número 1.249.

— Parece que sim — respondi, querendo sair pulando. Só querendo, porque eu mantive a pose.

Fui folheando as 79 páginas do processo, quarenta a mais do que as enviadas por Gilney, até que cheguei aos anexos, na folha 67. Era a foto original do cadáver de Milton em cima de uma mesa de mármore no Serviço Médico-Legal do Hospital Geral do Exército em Juiz de Fora. Havia outras quinze fotografias no processo. "Não acredito", pensei. Havia encontrado o que procurava já fazia cinco meses. De cara, um detalhe me chamou a atenção. Por que Milton estava impecavelmente vestido em um exame de necropsia, se é que o cadáver era mesmo o do guerrilheiro?

Saí de lá com as mãos abarrotadas pelos quatro volumes e mais o material inédito que havia obtido. Agora eu só pensava em voltar para casa. Cheguei a Juiz de Fora na sexta-feira à noite e imediatamente telefonei para Domingos, o perito criminal aposentado.

— Domingos, a gente pode se encontrar amanhã?

— Infelizmente, tenho um compromisso, mas segunda estou liberado.

— Vamos tomar café em São Pedro?

— Vamos, sim. Te espero na padaria da rua principal às nove da manhã.

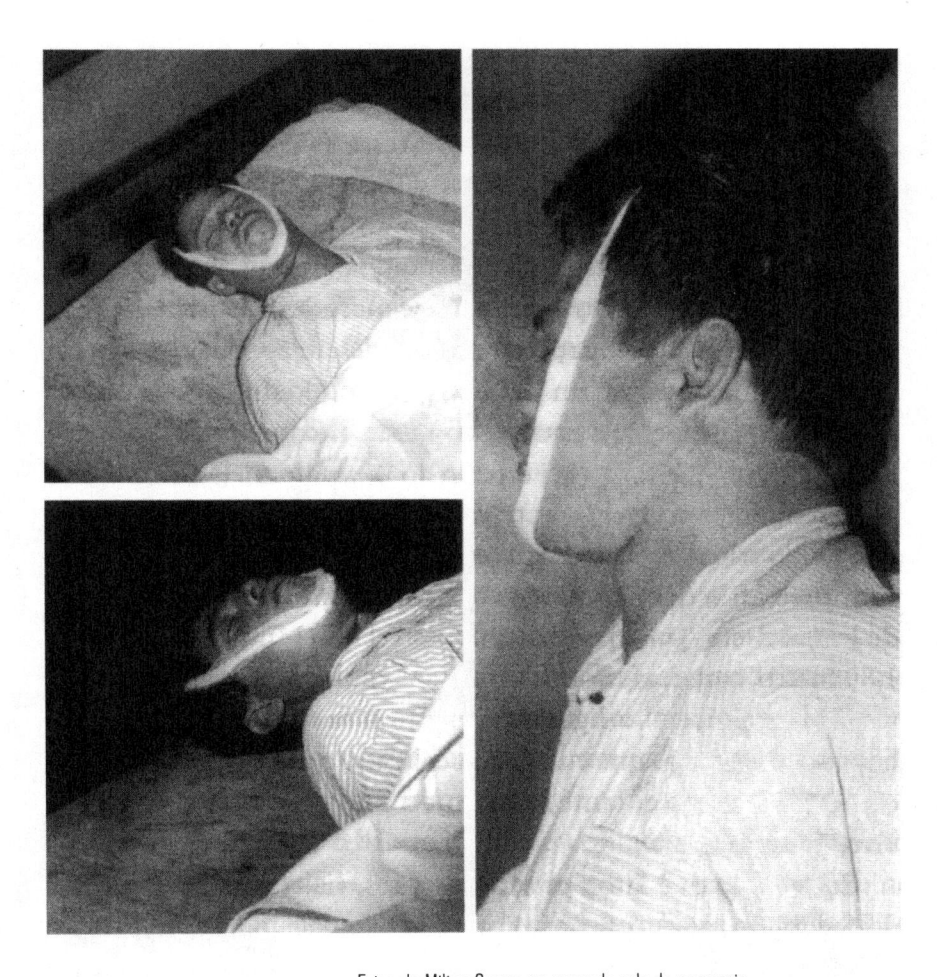

Fotos de Milton Soares na mesa da sala de necropsia,
reproduzidas do laudo pericial sobre a sua morte

O encontro aconteceu conforme combinado, e deixei
com ele uma foto digitalizada da necropsia de Milton.

— Vou dar uma olhada na imagem e comparar com
o que está descrito na perícia. A gente se encontra de
novo amanhã — disse ele.

Assim foi feito.

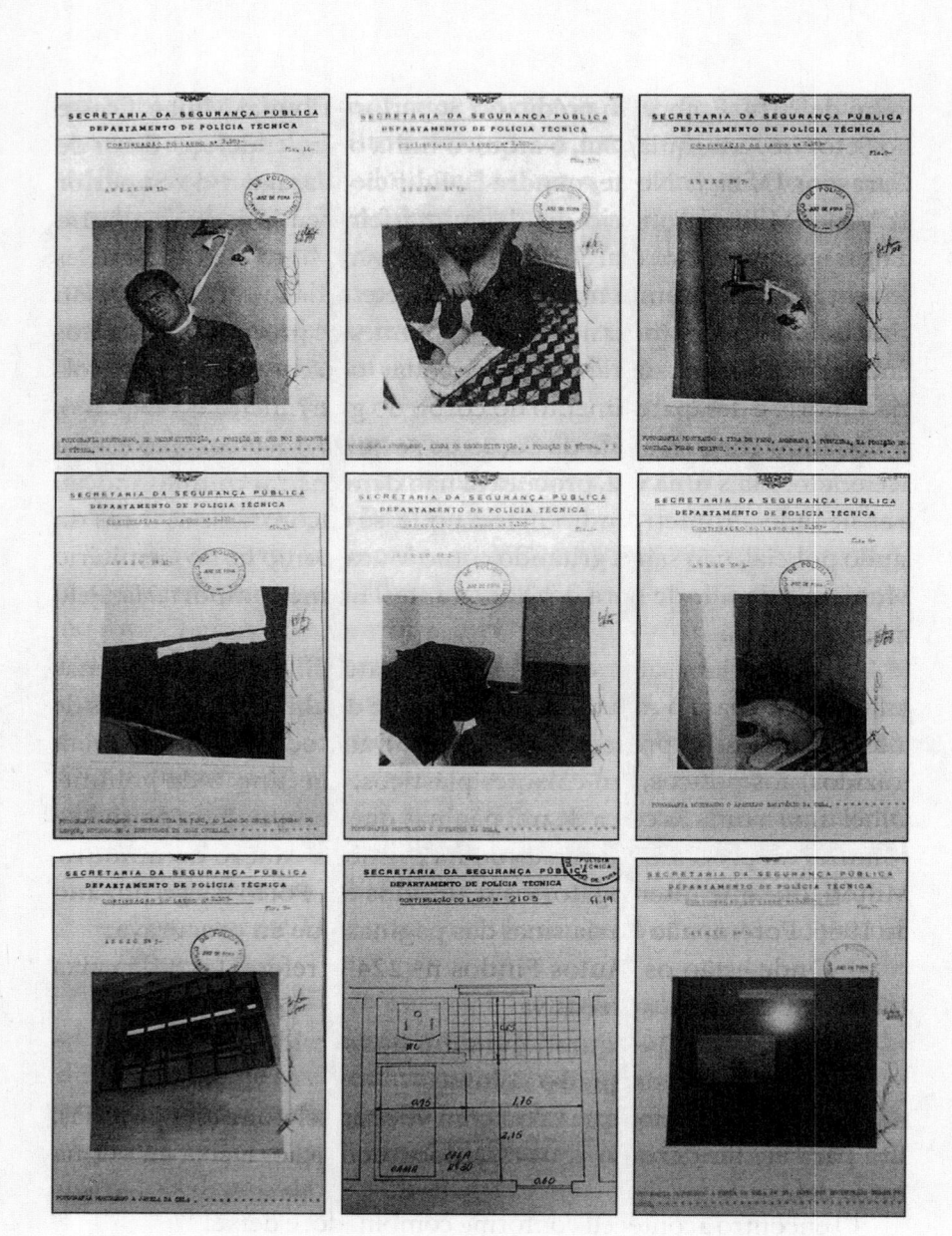

Imagens do laudo da morte de Milton Soares
que estavam anexadas no inquérito militar que apurou o caso

— E aí, Domingos?

— "Bunitinha", eu não tenho dúvidas. Esse homem foi assassinado.

— Por que você acha isso?

— Presta atenção. Aparentemente, não há congestão facial.

— O que é isso?

— Retenção da circulação, comum em casos de enforcamento. Além disso, quando a morte é por suicídio, o sulco não pode ter sinuosidade, porque o tecido usado para o enforcamento, quando estica, deixa marcas retas. O sulco é o desenho do objeto que produziu o impedimento da circulação cerebral. Tá prestando atenção?

— Claro, mas eu preciso fazer o papel de advogado do diabo — respondi.

— Mas você é enjoada, hein? Olhe bem aqui. Ele só tem sulco abaixo do pescoço e nenhuma marca deixada atrás das orelhas, por exemplo. Além disso, é impossível um sujeito com mais de 1,80 metro se enforcar com trinta centímetros de lençol. Não daria nem para dar o nó em volta do pescoço, ainda mais para amarrar em uma torneira que fica a 1,20 metro do solo.

— E se ele jogasse o corpo para a frente?

— Seria difícil a torneira segurar o peso dele. Além do mais, ele estava sentado. Olha, eu vou te dizer uma coisa: quando o perito faz bem o seu trabalho, o defunto conversa com ele. Conta para ele como a morte aconteceu.

— Hã?

— É verdade. Ele conta. Nesse caso, a perícia na cela foi feita sem o corpo. Ele morreu enforcado por alguém que usou um fio ou um cadarço dessas botas militares. Se você ainda tem dúvida do que estou falando, vamos pedir uma segunda opinião. Se importaria em mostrar essas imagens e o laudo pericial a um médico-legista?

— Tem que ser alguém de confiança. Isso não pode vazar.

— Deixa comigo.

Domingos ligou ainda da padaria para um legista aposentado que eu conheci na ativa. Ele aceitou nos receber no fim da tarde. Marcamos o encontro no hospital onde o médico Moacir de Oliveira Ferraz, 69 anos, estava de plantão. Em duas horas de conversa, ele confirmou as informações de Domingos.

— Não há cianose na face do cadáver, e a descrição do sulco no laudo pericial não é compatível com a imagem que você conseguiu. A perícia cita a existência de um sulco que vai desde a região mastoidiana e carotidiana esquerda, passando pela região supra-hioidea, e se prolonga até a região carotidiana e mastoidiana direita. Não há marcas no pescoço compatíveis com essa descrição. Falar em suicídio é delírio, uma história sem "h". Isso é um laudo ditado — afirmou.

Quando cheguei em casa, fiz um teste: medi trinta centímetros de tecido e cortei. Coloquei o pano ao redor do meu pescoço, mas as extremidades não se encontraram. Eu meço 1,58 metro e descobri que tenho 35 centímetros de circunferência no pescoço. Compreendi o que Domingos e Moacir disseram. Com uma tira de lençol desse tamanho seria impossível que Milton, com mais de 1,80 metro, conseguisse dar um nó em volta do pescoço.

Resolvi, então, ligar novamente para Araken. Comentei sobre os documentos que eu havia localizado e as novas informações da perícia. Ele, no entanto, confirmou a versão de ter visto Milton vivo pela manhã.

Com a foto de Milton morto nas mãos, viajei para o Rio Grande do Sul, onde me encontraria com o irmão dele, Edelson Soares de Castro. Ele e a esposa foram ao hotel onde eu estava hospedada em Porto Alegre, no Centro.

TÊRMO DE INQUIRIÇÃO DE TESTEMUNHAS

Aos dois dias do mês de Maio do ano de mil novecentos e sessenta e sete, nesta cidade de Juiz de Fora, Estado de Minas Gerais no Quartel General Regional da Quarta Região Militar e Quarta Divi são de Infantaria, onde se achava o Major JOAQUIM FERANDES, encarregado deste inquérito comigo 2º Sargento ANTÔNIO FLORENTINO DA SILVA, servindo de Escrivão comparecereram aí as testemunhas nomea das, que foram inquiridas sôbre a portaria de fls 2 a qual lhes foi lida declarando o seguinte: PRIMEIRA TESTEMUNHA - FERNANDO AN TÔNIO CARNEIRO BARBOSA, com 26 anos de idade, natural de Fortaleza Estado do Ceará, filho de José Júlio Barbosa e de Dona Zulma Car neiro Barbosa, casado, Primeiro Tenente do Exército, servindo no Primeiro do Décimo Regimento de Infantaria, residente à rua Sales Duarte nº 55 apartamento nº 201, nesta cidade, depois do compromis so de dizer a verdade, disse que antes da passagem do serviço, por ocasião da distribuição de café aos presos na Penitenciária Estadu al na cidade de Juiz de Fora, Estado de Minas Gerais, o preso MIL TON SOARES DE CASTRO, tomou café como os demais. Que não poderia prever, fade a isto, que o citado preso estivesse com intenções de suicidar-se..Que da passagem de serviço, ás Oito horas e trinta mi nutos aproximadamente, ao entrar na cela número trinta, do preso MILTON SOARES DE CASTRO, encontrou-a vazia dando um passo a frente viu as pernas do preso, por traz da meia parede que separa o WC da cela propriamente dita. Que, avançando viu que o mesmo estava pendurado no cano da torneira. Avançou então, suspendeu o preso MIL TON, afrouxou o laço do pescoço, e pediu uma faca para cortar a cor da. Foi-lhe trazida uma gilete, cortou a corda, puxou o homem (MIL TON) para sua cama, abriu-lhe a camisa, e auscultou-lhe o coração. O coração batia lentamente, e o corpo estava quente. O rosto estava bem branco, e uma espuma escorria de sua bôca. Que o declarante pediu ao preso civil LINCOLN DE SOUZA BARBOSA, presidiário da Justiça Civil e enfermeiro da Penitenciária Estadual, verificasse o preso MILTON SOARES DE CASTRO, também, para ver se MILTON SOARES DE CASTRO estava com vida. O enfermeiro LINCOLN respondeu que sim, e, em vista disso, o declarante mandou que o preso MILTON SOARES DE CASTRO fôsse levado para o Pronto Socorro, tendo em vista que a enfermaria da Penitenciária não tem meios suficientes. Que o de clarante incumbiu o Segundo Sargento RENATO RODRIGUES DE FIGUEIREDO, do Primeiro do Décimo Regimento de Infantaria, de lacrar a por ta da cela número trinta, deixando lá tudo como estava. Que parte da corda acompanhou o preso MILTON SOARES DE CASTRO no seu pescoço e a outra parte ficou amarrada á torneira, que telefonou imediatamente para o Major ITAUAN DE ARVELLOS ESPÍNOLA, respondendo pelo Comando do Primeiro do Décimo Regimento de Infantaria, e procurou em sua residência, o Senhor Coronel SÉRGIO DE ARY PIRES, Chefe do Estado Maior da Quarta Região Militar e Quarta Divisão de Infantaria, a fim de participar-lhe o ocorrido. Que, logo após deu parte por escrito ao Comandante do Primeiro do Décimo Regimento de Infan taria. Que, a tarde acompanhou os peritos da Polícia Civil que, em companhia do Primeiro Tenente FERNANDO DA GRAÇA LEMOS, da Quarta Companhia de Polícia do Exército, foram fazer a perícia e a recons tituição do fato. Perguntado se o Senhor MILTON SOARES DE CASTRO,falou alguma coisa após ter sido deitado em sua cama, respondeu que não. Perguntado se o Senhor MILTON SOARES DE CASTRO demonstrava alguma anormalidade ao ser recolhido ao xadrez da Penitenciara, digo, Penitenciária Estadual, após o interrogatório, respondeu que nada podia ser percebido pois ele (MILTON) como de sempre muito ca lado, nada falou ou demonstrou. E como nada mais disse nem lhe foi perguntado, deu o encarregado do inquérito por f indo o presente de poimento. SEGUNDA TESTEMUNHA - JOSÉ MAURO MOREIRA CUPERTINO

IPM do Exército sobre a localização do corpo de Milton dentro da cela da Penitenciária de Linhares. Testemunhas atestam que ele foi retirado com vida da cela 30, versão posteriormente desmentida nos depoimentos recolhidos para este livro

— Edelson, me desculpe. A imagem que vou te mostrar é forte. Preciso que veja. Acha que está preparado?

Ele acenou positivamente com a cabeça. Tirei a foto do envelope que carregava. O ex-preso político ficou mudo e suspirou. Ousei quebrar o silêncio.

— Você pode confirmar se este é o Milton?

— É, sim.

— E você pode confirmar quanto Milton media.

— Quase 1,90 metro. Até isso eles roubaram dele. Diminuíram sua altura para tornar a versão de suicídio menos fantasiosa.

Na volta a Juiz de Fora, me lembrei de ter falado, ainda em 2007, por telefone, com um parente do médico civil José Guadalupe Baeta Neves, um dos três que assinaram a necropsia de Milton. Guadalupe já havia morrido em 2002, quando eu fiz a série de reportagens da Cova 312. Cinco anos depois, eu estava de plantão na *Tribuna*, no sábado, fazendo a ronda policial, quando liguei para a Polícia Federal.

— Boa tarde, é Daniela da *Tribuna*. Há alguma ocorrência de destaque?

— Daniela Arbex?

— Sim.

— Nossa, eu sempre quis falar com você.

— Quem fala?

— Aqui é Marcelo Baeta, sou policial federal e neto do Guadalupe. Cresci ouvindo meu avô contar sobre a necropsia que ele fez na ditadura. Quando li suas matérias, tudo se encaixou.

— Jura? Puxa, que bom falar com você.

Como sempre tive o hábito de somar contatos, anotei o nome de Baeta na minha agenda. Sabia que teria de conversar com ele no futuro. Sete anos depois daquela ligação, o futuro havia chegado. Aliás, ele me levaria de volta ao passado, à pacata cidade de Rio Pomba, em Minas Gerais, onde Guadalupe nasceu em 1906.

O filho de um fazendeiro afortunado foi estudar ainda criança em Ouro Preto e, quando começou a ganhar corpo de adolescente, seguiu para o Rio de Janeiro, onde ingressou na Faculdade de Medicina. Formou-se na década de 1930, montou consultório em Mercês e depois chegou a Juiz de Fora, onde trabalhou como ginecologista. Mais tarde, passou em um concurso para médico-legista, entrando para os quadros da Polícia Civil. Naquela época, já era torcedor fanático do Santos.

Morador do apartamento 1103 do Edifício Primus, na avenida Rio Branco, ele foi chamado às pressas em casa, no ano de 1967, para atender a um óbito que teria ocorrido no quartel-general. Guadalupe, então com 61 anos, pegou o paletó marrom, passou gumex no cabelo e acordou o genro.

— Juarez, me chamaram agora de madrugada para o quartel. Não quero ir sozinho. Você pode ir comigo? — perguntou ao homem que considerava um filho.

Ao chegarem à unidade militar, os dois foram levados para o local onde estava o cadáver.

Discretamente, Guadalupe cutucou o genro.

— Olha, já limparam o rapaz.

Juarez ainda pôde perceber que havia marcas no pescoço do jovem, como se tivessem sido produzidas por arame. Dias depois, Guadalupe foi procurado na delegacia.

— Quero falar com o Guadalupe — disse o oficial fardado ao chegar ao prédio da rua Batista de Oliveira, onde ficava o Instituto Médico-Legal.

— É por aqui — disse o homem, indicando o gabinete do legista.

— Bom dia, doutor.

— Bom dia. Em que posso ajudar?

— Doutor, está acontecendo um episódio aí. Eu queria a sua colaboração, porque o laudo do senhor deixou muito a desejar. O senhor não detalhou em que circunstâncias se deu a morte daquele guerrilheiro, e está ficando chato para nós.

— Olha, eu não posso modificar o laudo que fiz.

— O senhor escreveu, no atestado de óbito, asfixia por enforcamento.

— As lesões que ele apresentava eram compatíveis com asfixia por enforcamento.

— O senhor não deixou claro que foi suicídio.

— O que vi eu atestei. Eu fui até onde pode ir a medicina. O médico não faz reconstituição criminal, apenas o atestado da *causa mortis*.

— Já houve precedentes, doutor, o senhor sabe disso. Não vai colaborar com o Exército brasileiro?

— Não posso mudar o laudo que emiti.

— Quer saber de uma coisa? O senhor é um medicozinho de merda! — gritou o oficial apontando o dedo no rosto de Guadalupe.

Ofendido, Guadalupe se levantou da cadeira:

— E você? Nem isso você é — respondeu com o dedo em riste. O oficial saiu da sala pisando duro e batendo a porta em seguida.

Em pé na sala, o legista alisou o bigodinho. Estava extremamente irritado com a ousadia do pedido feito pelo oficial.

Guadalupe morreu oito anos depois desse episódio, em 1975, vítima de enfisema pulmonar. A família nunca soube o nome do oficial que esteve na delegacia para pressioná-lo. Apesar de ter apenas cinco anos de idade quando tudo aconteceu, Marcelo Baeta cresceu ouvindo o pai contar sobre o dia em que o avô foi retirado às pressas de casa para assinar o óbito de Milton.

— Quando li sua matéria, liguei os pontos — disse o policial federal sem conseguir definir, no entanto, a hora exata em que o avô Guadalupe saiu de casa.

— Acho que ainda era noite, porque eu estava dormindo — diz.

O fato de Guadalupe ter sido acordado pode significar que ele saiu de casa de madrugada, o que indicaria a morte de Milton durante o interrogatório. Encontrei no livro de Gilson Rebello — *A guerrilha do Caparaó* —, publicado na década de 1980, uma preciosa entrevista feita com o responsável pelo interrogatório de Milton, o major Ralph Grunewald Filho, na noite do dia 27 de abril de 1967. Na ocasião da entrevista feita por Rebello, Ralph era coronel da reserva. O depoimento foi também reproduzido no livro de José Caldas — *Caparaó, a primeira guerrilha contra a ditadura* —, lançado em 2007.

Olha, para falar a verdade, eu acho que sou realmente culpado pela morte de Milton, porque fiz com que ele perdesse completamente o controle emocional com a pressão psicológica que sofreu durante o interrogatório a que foi submetido e cometesse suicídio.

E continua:

Não matei ninguém nesse processo, nem nos outros que dirigi, porque, se realmente quisesse dar fim a algum comunista, ele simplesmente desapareceria. Não ficaria nenhuma prova. Milton suicidou-se e quem duvida é só ver os três inquéritos policial, administrativo e militar instaurados. Eles querem insinuar que o cano onde o preso se enforcou era muito baixo, mas tenho absoluta certeza de que o baque que ele levou justificaria qualquer gesto.

Com isso, o coronel Ralph admitiu que o interrogatório de Milton durou a noite toda. Felizmente, eu tinha em mãos os três inquéritos sobre os quais ele se referiu, o que permitiu constatar todos os furos da documentação que ele cita como prova do suicídio de Milton.

Minha busca estava quase chegando ao fim. Faltava, porém, um último passo: localizar os policiais civis responsáveis pelo laudo pericial que afirmava que Milton foi encontrado morto. Descobri que Orlando José Lopes Júnior e Luzmar Valentim de Gouvêa, os dois peritos criminais que assinam o laudo policial, estavam vivos.

Orlando Júnior, o primeiro perito que assina o laudo de 10 de maio de 1967, não permitiu que eu fosse ao seu apartamento pois, segundo ele, estaria em obras. Marquei, então, em um local público. A praça de alimentação de um shopping localizado no bairro Alto dos Passos. Nós não nos conhecíamos. Descrevi a roupa que usaria, porém tive dúvidas quanto ao aparecimento dele naquela tarde fria e cinzenta de agosto. Era dia 14. Dez minutos depois do horário combinado, um senhor magro subiu as escadas que dão acesso ao local. Ele ficou parado no meio da praça de alimentação, olhando de um lado para outro. Imaginei que pudesse ser quem eu esperava.

— Doutor Orlando? — disse eu, acenando.

Ele caminhou em minha direção. Aos 79 anos, demonstrou preocupação sobre o teor do assunto que iríamos conversar e não permitiu que eu ligasse o gravador, o que fiz mais tarde, após insistir com ele sobre a necessidade de a nossa entrevista ficar registrada.

— Doutor Orlando, o que o senhor se lembra do dia em que esteve na Penitenciária de Linhares?

— Olha, é aquilo que eu estou te falando. Eu não me lembro de nada. Não sei assim de nada. Não tenho nada para afirmar nem para dizer. Se você falou que pode não ter ocorrido suicídio, é provável que o laudo não reforce que foi suicídio. Não é isso?

— Mas quando um perito tem convicção de que foi suicídio, ele costuma colocar no laudo a palavra suicídio?

— Eu não consigo me lembrar. É tanta coisa, sabe? Lamento muito não poder te ajudar.

— O senhor não se lembra de ter estado nesse local?

— Eu não me lembro de nada.

— Essa assinatura é compatível com a sua? — perguntei mostrando o laudo para o perito.

— Isso é.

— É sua? — insisti.

— A assinatura é. Eu não me lembro disso aí completamente. Eu posso até perguntar para um rapaz que trabalha no táxi que antigamente levava a gente nos locais, o Paiva. Posso até perguntar a ele: você se lembra desse caso? Em que local foi isso?

— Dentro da Penitenciária de Linhares. Milton foi encontrado enforcado dentro da cela.

— Penitenciária de Linhares?

— É, foi o único caso de morte ocorrido em Juiz de Fora durante a ditadura.

— Pois é. Não vem nada na cabeça. Não estou querendo escapar da coisa, não. Apenas não me lembro disso aí. Não me lembro desse fato nem nada. Se você não tivesse mostrado a minha assinatura, eu ia falar que não estive nesse caso. Não tenho a menor noção.

— O senhor é especialista em grafotécnica. Pode me dizer se essa assinatura aqui não é uma fraude?

— Não.

— O senhor a reconhece como sua?

— Perfeitamente. É a rubrica que eu faço até hoje.

— O senhor se lembra se vocês sofriam algum tipo de pressão ou se era difícil trabalhar durante a ditadura?

— Eu não me lembro, assim, de fatos que possam te esclarecer isso. Quando foi a ditadura mesmo? De repente, alguém falava assim para colocar medo, porque são coisas que passam pela gente.

Nessa altura da entrevista, Orlando, que disse ter esquecido qual teria sido o período da ditadura no Brasil, lembrou-se de fatos anteriores a 1964, como, por exemplo, sua passagem pelo Instituto Del Picchia, em São Paulo, onde fez o curso de perícia documentoscópica.

Voltei ao caso de Milton. Ele continuou dando respostas evasivas.

— O senhor está bem de saúde? — perguntei para saber se havia algum problema físico que justificasse o seu esquecimento. — O senhor tem falha de memória?

— Olha, aparentemente, né... eu não sei como eu estou de memória assim, eu não sei dizer, não. Mas desse caso eu não me lembro. Eu não estou fugindo da coisa, não. Eu não me lembro da coisa. Me desculpe.

— Eu agradeço. O senhor foi muito gentil em ter vindo aqui.

— Várias vezes ajudei a resolver casos. Foi sempre um prazer. Agora, como eu já aposentei há algum tempo, então, a gente perde assim... e acontece o que eu te falei, eu rodei muito o Brasil. Estive em Brasília, no Paraná, em Belo Horizonte. Brasil afora. Eu ainda estou fazendo alguma perícia, mas também já estou parando. Acho muito, assim, cansativo — disse o homem que também trabalhou como bancário.

— Mas o senhor chegou a fazer, nos últimos tempos, perícia particular?

— Sim — respondeu ele.

— Tenho uma última pergunta. O senhor se sente aliviado por não ter usado no laudo o termo suicídio?

— Pois é, aí que está o negócio, sabe? Eu não estou lembrado do fato, mas isso aí pode ser suicídio ou não, tem uma série de coisas que podem acarretar. Então, como eu estou assim com a memória para lá de Bagdá, eu lamento muito não poder te ajudar.

— Mas com a sua experiência, já que o senhor continuou fazendo perícia até há bem pouco tempo, o senhor acha viável que ele tenha se matado?

— Pois é. Eu fico triste de não poder esclarecer. Eu queria chegar aqui e falar: "o negócio é esse e esse. Eu confirmo e assino embaixo". Eu, não. Eu, sinceramente, não estou fingindo. Mas você está dizendo detalhes aí que eu não tenho... porque os laudos de perícia que eu tenho, tenho coisas antigas lá, tudo direitinho, posso confirmar, mas esse caso aí... Eu realmente não sei por que fui lá fazer isso, se a minha especialidade era outra.

Já ao final da entrevista, porém, o perito me surpreendeu:

— Daniela, você me desculpe, porque você está fazendo um trabalho importante. Vai esclarecer, vai fazer justiça com as pessoas que sofreram coisas. Eu acho absurda essa agressão que eles fizeram.

Nos despedimos. Ainda ouvi dele a preocupação com sua pressão, que poderia subir naquele dia por causa de nossa conversa.

O segundo perito do caso, Luzmar Valentim de Gouvêa, 78 anos, me recebeu na casa que construiu com o dinheiro que juntou em 33 anos de polícia. Iniciou a carreira como perito e, depois de 25 anos no ofício, fez concurso para delegado. Após conversarmos sobre família e filhos, mostrei o laudo assinado por ele.

— Nessa época, a polícia técnica atendia com um perito no local — disse ele.

— O senhor não foi ao local?

— Eu, não. Quem assina primeiro é o responsável pelo laudo. Eu leio o laudo. Se não concordar, não assino. Foi o Orlando quem atendeu no local.

O ex-perito da Polícia Civil Luzmar Valentim de Gouvêa (hoje e na época da investigação)
é um dos que assinam o laudo sobre a morte de Milton

— Então o senhor não foi ao Hospital Militar, onde estava o cadáver?

— Não estive lá. Eu quero ver as fotografias para ver se tem alguma coisa que possa te falar.

— Esse caso não ficou gravado em sua memória?

— Vou explicar uma coisinha pra você. Aqui em Juiz de Fora, eu fiz mais ou menos uns 15 mil laudos. Em Governador Valadares, uns 20 mil.

Mostrei as fotos que havia tirado diretamente do processo original e ampliado.

— O colega lá deu a informação de enforcamento. Não quer dizer que esse enforcamento tenha sido por suicídio, entendeu? Vou dar outra dica pra você. Quando o cara se suicida, essa marca afunda aqui — afirmou mostrando o pescoço, indicando, ainda, a região que chega atrás das orelhas.

— Em volta de todo o pescoço? — repeti. — O Milton não tem sulco em nenhum outro lugar que não seja na frente do pescoço, é isso?

— Estou vendo aqui.

— Eu ouvi um perito criminal e um médico-legista...

— Que falaram a mesma coisa que eu falei? — perguntou Luzmar.

— Que têm dúvidas em relação à versão de suicídio, já que essas lesões não são compatíveis com a descrição do laudo — respondi.

— Mas tem um detalhe. Ele foi socorrido também, né? Pode não ter dado tempo de ter essa marca.

— O senhor acha possível que um homem com 1,75 metro se enforque em uma pia com 1,20 metro de altura e trinta centímetros de pano? — perguntei citando a altura de Milton apontada no laudo, embora ele tivesse pelo menos 1,80 metro, conforme aponta ofício interno do III Exército, de 8 de novembro de 1966.

— Não.

— Por quê?

— Raciocina comigo. Você está sentada aqui. Eu pego e tento te enforcar ali na parede. Você vai espernear para tudo quanto é lado. Se está em pé, e a corda está aqui, quando faltar ar, você volta o corpo um pouco pra cima, porque a pessoa não aguenta. Falta de ar é o trem mais terrível do mundo.

— Então o senhor acha improvável que o Milton sentado...

— Porque o Orlando concluiu aqui. Quer ver? "Examinando superficialmente o cadáver", porque nós fazemos o exame externo do cadáver. Não abrimos o cadáver. Isso é da medicina legal. Então, "examinando superficialmente o cadáver, constataram os peritos... (já bota no plural, tá vendo?)... que existia um sulco que ia desde a região mastoidiana e carotidiana esquerda, passando pela região supra... Como é? Não estou conseguindo ver.

— Supra-hioidea.

— Pois é. É essa região — disse, mostrando a lateral do pescoço.

— Mas isso não aparece na foto — falei.

— "Se prolonga até a região carotidiana e mastoidiana direita." Tudo no lado direito. Não tem nada (no lado) esquerdo. A corda pega dos dois lados igual. Esse sulco apresentava-se mais profundo na região do gogó, o que caracterizava enforcamento. Mas ele não fala se alguém o enforcou ou se ele se suicidou. Entendeu? O perito fez bem aqui. Tanto que eu li e assinei. Minha assinatura está aqui.

— Era temerário alegar que ele se matou?

— Eu acho também. O perito que foi ao local não falou que ele se enforcou. O que caracteriza o enforcamento? Esse ferimento que você me mostrou. Esse aqui. Caracteriza enforcamento, mas não quer dizer que ele tenha se matado.

— Ele não falou que ele se matou, mas que foi enforcamento.

— Não, ele não falou. E nem podia falar. Nem eu falaria. Enforcamento é uma coisa, suicídio é outra.

— Com sua experiência, o senhor acha possível, factível, com as fotos que estão aqui, que ele tivesse conseguido se enforcar sentado a um metro e vinte do chão, com trinta centímetros de pano?

— Absolutamente. A que altura está a torneira?

— Um metro e vinte.

— Um metro e vinte?

— É. E ele tinha mais de um metro e setenta e cinco. Aqui, olha. Quer ver? Deixa eu mostrar para o senhor. A tira de pano é essa. Trinta centímetros. E nessa posição, com os pés dentro do boi (vaso), o senhor acha viável?

— Eu não concluiria como suicídio.

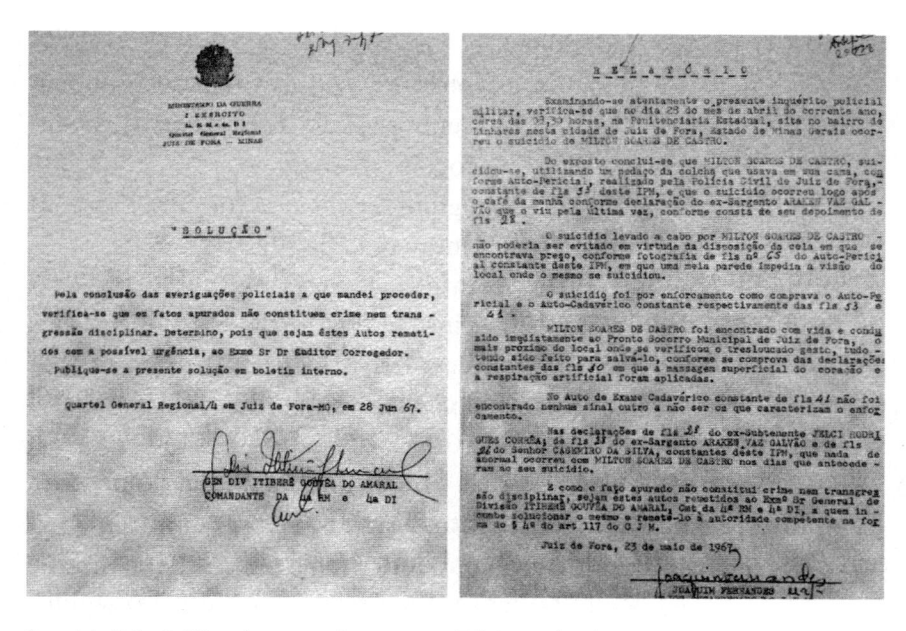

General da 4ª Região Militar afirma que após investigação do Exército e da polícia não houve transgressão disciplinar na morte de Milton; major encarregado do IPM também conclui por suicídio de Milton

— Não?

— Nunca, nunca, nunca. Como suicídio, nunca! A não ser que eu tivesse ido lá ao local, tivesse examinado o local e visto se houve muita lesão nas pernas dele. Porque aqui o perito não falou que houve lesões nos pés nem nada.

— Não. Só falou que encontrou um machucado no joelho.

— Só no joelho não interessa. Ele poderia ter machucado antes ou depois que o tiraram. O perito foi bom. Ele falou que os sinais são de enforcamento. Você põe na sua cabeça que enforcamento é uma coisa, suicídio é outra.

— Existia uma pressão do Exército sobre os peritos?

— Não, nunca.

— Olhando as fotos que são as originais, também chama a atenção do senhor o fato de não existirem sulcos em torno do pescoço?

— É claro. É o seguinte, com essa torneira dessa altura de um metro e cinquenta.

— Um metro e vinte — corrigi.

— Um metro e vinte, e esse cara com um metro e tanto de altura. Não acredito em suicídio. Nunca. Pode mandar qualquer perito examinar isso, ele vai falar a mesma coisa para você.

— O senhor acha que essa lesão aqui é compatível com um fio de telefone ou um cadarço de coturno? Essa lesão é compatível com o quê?

— Muito perigoso. Você tem que observar o seguinte. Deixa eu dar as dicas para você. Se eu apertar o seu pescoço, por exemplo, puxar o seu cordão... Com licença — disse ao se levantar em minha direção e usar o meu cordão como exemplo. — Puxar o seu cordão para trás para te enforcar — continuou. — Onde vai ficar essa marca? Aqui, onde está na fotografia. O suicídio — disse ele, pegando o meu cordão e colocando bem embaixo do meu queixo —, o suicídio, onde o cordão passar, tem que deixar a marca da orelha para baixo. Esse troço está assim, reto. Se fosse na torneira, estaria para cima. A tendência disso aqui é correr para o lado da orelha. E não reto, como aqui — afirmou, mostrando a região do pescoço.

— Foi o que o perito me disse. Que o sulco não segue essa linha.

— Não segue a linha. Aqui, nestas fotografias, a linha está reta.

— Essa marca é condizente com o quê?

— Com muita coisa.

— Por exemplo — insisti.

— Um fio de arame fino. Pode ser um arame, pode ser um cadarço.

— O senhor acha que um cadarço faria isso?

— Faria. A pessoa, quando quer matar, é um bicho muito estranho. Põe uma corda, um fio no pescoço do cara, põe esse joelho nas costas e puxa — disse, demonstrando.

— Mas ele não teria que ter uma marca de joelho nas costas?

— Não. Esse negócio de botar o pé nas costas do sujeito não vai dar hematoma. Esse corte nessa posição, eu não assino um laudo que isso aqui é suicídio. Não assino com a minha prática. Se eu visse, falaria assim: esse cara foi enforcado, não é suicídio. E de mais a mais, a pessoa também não consegue (*sic*) suicidar nessa altura que você veio me falar aí.

— Se ele estivesse a meio centímetro do chão, tudo bem?

— Ele tinha que arrumar uma cadeira para subir, amarrar lá em cima a corda ou o que ele arrumou, e saltar.

— Quer ver uma coisa? Lê direitinho isso aí.

Eu comecei a ler em voz alta.

Segundo informações do primeiro-tenente Fernando Antônio Carneiro Barbosa, do segundo-sargento Renan Rodrigues de Figueiredo, a vítima foi encontrada com os membros inferiores fletidos e com o dorso encostado à parede, com os pés dentro do aparelho sanitário. Tendo ao redor do pescoço um laço feito com uma tira de pano com um dos extremos amarrados à torneira. O pedaço de pano foi encontrado pelos peritos preso à torneira. Era parte daquele que foi cortado ao prestar socorro à vítima. Ainda segundo informações dos mesmos militares, foi feita a reconstituição do suicídio, ocupando o lugar e posição da vítima o senhor Afonso José Machado. Em seguida, fez-se dirigir ao Serviço Médico-Legal do Hospital Geral do Exército onde estava o cadáver de um indivíduo alto, do sexo masculino, aparentando 25 anos de idade, que foi identificado como Milton.

— O enforcamento pode ser: eu te enforcar ou você se matar, dependurar em uma viga, "um trem aí", e se enforcar. Mas jamais é isso aqui. Aqui tem uma fotografia de um lado e do outro. Do outro lado não tem nada — comentou indicando a ausência de marca no pescoço de Milton no lado esquerdo. — Com essas fotos aqui, eu jamais assinaria um laudo de suicídio. O enforcamento está caracterizado. O suicídio, não.

Aprendendo a fazer chimarrão

Havia uma expectativa enorme diante da proximidade do encontro que demoraria mais de uma década para acontecer. O avião decolou do Galeão, no Rio, próximo ao horário do almoço, naquele 5 de dezembro de 2013. A saída de Juiz de Fora, no entanto, ocorreu ainda na madrugada. Parecia quase inacreditável que a espera estava prestes a chegar ao fim. Foi um longo percurso até ali. Antes da aterrissagem em solo gaúcho, deu para avistar, das alturas, a cidade. Lá de cima, o famoso Guaíba e suas águas escuras se exibiam imponentes. Em outro rio, o Jacuí, ainda existe um segredo naufragado da ditadura brasileira. Mais um entre tantos outros. O que aquela viagem a Porto Alegre reservaria? Como seria a recepção dos que ali viviam? Difícil imaginar.

Passava das quatro da tarde quando o carro entrou no Cristal, um bairro típico de classe média. O veículo cruzou várias ruas estreitas até entrar na avenida Taquaribe, parando em frente a um edifício modesto de três andares. A chegada ao prédio verde foi anunciada pelo interfone, e o portão, liberado pelos moradores do apartamento de dois quartos que ficava no terceiro andar. Os degraus da escada foram vencidos com pressa. A porta se abriu antes de a campainha ser tocada.

Na entrada, uma mulher miúda sorriu, abrindo os braços: "Tu trouxeste o Milton contigo", disse, emocionada.

O carinho da irmã do guerrilheiro do Caparaó desaparecido por mais de trinta anos me surpreendeu. Enlaçadas uma à outra, eu e Gessi choramos. Ainda com os olhos úmidos, ela pegou na minha mão, me convidando a entrar. Sentamos no sofá desgastado pelo tempo, enquanto ela me olhava curiosa. Já eu passava os olhos pela casa, como se quisesse enxergar tudo sobre sua dona de uma vez só. Mirei os rostos desconhecidos nos porta-retratos espalhados pela estante. Desejava muito ser apresentada a cada uma daquelas pessoas. Conversamos amenidades sobre o voo, até que tocamos no motivo principal daquele encontro: Milton e a investigação jornalística que me aproximara dos parentes de quem ele não pôde se despedir.

Talvez por isso Gessi me visse como uma ponte para o passado. Eu havia resgatado as memórias do militante, e isso nos aproximava como se fôssemos velhas conhecidas. A ausência de Milton me levou até a presença dos seus amores. Estar perto de Gessi e de Edelson era a chance de conhecer os sonhos e os desejos dele. Por isso, naquela sala pequena, nós nos completávamos.

Juntos, voltamos aos anos 1940, no tempo em que Marcírio Palmeira de Castro, o patriarca da família, montava caixões para doar no enterro dos amigos. Gessi, a filha, ajudava colando as madeiras e forrando o interior das caixas funerárias. Aprendeu o ofício com o pai brigadiano.

Aos poucos, velhas feridas foram se abrindo. Elas se revelaram na lembrança do choro permanente da mãe todas as vezes que se lembrava do filho "metido nessas coisas de revolução" e com paradeiro desconhecido. Enquanto cozinhava, dona Universina pensava que ele poderia não ter comido nada naquele dia. O pranto dela ficou ainda mais forte quando a notícia de que tinha um filho suicida se espalhou. Embora ela nunca tivesse acreditado nessa versão, não ter um corpo para velar é como se Milton morresse todos os dias. O luto permanente é a sina dos que não conseguem encontrar consolo enquanto persiste a dúvida.

Por isso, a ditadura precisa ser lembrada. Não para falar mais do mesmo, mas para que se possa avançar no levantamento dos casos e na luta pela abertura eficiente e efetiva de nossos arquivos. Somente em 2011, o Brasil instituiu uma política pública em prol da memória das vítimas com a criação da Comissão Nacional da Verdade. A partir de 2012, examinou as violações de direitos humanos cometidas não só durante a ditadura militar, mas entre 1946 e 1988, período entre as duas Constituições democráticas brasileiras. O relatório final indicou a participação de mais de trezentos agentes públicos e pessoas a serviço do Estado com envolvimento nos casos de violação, apontando 434 mortos e desaparecidos políticos no Brasil. Em relação a Milton Soares de Castro, a investigação sobre a Cova 312 é citada, mas o guerrilheiro do Caparaó é incluído entre os desaparecidos políticos por "ausência de identificação plena de seus restos mortais". As novas informações reveladas agora por este livro sugerem o contrário: não se pode dar como desaparecido alguém cuja imagem da necropsia confirma a ocorrência da morte em dependências do Estado.

Foi percorrendo a história do guerrilheiro do Caparaó que eu pude seguir a trilha de tantos outros que, assim como ele, tiveram a Penitenciária de Linhares como destino. Conhecer os episódios de vida e de morte dos militantes políticos me deu a oportunidade de desvendar um Brasil que ainda teme os seus fantasmas e se acovarda diante do peso da culpa. Os sobreviventes têm muito a ensinar: convivem com suas sequelas e enfrentam a herança da violência para seguir em frente, mesmo sendo difícil se livrar do tormento da perseguição. Fazer silêncio diante de uma nação que foi esfacelada pela violência no passado e continua reproduzindo os métodos de tortura e exclusão do período do arbítrio é compactuar com crimes dos quais podemos nos tornar vítimas. Pior que isso: reeditar nas ruas do país marchas pela ordem clamando o retorno da ditadura é desconhecer os anos de sombra que envolveram o Brasil ou aceitar que a força supere o diálogo e o esforço histórico dos movimentos populares na busca por caminhos de paz.

Revelar-se para que novos apontamentos possam vir à tona exige a coragem que Rogério de Campos Teixeira, 67 anos, demonstrou ter. Embora atormentado por dores pessoais, o ex-estudante de física da UFRJ, que se formou em engenharia metalúrgica pela PUC-Rio e, mais tarde, tornou-se engenheiro ambiental, despiu-se dos próprios receios para deixar tocar suas chagas. Expor os dramas vividos nos tempos de militância nunca foi tarefa fácil para ele. Eles incluem um longo período de afastamento do amigo Antônio Rezende Guedes, por causa de desencontros que só existiram no imaginário do homem apaixonado por astronomia que partiu deste planeta em 2010, como ele mesmo gostava de dizer.

Ângela Pezzuti somou uma vida de perdas. Além do sobrinho Ângelo, que morreu no exílio, em Paris, em um acidente de moto em 1975, enfrentou a dor de ver Murilo Pinto da Silva, o outro sobrinho, dar um tiro no próprio ouvido em 1990, após perder a luta contra uma forte depressão. Ele morava no Vale do Guaporé, em Rondônia. Deixou três filhos. Carmela Pezzuti, a irmã guerrilheira de Ângela, morreu em 2009, em decorrência de complicações de saúde, quando já estava em estágio avançado do mal de Alzheimer.

— Ângela, eu morei em muitos lugares, não é? — perguntou a irmã pouco antes de partir.

— Morou, Carmela. De qual você mais gostou?

— Não me lembro de nenhum.

Restou a Ângela, uma das familiares que mais lutaram pela liberdade dos presos políticos, refazer sua história. Em 1984, ela adotou uma menina de cinco anos, que por coincidência do destino tem o mesmo nome dela e lhe deu uma neta. Mesmo sem nunca ter se casado — já que rompeu vários relacionamentos para se dedicar à irmã e aos sobrinhos —, ela encontrou na amizade de Gaspar, o antigo namorado, uma bela companhia. Ambos residem em Belo Horizonte. Os dois se falam diariamente por telefone e moram sozinhos. Recentemente, eles tiveram uma crise de riso ao discutir como seria a rotina deles se tivessem se casado.

"A gente já teria se separado há muito tempo, porque você implica muito comigo", disse a ele, divertida, a octogenária que enfrentou a ditadura.

Por causa de tudo que passou no cárcere, Gilney Amorim Viana, o preso da Galeria C de Linhares, passou anos sem conseguir apagar a luz. Até hoje, com 69 anos, não fecha uma porta. Em todo o período de prisão, eram os carcereiros que faziam isso. Mesmo marcado pelos atos que cometeu e pelos de seus algozes, o mineiro de Águas Formosas jamais se escondeu. Seguiu

a carreira política, elegendo-se nos anos 1990 deputado federal e, em seguida, estadual. Também assumiu a
assessoria da Secretaria de Direitos Humanos da Presidência da República, em Brasília, de onde se desligou no
início de 2015. Há 36 anos, ele vive com a economista
Iara Xavier Pereira e criou como seus os dois filhos dela.
Desde que deixou a prisão, em 1979, manteve-se com-
bativo, podendo ser considerado até hoje um "irrecupe-
rável", "não é, besta?".

Efigenia Maria de Oliveira, setenta anos, vive no
nordeste do país. Construiu uma nova vida em Cabo de
Santo Agostinho, onde reside há 35 anos com o marido.
Em Pernambuco, ela continuou ligada aos movimentos
sociais, elegendo-se vereadora por dois mandatos, sendo o primeiro no final dos anos 1990. A ex-militante
ainda carrega no corpo e na alma as marcas da violência que sofreu e diz não saber como ela e os outros
sobreviveram.

"Quando olho para trás, nem acredito pelo que passamos. Mas valeu a pena. Hoje me sinto muito bem. Se
não tivesse com problema de 'osso', eu estaria ótima.
Ainda tenho muito ânimo, mas o corpo não acompanha."

Irmã de Antônio José de Oliveira, o Tonhão, que
morreu de câncer na garganta em 2012, Efigenia passou
a criar o filho adotivo dele. Rafael tem dezessete anos.

Márcio Lacerda, 69 anos, entrou para a política mais
tarde. Após ser libertado, nos anos 1970, precisou de
tempo para se readaptar à realidade. Teve medo de dirigir, sentia-se deslocado. Vencido o primeiro impacto de
quem sai do isolamento — ficou quase quatro anos preso —, ele quis retomar a vida e lutar de "outra maneira"
pela redemocratização do país, considerando um equívoco a ideia de uma revolução socialista no Brasil. Cursou eletrotécnica e, mais tarde, administração. Seguiu

carreira no ramo empresarial, dando emprego a muitos companheiros libertados. Somente em 2007, filiou-se novamente a um partido político, o PSB, tornando-se prefeito de Belo Horizonte, dois anos depois. Fernando Damata Pimentel foi eleito governador de Minas no pleito de 2014.

Marco Antônio Victoria Barros, o Play, 66 anos, trabalha na Companhia de Processamento de Dados da capital mineira, onde é gerente de informática. Nos anos 1990, perdeu o emprego após ter seu nome publicado em uma reportagem sobre a história de brasileiros que não foram beneficiados com a anistia. É avô de Manoela Barros Garzia, a menina com pouco mais de um ano por quem está declaradamente apaixonado.

Maria José Carvalho Nahas, setenta anos, aposentou-se após exercer a medicina na rede pública de Belo Horizonte. Separou-se de Jorge Nahas nos anos 1980. Com 69 anos, Jorge tornou-se presidente da Fundação Hospitalar do Estado de Minas Gerais (Fhemig). Eles são pais de Célia e Paula, as filhas batizadas com codinomes do período de militância. Nilmário Miranda, 67 anos, assumiu, em 2015, a Secretaria de Direitos Humanos do governo de Minas. Aos 69 anos, Nilo Sérgio Macedo disputou, em 2014, uma cadeira na Câmara dos Vereadores defendendo o fim do voto obrigatório, mas não conseguiu se eleger. Já Marco Antônio Azevedo Meyer, um livreiro veterano de 71 anos, não mantém nenhuma vinculação partidária.

Hermes Machado, setenta e quatro anos — o bancário que virou guerrilheiro do Caparaó —, formou-se na Escola Técnica Federal de Química do Rio de Janeiro depois que deixou a militância. Mais tarde, cursou direito na Uerj e hoje está aposentado como analista de processo previdenciário do Previ-Rio. É pai de Alexandre.

Josué Cerejo Gonçalves também vive no Rio. Em 2010, a Comissão de Anistia do Ministério da Justiça reconheceu como perseguido político o ex-sargento que havia sido expulso da Força Aérea Brasileira. Josué, então com 75 anos, foi promovido a capitão, com vencimentos de major. O líder deles na serra, Amadeu Felipe da Luz Ferreira, reside em Londrina e disputou o governo do Paraná, em 2010, pelo Partido Comunista Brasileiro, não tendo sido eleito. Em 2015, completou oitenta anos. Araken Vaz Galvão, 79 anos, está radicado no sul da Bahia, em Valença, onde vive com a esposa. Além da carreira de escritor, ele é presidente do Conselho Estadual de Cultura em Salvador. Gregório Mendonça, 79 anos, está aposentado e vive com a esposa no litoral do Rio Grande do Sul.

De volta a Porto Alegre, ao início da minha busca em 2013, a conversa continuava na casa de Gessi, onde ela mora com uma filha. Entre lágrimas e risos, não vi a hora passar. Já havia anoitecido quando a sobrinha de Milton colocou água na chaleira para que eu experimentasse a bebida típica deles.

Enquanto esperava, recebi uma aula sobre como se faz um bom chimarrão. O segredo já começa pela água.

— Tu aquece a água e, quando ela estiver chiando, desliga a chaleira e bota em uma térmica para usar — explicou Edelson, entendido do assunto.

— Chiando como? — perguntei sem compreender sua "linguagem técnica".

— Isso acontece antes de ferver.

— Mas como é que a gente sabe que a água está chiando?

— Simples: ela faz o chiiiiiiiiii antes de ferver. Aí depois tu faz aquele montinho na cuia.

— Hã?!?

— Tem vários tipos de chimarrão, mas eu vou te ensinar o tradicional. Tu faz aquele barranquinho com a erva. Podes botar um pires ali para fazer. Derruba a erva escorando com um pires. Depois tu tira o pires, fica aquele morrinho. A metade da cuia fica com erva e a outra metade não. Aí tu acrescenta um pouco de água morna, depois completa com água quente até em cima e deixa quarar. Tu deixa ela cerrando por uns dez minutinhos. Aí depois tu pega a bomba e tapa o bico. A bomba tem que ficar mais ou menos inclinada. Não, reta. E aí tu toma. O primeiro chimarrão vai sair meio frio, meio morno. Aí, se tu quiser, bota fora. O costume de alguns gaúchos é botar fora.

— Cuspindo?

— É, cuspindo, porque ele sai muito forte. Eu, por exemplo, não cuspo. Tomo aquele primeiro chimarrão porque eu gosto daquele amargo. E depois tu vai tomando.

Após a aula teórica, era hora de provar. A cuia rodou a sala e, na minha vez, dei aquela golada.

— Gente, cês não colocam açúcar nisso, não? Uai, é muito amargo — disse, cometendo uma gafe.

Edelson riu.

— Se puser açúcar, não é mais chimarrão. Aí já é um mate doce. Inclusive a cuia do mate doce é uma e a cuia do chimarrão é outra. O mate doce era muito usado na reunião das mulheres.

— Mas gaúcho macho não toma — completei eu.

— O gaúcho gosta do amargo. Às vezes tu bota um chá, uma camomila, uma folhinha, só para dar um gostinho — respondeu ele com paciência.

— Qual o significado desse ritual?

— Para o gaúcho, o mate significa reunião. A tertúlia, como se diz, reunião de família e amigos. Essa é a finalidade dele. Eu, minha esposa, nora, amigos, a gente faz. Chega onze e pouco, nós já preparamos o chimarrão, vamos ali para a frente da casa, aí vem um, vem outro, já senta, vai conversando — afirmou, acrescentando. — Pegues aqui — falou, oferecendo biscoitos caseiros feitos com amendoim.

— Eu gosto de tomar chimarrão com pé de moleque, que é feito com nata e açúcar mascavo. Então, a gente picoteia bem ele e deixa no prato e, de vez em quando, belisca um.

Ainda tomávamos chimarrão amargo com biscoitos quando fiz a última pergunta.

— Como vocês gostariam que Milton fosse lembrado?

Foi Edelson quem deu a resposta:

— Como está sendo agora.

Ali, ouvindo o irmão do guerrilheiro, me dei conta de que estava junto a um dos milhares de famílias brasileiras que tiveram suas histórias atravessadas pela ditadura. Centenas de órfãos, pais, mães, esposas e amigos continuam a sofrer por décadas a fio diante de fatos propositadamente escondidos. Ninguém tem o direito de guardar silêncio sobre crimes contra a humanidade.

Assim como os familiares de Milton puderam saber sobre a existência da Cova 312, onde o integrante do MNR foi sepultado, apontar o destino das ossadas de cada militante abatido e esclarecer as mortes ocorridas nos 21 anos de arbítrio é sanar uma dívida histórica do país com os seus filhos. Revolver o passado é vital para se fazer justiça e para a consolidação do estado democrático de direito.

Punir ou perdoar? Enquanto o Brasil se divide entre a anistia e a imprescritibilidade dos crimes de tortura — o que os tornaria passíveis de responsabilização ainda hoje —, uma certeza se consolida: esquecer é impossível. E se centenas de brasileiros tiveram suas vozes silenciadas, nós continuaremos a lembrá-los, um a um, falando em seus nomes.

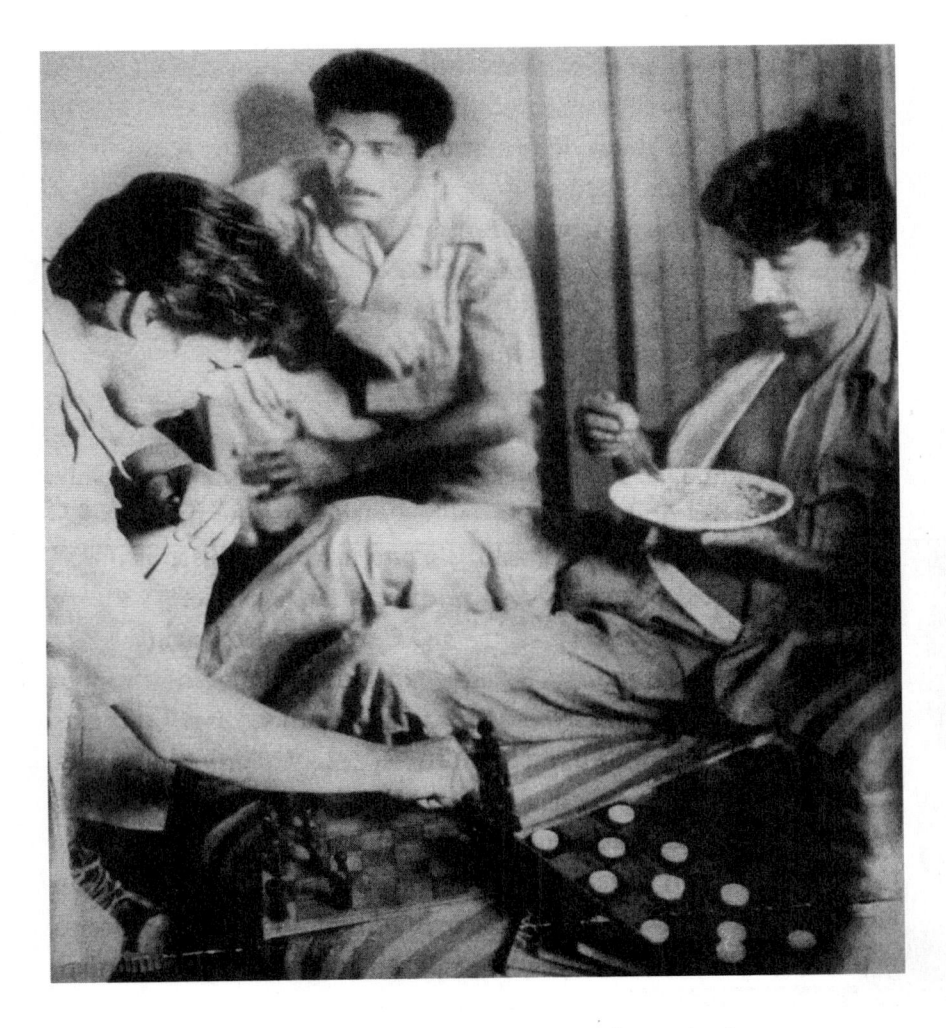

A última imagem de Milton em vida, no detalhe, jogando xadrez

— Milton Soares de Castro!
— PRESENTE!

Maria José Nahas

Jorge Raimundo Nahas

Gregório Mendonça

Marco Antônio de Azevedo Meyer

Edelson Palmeira de Castro

Gessi Palmeira Vieira

Marco Antônio Victoria Barros

Nilo Sérgio Macedo

Ângela Pezzuti

Márcio Lacerda

Posfácio

PEDRA NO SAPATO DOS GIGANTES

Quando Milton Soares de Castro entrou em minha vida, em 2002, eu só conhecia a ditadura brasileira pelos livros. Nasci em 1973, em plenos Anos de Chumbo, na cidade mineira de Juiz de Fora, e passei a infância sem saber das atrocidades cometidas pelo regime de exceção que tomou conta do Brasil durante 21 anos, a noite mais longa e sombria da nossa história.

Aos 11 anos de idade, acompanhei com empolgação o movimento civil das Diretas Já — que reivindicava o direito da população de escolher através do voto um nome para a Presidência da República. Eu não entendia, porém, o significado real de tudo aquilo, nem a importância da mobilização nacional que viu ser derrotada, no Congresso, a proposta de Emenda Constitucional Dante de Oliveira. O sonho das eleições livres tinha sido adiado.

Filha de uma família de classe média alta — meu pai representante de calçados e minha mãe comerciante —, cresci bem longe da política. Apesar desse distanciamento eu sabia, já na adolescência, que seria jornalista. Escolher essa carreira era assumir o título de ovelha desgarrada da família, mas de acordo com uma criação liberal encabeçada por minha mãe, eu tinha permissão para ser o que desejasse, e não o que desejavam para mim. Isso garantiu, é claro, minha realização pessoal e profissional.

Se, de certa forma, eu cresci blindada para o sofrimento de uma nação, conhecer os diferentes "Brasis" nunca me assustou. Pelo contrário, eu queria mergulhar nas dores do meu país. Mais do que isso: queria, de certa forma, contribuir para a mudança de alguns cenários. De fato, eu tinha uma visão romântica da vida, mas, hoje, décadas depois, continuo vendo o jornalismo como um poderoso instrumento de transformação social e humana. Estou mais velha, mas meus olhos ainda têm um brilho juvenil sempre que falo sobre a potência da palavra e o papel fundamental que o jornalismo tem de construir a memória coletiva de um país.

Voltando à minha infância e adolescência, eu nunca tinha convivido com pessoas que militaram durante a ditadura e jamais tinha entrado em contato com famílias que passaram a vida sem notícias de entes queridos que desapareceram entre 1964 e 1985. O fato é que eu não entendia nada dessa dor.

Por isso, quando 47 anos após seu assassinato e desaparecimento — em 1967, dentro da Penitenciária de Linhares, Minas Gerais —, um homem morto me levou à presença das pessoas que um dia amou, todos os 13 anos que empreguei no resgate de sua história fizeram sentido.

Foi em Porto Alegre, no centro da sala da casa de Gessy, irmã de Milton, que percebi que tinha dado voz àquele militante, ao parente do qual a família gaúcha nunca pôde se despedir. Como alguém que estava desaparecido havia quase meio século era capaz de colocar uma estranha na vida de seus entes mais queridos? Sempre achei isso tão incrível que minha busca, fomentada por alguém que nem estava mais entre nós, fez com que *Cova 312* se tornasse um marco na minha carreira.

Por causa do guerrilheiro do Caparaó, conheci Antônio, Rogério, Márcio, Gilney, Zezé, Ângela, Carmela, Nilo, Edelson, Amadeu, Marco Antônio, Dona Quituta, Murilo, Ângelo, Maria da Glória, Maria Luiza, Efigênia... A reconstrução dos últimos passos de Milton me levou a Minas Gerais, ao coração da penitenciária política mais importante daquele período. Ao seguir os passos do meu personagem civil, conheci as entranhas do regime, o medo, a covardia, os pequenos e os grandes gestos de coragem de mulheres e homens que abriram mão de seus nomes e de sua identidade para viver a utopia da liberdade.

Toda vez que penso em Milton, me lembro da recepção calorosa de Gessy que, em vez de me cumprimentar formalmente, me deu um abraço e disse que minha presença em sua casa trazia o irmão de volta: "Tu trouxeste o Milton contigo", afirmou, emocionada. Foi, sem dúvidas, um dos momentos mais emocionantes da minha trajetória profissional. Só uma carreira como o jornalismo é capaz de proporcionar a chance de vestir a pele do outro, de exercitar, diariamente, a empatia.

Apurar o assassinato e o desaparecimento do santa-mariense em terras mineiras me deu o privilégio de contar histórias, mas, principalmente, de modificar a História, já que minha investigação resultou na mudança de um capítulo oficial da ditadura. Após conseguir provar que Milton não tirou a própria vida — versão sustentada pelo Estado por quase quatro décadas —, mas que foi morto pelas mãos de tiranos, a Comissão de Mortos e Desaparecidos Políticos, em Brasília, reconheceu que a morte dele ocorreu de causas não naturais em dependências do Estado. Missão cumprida? Não.

Cova 312, um livro que venceu o prêmio Jabuti em 2016 e que agora é relançado pela Intrínseca, ressurge no cenário nacional em um momento emblemático. Um momento no qual a verdade não importa mais, apenas variações dela. Em meio a essa guerra de versões que assola o Brasil, não é mais necessário lidar com fatos, porque "a verdade" é aquela que o poder dita. Todo o resto é fake news. O termo, aliás, grudou tão bem no imaginário coletivo que nem o que se pesquisa hoje em dia tem valor, somente o que se diz. Sinais claros de totalitarismo.

Nessa onda de completa negação do passado, o Brasil não enfrenta mais fome, nem desmatamento na Amazônia. Os hospícios, sepultados pela reforma psiquiátrica, voltaram a ser bem-vindos e os negros, os gays e as mulheres deverão se contentar com o último lugar na escala do que é ser gente. Ou melhor, com o lugar dos quase-gente. O fato é que os novos descobridores querem apagar a história para criar a sua própria versão de Brasil. Nesse país do faz-de-conta, os donos do poder esperam que os mais de 500 mortos e desaparecidos políticos sejam esquecidos. Não serão.

Cova 312 vem para mostrar que História se documenta, sim, e que o jornalismo de qualidade será sempre a "pedra no sapato dos gigantes". A memória de Milton Soares de Castro e de todos os militantes políticos brasileiros continuará eternizada neste livro-reportagem. Que cada página desta obra contribua para combater mentiras e nos ajude a lembrar que é impossível deixar de lado o que se passou nos porões do Brasil.

Daniela Arbex

1ª edição • Setembro de 2019
Reimpressão • Outubro de 2024
Impressão • Lis Gráfica
Papel de capa • Cartão Supremo Alta Alvura 250 g/m²
Papel de miolo • Hylte 60 g/m²
Tipografia • Simoncini Garamond